JN415835

더블린 사람들

또다시 읽기

민태운 지음

신아사

머리말

조이스가 편지에서 “마비”라는 단어를 선보인 이후로 마치 그것이 공식적인 주제이기나 한 것처럼 『더블린 사람들』은 끝없이 이 단어와 결부되어 왔다. “마비”라는 단어가 조이스 작품 특유의 창의적 해석을 가로막는 걸림돌이 되다시피 할 정도였다. “마비”는 조금 단순화시켜 말하자면 반복, 모방, 정체, 무감각, 무관심, 불모 등을 가리키는 것이라 할 수 있다. 「자매」의 소년이 별난 신부를 가까이 하여 어른들의 근심을 산 것도, 「마주침」의 서술자가 학교를 가지 않고 불량학생의 모험을 감행하는 것도, 「애러비」의 주인공이 학교공부가 눈에 들어오지 않고 이국적인 “애러비”에 매료되는 것도, 「에블린」의 주인공이 끊임없이 허구한 날 털어내야 하는 먼지에 진저리를 내는 것도, 「작은 구름 한 조각」의 챈들러가 아내와 가구를 포함해서 그를 옭아매는 일상을 정의해 주는 모든 것에 혐오감을 느끼는 것도 모두 새로울 것 없이 반복되는 답답한 삶에 대한 염증에서 나온 것이었다. 필경사인 「대응」의 패링튼에게 법률문서를 베끼는 일이 얼마나 지루했을 것이며, 부엌보조인 「진흙」의 마리아에게 날이면 날마다 솥뚜껑을 반짝거리게 윤내는 것이 얼마나 단조로운 일이었을 것인지는 패링튼이 근무 중 몰래 술집을 들락거리고 마리아가 오랜만에 얻은 하루 휴가에 대해 지나칠 정도로 큰 기대를 하는 것에서 익히 알 수 있다.

이 모든 것은 「망자」에서 게이브리엘이 들려주는 할아버지의 말 죠니의 이야기로 요약된다. 방앗간의 맷돌을 돌리는 일을 했던 말은 할아버지가 열병을 구경하기 위해 멋있게 차려입고 외출한 날 동상 앞에 이르자 다시 일상에서 해왔던 대로 그 주위를 빙빙 맴돌기 시작했다. 조이스의 인물들은 어떤 의미에서 이 말에 비유되어도 지나치지 않을 만큼 지루함을 넘어 아예 습관으로 자리 잡을 정도의 판에 박힌 일상을 살아왔기에 거기에서 벗어날 수 있는 기회가 와도 다시 그 자리로 돌아와 빙빙 돌고 있다고 할 수 있다. 에블린이 새로운 세계에 대한 두려움으로 그녀가 꿈꾸어 왔던 부에노스아이레스로 떠나지 못하고, 「마주침」의 소년이 괴상한 노인에 대한 공포로 일상으로의 복귀를 갈망하고, 「애러비」의 주인공이 그가 꿈꾸어왔던 이국적인 낭만의 세계에 환멸을 느끼며, 「자매」의 소년이 신부의 죽음 너머의 밝은 일상을 기대하는 것은 죠니처럼 다시 익숙한 동일한 궤도를 돌고자 하는 마음을 보여주는 것이다. 「가슴 아픈 사건」의 더피씨는 그러한 삶을 가장 잘 보여주는 인물로 그야말로 맷돌 돌리는 삶을 살았는데 그에게도 죠니의 나들이에 해당하는 한 여인과의 만남이 있었지만 새로운 삶을 열어줄 그녀의 제안을 거부하고 다시 고독의 일상으로 복귀하고 만다.

『더블린 사람들』은 이러한 이야기들을 단지 특정시대와 지역에 살았던 사람들에 관한 특별한 이야기로 제한시키지 않는다. 다시 말해서 "마비"가 조이스가 그 시대의 더블린에 한정해서 내린 역사적 진단만이 아니라는 것이다. 확장해서 보자면, 우리 삶의 본질을 보여주고 있다고 할 수 있다. 우리의 삶을 되돌아보면 아무리 즐기고 있는 일이라도 어느 순간 그것이 죠니의 맷돌 돌리기처럼 반복적인 지겨운 작업이라는 생각이 엄습할 수 있다. 정도의 차이는 있겠지만 우리는 가끔 우리의 일이 바위를 산 위로 반복해서 올리는 시지푸스의 일처럼 느낄 때가 있다. 이런 우리에게 베풀 수 있는 것이 게이브리엘 할아버지가 했던 화려한 외출, 「마주침」의 소년이 시도했던 일탈, 마리아의 기대에 부푼 나들이 같은 것이지만 삶은 항상 우리로 하여금 다시 맷돌 돌리는 자리로 돌아와 있기를 요구한다. 따지고 보면 일상이 없다면 일탈도 없을 것이기는 하다.

돌아보니 『더블린 사람들』은 학부과정에서 가장 자주 가르쳤던 작품 중 하나이다. 반복의 마비를 다루는 작품들을 반복해서 가르치면서, "암기한 내용을 반복하고 있다는 인상, 혹은 그의 마음이 그 자신의 말에 이끌려서 동일한 궤도를 천천히 순회하고 있다는 인상"을 주었던 「마주침」의 노인과 가보지 못한 먼 나라 신세계 이야기를 많이 들려주지만 신뢰는 얻을 수 없었던 「에블린」의 프랭크의 양극단을 피하려 애썼다. 당연히 새로울 것 없는 표준화된 해석을 들려주기도 하면서 학생들과 필자의 새로운 의견을 끌어내보려고 안간힘을 써 보기도 했다. 그런 과정에서 반복하되 약간의 변화 가능성을 보여주는 반복, 예컨대 「망자」의 게이브리엘이 동일하면서도 내일은 다른 남편이 될 수 있고, 『율리시스』의 몰리가 같으면서도 내일은 다른 아내가 될 수 있듯이 유사함과 다름이 공존하는 작품읽기를 희망했다.

이 책의 제목이 "『더블린 사람들』 또다시 읽기"가 된 것은 이러한 연유에서이다. 2005년에 『조이스의 더블린: 「더블린 사람들」 읽기』(태학사)를 출판한 이래로 "또다시 읽기"를 반복하면서 마비와 변화의 패턴이 되풀이 되었고 이제 새로 정리해서 수정하지 않으면 안되는 시점에 이르게 되었다. 여기에 상이한 시각에서 분석한 몇몇 논문들을 골라 편집 수정하여 추가함으로써 작품에 대한 이해의 폭을 넓히고자 하였다. 그런 면에서 변화가 있는 반복이라고 할 수 있다. 한 책에서 같은 작품을 여러 각도에서 다루다 보니 내용이나 표현이 겹치는 것도 피하기 어렵다. 아무튼 여러 가지 면에서 베끼고 되풀이하는 마비증상을 노출하였지만 어쩌겠는가? 죠니가 동상 주위를 돌듯이 몇십 년 동안 이 작품의 주위를 빙빙 돌았으니.

차례

I. 개별 작품 읽기

II. 주제별 읽기

『더블린 사람들』
또다시 읽기

서론

『더블린 사람들』(*Dubliners*)은 조이스가 3년 (1904-1907)에 걸쳐서 쓴 15편의 단편들을 모은 책이다. 조이스는 1904년 조지 러셀(George Russell)이 편집자로 있는『아일랜드 농가』(*Irish Homestead*)라는 농업 잡지에 단편을 연작으로 내기 시작했다.「자매」(The Sisters),「에블린」(Eveline),「경주가 끝난 뒤」(After the Race)가 각각 실려 출판되었지만, 이 이야기들이 아일랜드인들의 어두운 면을 신랄하게 묘사함으로써 독자들이 불평하기 시작하였고 마침내 러셀이 조이스의 단편 연재를 중단하기에 이르렀다. 하지만 조이스는 이미 다양하게 반복되는 주제, 이미지, 상황 등으로 인해 서로 연결되는, 더블린 사람들에 대한 단편들을 묶어서 한 권의 책으로 내겠다는 계획을 세워놓고 있었다. 1914년에야 책이 출판된 것은 그가 출판사를 찾는 데 어려움을 겪었을 뿐만 아니라 자신의 원고 내용 중 어떤 부분도 수정하려 들지 않았기 때문이다. 조이스의 원래의 계획은 10편의 단편을 책으로 묶어 내는 것이었는데, 그가 1905년 말에 영국인 출판업자인 그랜트 리차즈(Grant Richards)에게 원고를 보낼 당시에 12편으로 늘어났고, 다시 1906년 2월 계약을 맺을 때에는「두 한량」(Two Gallants)과「작은 구름 한 조각」(A Little Cloud)을 포함하여 14편이 되었다. (「망자」[The Dead]는 1907년에 별도로 추가되었다). 그러나 리차즈가 「두 한량」의 내용, 「대응」(Counterparts)의 몇 문단, 그리고 「은총」(Grace)에 나오는 "빌어먹을"(bloody)라는 단어에 대해서 불평하자, 조이스는 그에게 보낸 1906년 5월 5일자 편지에서 자신의 작품내용과 언어를 옹호한 후 다음과 같이 『더블린 사람들』의 집필 목적과 방법을 설명했다.

> 나의 의도는 나의 조국의 도덕사의 한 장(章)을 쓰는 것이었고 나는 더블린이 마비의 중심지로 보였기 때문에 더블린을 배경으로 선택했다. 나는 무관심한 대중에게 네 가지 측면에서 그 도시를 제시하려고 애썼다. 즉 유년기, 청소년기, 장년기, 그리고 대중 생활이 그것이다. [작품 속의] 이야기들은 이러한 순서로 배열되었다. 나는 대부분 꼼꼼한 쩨쩨함의 문체로 썼고, 또한 자기가 보고들은 것을 묘사(제시)할 때 그것을 감히 바꾸거나 심지어 왜곡시키는 사람은 매우 뻔뻔스러운 사람이라는 확신을 가지고 썼다. (*Letters* II 134)

리차즈는 1906년의 출판계약을 무효화한 뒤 8년 뒤 새 계약을 맺고 우여곡절 끝에 책을 출판하게 되었다. 조이스 자신의 이 논평은 이 작품의 비평에 적지 않은 영향을 미쳤다. 그가 이 작품을 쓴 목적 중의 하나는 "무관심한" 더블린 사람들에게 무엇이 잘못 되었는지를 진단해 보여주는 것이었다고 할 수 있을 것이다. 그러나 여기서 "도덕사"(moral history)란 단순히 윤리적인 관점에서 바라 본 역사를 의미하지 않는다. 이 단어의 어원인 라틴어 *moralis*가 의미하듯이 이것은 오히려 사람들의 관습이나 행동을 가리킨다고 볼 수 있다. 따라서 조이스는 이 작품에서 더블린 시민들에 대해 도덕적인 가치 판단을 하는 것보다는 그들의 관습, 행동, 생각을 정확하게 기록하겠다는 의도를 보이고 있다고 할 수 있다. 이 작품의 언어와 문체는 지나칠 정도로 꼼꼼하게 중산층 및 중하층 시민들의 마비된 삶을 상세하게 노출시키고 있다. 조이스가 "보고들은 것"을 꾸밈없이 전달하려 하였기 때문에 출판업자 측에서 제동을 건 것이었지만, 조이스는 자신의 관찰과 언어가 정확한 것이라고 확신했고 따라서 그의 문체를 단호하게 옹호하는 입장을 취한 것이다. 이처럼 "꼼꼼한 쩨쩨함의 문체"(a style of scrupulous meanness)란 더블린 사람들의 관습을 묘사함에 있어서 가차 없이 정확한 방법으로 기록하는 것을 가리킨다. 여기서 정확하다는 것은 공들여서 선택한 절제된 언어뿐만 아니라 군더더기 없는 서술을 말한다. 조이스는 그가 관찰한 것을 정확하고 경제적인 언어로 제시할 뿐 개입하여 친절하게 설명해 주지 않는 인색함을 보인다. 치사할 정도로 정확하고 인색하기 때문에 "meanness"는 쩨쩨함으로 번역되는 것이 좋지 않을까 생각한다. 결국 이러한 문체를 통해 더블린의 부정적인 면이 있는 그대로 그려졌기 때문에 "재와 오래된 잡초와 쓰레기의 악취"를 풍기는 이 작품은, 조이스 자신이 편지에서 쓴 표현대로, "아일랜드 사람들로 하여금 잘 닦인 거울에서 자신들의 모습을 잘 볼 수 있게" 하는 것이다(*Letters* I 63-64). 결국 조이스는 이 편지에서 작품의 주제("마비의 중심지로서의 더블린 사회"에 대한 비판)와 리얼리즘에 충실한 문체를 설명했다고 할 수 있다.

『더블린 사람들』의 출판은 기대한 만큼의 결과를 가져다주지 못했다. 조이스가 주요작가로 부상한 것도 아니었고 많은 부수가 팔리지도 않았다. 1914-1915년 동안 『이고이스트』(Egoist)에 연재된 후 1916

년에 출판된 『젊은 예술가의 초상』(*A Portrait of the Artist as a Young Man*)과 1922년에 출판된 『율리시스』(*Ulysses*)에 비하면 미약하기 짝이 없는 결과였다. 특히 후자는 조이스를 일약 대표적인 모더니즘 작가로 인정을 받게 했고, 그 시대의 가장 중요한 전위예술가 중 한 명으로 떠오르게 했으니 말이다. 그럼에도 불구하고 『더블린 사람들』은 단편의 장르에 예술적으로 기여한 바가 적지 않다. 말을 아끼는 경제적인 문체를 사용한 것, 이전의 이야기들과는 달리 깔끔한 결론을 거부한 것, 그리고 세부적인 사소한 일을 암시적으로 묘사하여 자주 상징성을 띄게 한 것 등은 높이 평가해야 할 것이다. 또한 각기 다른 이야기들을 서로 연결하여 한 권의 통합된 작품으로–보기에 따라서는 다양한 주인공들이 등장하는 한 권의 소설로–만들었다는 점도 『더블린 사람들』을 독특하게 만든다. 조이스는 처음 몇 편의 이야기들을 제외하고는 처음부터 한 권의 통합된 책을 염두에 두고 각 단편을 집필하였다. 그렇기 때문에 독자들은 한 이야기가 다른 이야기들과 어떻게 기묘하게 연결되는 지를 자주 눈치 챌 수 있을 것이다.

그는 『더블린 사람들』을 시작으로 그의 모든 작품에서 항상 도시를, 그것도 더블린을 주제로 삼았다. 이처럼 공통된 배경을 사용했다는 점에서 이 15편의 이야기들은 서로 연결되어 있고 그것은 이후에 출판된 그의 다른 작품들과의 관계에 있어서도 마찬가지이다. 예를 들면 『더블린 사람들』에 나오는 인물이 『율리시스』 등 다른 작품들에도 등장한다. 조이스는 친구인 파워(Arthur Power)에게 "나는 항상 더블린에 관해서 쓴다. 왜냐하면 내가 더블린의 중심부에 이를 수 있다면 이 세상의 모든 도시들의 중심부에 이를 수 있기 때문이다. 특정한 것 안에 보편적인 것이 포함되어 있다"(Ellmann 505 재인용)고 말했다. 그는 더블린 사람들을 통해 보편적인 인간의 모습을 보여주고 있다고 할 수 있다. 그가 유년기, 청소년기, 장년기, 그리고 대중 생활로 구분하여 더블린을 다루겠다고 한 것은 그 도시에 살고 있는 모든 사람들을 통해 보이는 전형적인 더블린 사람의 삶의 모습을 보여주겠다는 것이고, 나아가서 21세기 한국에 살고 있는 나까지를 포함한 보편적 인간의 모습을 제시하겠다는 것으로 볼 수 있을 것이다. 그런 의미에서 그가 묘사하겠다고 한 더블린이란 의인화된 도시를 일컫는 것이고, 또한 지리적인 특정지역을 넘어서는 개념이라고 하겠다.

조이스는 『율리시스』를 집필하면서, 만약 어느 날 더블린이 이 지구상에서 사라진다 하더라도 자신의 작품을 보고 다시 재건할 수 있을 것이라고 말할 정도로(Budgen 67-68) 실재의 지형, 건물, 이름, 주소 등에 충실하게 입각해서 작품을 썼다.[1] 조이스 자신도 인정했다시피, 그는 소설의 자료를 억지로 만들어 낼 수 없는 사람이었다. 그

1 그렇다면 조이스는 졸라(Emil Zola) 같은 자연주의적 작가와 유사한 방법으로 이 작품을 제시하고 있는가? 중하층 계급의 어둡고 절망적인 삶을 그렸다든지, "마비" 같은 의학적 혹은 과학적 용어로 진단하고 있다든지, 사람들을 환경이나 유전 등에 의해서 형성된 운명의 희생물들로 그리고 있다는 점에서는 그렇다. 예를 들면 「에블린」(Eveline)에서 주인공은 절망적인 삶에서 벗어나려 하지만 작품의 마지막 부분이 보여주듯이 그녀는 환경의 희생물인양 "어찌할 바 모르는 짐승처럼" 마비되어 꼼짝할 수 없다. 조이스 자신도 인정하듯이 『더블린 사람들』의 이야기들에서는 "부패의 특별한 냄새"가 난다. 또한 대부분의 이야기들은 평범한 상황 속에 놓여있는 보통사람들에 대한 스케치이고, 모파쌍(Maupassant)처럼 "삶의 단면"(slices of life)을 보여주고 있는 것이다. 그러나 여기서 간과하지 않아야 할 것은 조이스가 과학자적인 정확성의 관점에서만 삶을 바라보았다기보다는 그것을 어떤 문체와 언어로 표현할 것인지에 더 많은 관심을 기울였다는 것이다. 그것은 그가 이 작품에서 리얼리즘과 상징주의를 결합하는 실험을 했다는 데에서도 그 증거를 발견할 수 있다.

것은『더블린 사람들』에 대해서도 마찬가지였다. 그는 그와 그의 아버지 주위에 있던 더블린의 중산층 혹은 중하층 가톨릭 신자들에 초점을 맞추었다. 이 책은 또한 그 당시 더블린의 정치적, 경제적, 종교적 현실에 대한 정확하고 세밀한 지식에 토대를 두고 씌어졌다. 아일랜드는 20세기 초 문명화된 나라들 가운데에서 가장 빈곤한 나라 중 하나였다. 대기근(Great Famine)과 이민으로 인구가 감소했고, 문명화된 세계에서 가장 낮은 혼인 비율과 유아 출생률, 그리고 가장 높은 미혼 인구 비율을 보이고 있었다. 그런 의미에서『더블린 사람들』이 노처녀들 (「자매」에 나오는 신부의 누이들)로 시작해서 노처녀들(「망자」에 나오는 모컨(Morkan) 자매)로 끝나는 것은 놀랄 일이 아니다.

『더블린 사람들』의 모든 이야기들을 지배하고 있는 "마비"(paralysis)라는 의학적 은유는 첫 이야기인「자매」에서 플린 신부(Father Flynn)의 육체적 마비를 통해 나타나기 시작한다. 그리고 이어지는 다른 모든 이야기들에서 이 중심 주제는 다양하게 변형되어 제시된다. 마비의 모습을 가장 이해하기 쉽게 설명해주고 있는 부분은「망자」에서 게이브리엘(Gabriel)이 들려주는 이야기 속에 등장하는 그의 외할아버지 패트릭 모컨(Patrick Morkan)의 말에 대한 에피소드이다. 평생 동안 연자방아만 빙빙 돌리는데 쓰였던 말이 어느 날 주인을 태우고 외출을 했는데 빌리 왕의 동상 앞에 이르자마자 더 이상 앞으로 나아가지 못하고 동상 주위를 빙빙 돌았다는 일화이다. 물론 여기서 빌리 왕(윌리엄 3세)은 아일랜드를 정복한 영국 왕이므로 영국의 지배를 상징하는 것으로도 볼 수 있지만, 일반적으로 말의 동작은 무의미하게 반복되는, 병든, 불모의 삶을 가리킨다고 할 수 있을 것이다. 마찬가지로 「두 한량」에서 레너헌(Lenehan)은 골목을 하릴없이 맴돌고 있다. 이러한 마비의 동작은 억압적인, 숨 막히는 도시로부터 벗어나는 일직선적인 것이 아니라 공허한 중심의 주위를 기계적으로 맴도는 순환적이고 불모적인 것이다.

"마비"라는 단어는 첫 이야기인 「자매」의 시작 부분에서부터 등장하여 작품의 주제임을 분명하게 보여준다. 그런데 이 단어는 소년에게 이상하게 발음되는 다른 두 단어, 즉 노몬(gnomon)과 사이모니(simony)를 상기시킨다. 이 세 단어들은 다른 이야기들에서는 다시 나오지 않지만 이 작품의 주제와 밀접한 관계가 있는 핵심적인 용어들이다. "사이모니"의 종교적 의미는 개인적 이익/세속적인 것/무가치한 것을 위해서 영적인(성스러운) 것을 사고파는 것, 혹은 둘을 교환하는 것이다. 『더블린 사람들』에는 이런 죄를 범한 사람들뿐만 아니라 이러한 죄의 희생자들이 많이 등장한다. 예를 들면, 「자매」에서 플린 신부가 이 사이모니의 죄를 지었을 가능성이 암시되고 있다. 또한 자신이 실망(혹은 환멸?)을 느낀 성직자의 길을 소년에게 가르치는 것도 성스러운 것을 파는 행위라고 볼 수 있을 것이다. 「은총」(Grace)은 아예 사이모니와 밀접한 관계가 있는 종교적 부패를 주제로 다루고 있다. 또한 「망자」에서 위신이 깎인 게이브리엘이 마치 돈으로 호감을 사려는 듯 주머니에서 릴리(Lily)에게 돈을 꺼내주는 것도 이 범주에 속한다고 할 수 있다. 한편 조이스는 『영웅 스티븐』(*Stephen Hero*)에서 자신의 몸을 쉽게 내주는 여성과 관련하여 "사이모니"를 정의하기도 한다. "사람들은 돈을 받고 성스러운 것을 파는 것을 죄라고 한다. 그러나 분명히 소위 성령의 신전[성경에서 기독교인의 몸을 그렇게 부름—필자 주]이 거래되어서는 안 된다. 그것은 사이모니가 아닌가" (202). 이처럼 (성스러운) 몸을 세속적인 이익과 교환하는 죄는 결혼을 위해 몸으로 거래를 하는 처녀를 다루고 있는 「하숙집」(The Boarding House)에서 나온다. "노몬"은 여러 가지 의미가 있지만 쉽게 설명하자면 같은 모양의 축소된 사각형이 그 귀퉁이로부터 떨어져 나가고 남은 사각형을 가리킨다. 따라서 그것은 파손된, 결함이 있는 사각형으로서 불완전한 것이다. 플린 신부가 교회라는 큰 사각형으로부터 떨어져 나간 축소된 사각형이라면 교회는 파손된 것이고 (다시 말해서 완전하지 못한 것이고), 플린 신부 자신 또한 교회로부터 축출되어 파손되었기 때문에 마비된 신체를 가지게 되었다고 할 수 있을 것이다. 이러한 불완전성의 이미지는 이 작품에 되풀이해서 나온다. 예를 들면, 「자매」의 귀머거리인 내니(Nannie)로부터 시작해서 「망자」에 나오는 비유적 의미의 맹인인 게이브리엘에 이르기까지 다양하다. 또한 결함이 있는 신체는 프레디 멀린스(Freddy Malins) (「망자」)와 마리아 (「진흙」) 등에서도 볼 수 있다.

조이스를 설명하면서 "에피퍼니"(epiphany)라는 용어를 빠뜨릴 수 없다. 본래 희랍어로 "현현", "계시", 더 구체적으로는 "이전에 숨겨진 어떤 것의 본질이 드러남"을 의미하지만, 기독교 교회들이 종교적으로 그리스도의 신성(神性)이 드러남을 기념하기 위하여 1월 6일을 에피퍼니 축일로 정함으로써 사용하게 된 용어이기도 하다. 조이스와 학자들은 두 가지 의미에서 이 용어를 사용하고 있다. 하나는 순간적으로 계시를 느끼거나 비전을 보게 하는 직관적 경험을 가리키는 것이고, 다른 하나는 그런 경험을 기록한 원고를 가리킨다. 조이스는 갑자기 베일이 벗겨지듯이 신비가 드러나고 사물의 진실이 분명해지는 순간 (즉 에피퍼니의 순간)이 있다고 믿었고 그것을 노트에 기록해서 나중에 그의 작품에서 사용하기도 하였다. 에피퍼니에 대한 개념은 『스티븐 히로』(*Stephen Hero*)에서 처음으로 설명되고 있다. 주인공 스티븐이 어느 날 길을 가다 에피퍼니를 경험하게 되는데 그것은 아주 사소한 사건에 의한 것이었다. 그는 "아일랜드의 마비의 화신처럼 보이는 집" 앞에서 젊은 한 쌍이 나누는 단절된 대화를 엿듣고 순간적으로 그 대화가 아일랜드의 도덕적 마비를 상징하는 것임을 깨닫는다. 이처럼 에피퍼니는 이 작품에서 정의하고 있듯이 "갑작스런 정신적 계시"(a sudden spiritual manifestation)를 의미하는 것으로서 "천박한 언어나 몸짓"(the vulgarity of speech and gesture)에서 볼 수 있거나, 그것을 깨닫는 주체가 "마음의 기억할 만한 국면"(a memorable phase of the mind)에서 감지할 수 있는 것이다. 리얼리즘적 접근 방법을 통해 더블린 사람들의 "천박한 언어나 몸짓"이 기록되고 있는 『더블린 사람들』이 많은 에피퍼니의 순간들을 보여주는 것은 사실이다. 그러나 "마음의 기억할 만한 국면"을 통해 그러한 비전을 보는 사람은 주로 작중 인물이라기보다는 독자 자신이다. 왜냐하면 대부분의 작중 인물들은 정신적 마비를 경험하고 있기 때문이다.

그러나 「마주침」과 「애러비」의 소년(들), 「두 건달들」의 레너헌, 「가슴아픈 사건」(A Painful Case)의 더피씨(Mr Duffy), 그리고 「망자」의 게이브리엘은 정도의 차이는 있지만 어느 정도 자신들의 마비를 인식한다고 할 수 있다. 이 중에서 「애러비」와 「망자」의 주인공들이 에피퍼니를 통해 어떻게 자아인식 혹은 상황인식을 하는지 살펴보자. 전자의 주인공은 친구의 누나에 대해 낭만적 감정을 품고 있는 자신을 부패한 세상에서 성배(Grail)를 받들고 가는 중세의 기사로 이상화한다. 그는 "애러비"라는 바자에 가서 그녀에게 줄 선물을 사가지고 오려 한다. 그러나 이국적이고 환상적일 것이라고 꿈꾸었던 그곳은 실망스러운 보통의 바자였을 뿐만 아니라 이미 문을 닫을 준비를 하고 있었고 의미 없는 농담이나 주고받는 '천박한' 가게 주인들이 있을 뿐이었다. 그가 그녀에 대해 품었던 모든 사랑과 낭만을 투사시켰던 "애러비"의 실망스러운 모습은 그를 그 자신이 "허영에 의해서 움직이고 조소받는 짐승"으로 인식하게 만든다. 「망자」에서 게이브리엘이 에피퍼니, 즉 "갑작스러운 정신적 계시"를 받는 것은 어떤 의미에서 당연하다. 이 작품에서 파티는 1월 1일이 며칠 지나서 열리고 있는데, 그것은 어쩌면 1월 6일에 해당되는 에피퍼니 축일에 열리고 있는지 모르기 때문이다. 『더블린 사람들』에 나오는 등장인물 중에서 가장 성공하고 존경받는 사람이라 할 수 있는 게이브리엘은 하녀인 릴리로부터 남성으로서의 자존심에, 민족주의자인 아이버스양(Miss Ivors)으로부터 아일랜드 인으로서의 자존심에, 그리고 아내인 그레타로부터 남편으로서의 자존심에 상처를 받는다. 특히 그녀에 대한 사랑을 위해서 죽은 마이클 퓨어리(Michael Furey)에 대한 아내의 고백은 그를 자기 인식의 순간으로 몰아간다. 그리하여 그는 "이모들을 위해 심부름이나 하는 우스꽝스러운 인물로, 천박한 사람들에게 연설이나 하고 자신의 조야한 욕정을 이상화하는 소심한 선의의 감상주의자"로 자신을 인식한다. 이것이 첫 번째 에피퍼니이고 좀 더 중요한 두 번째는 작품의 말미에서 나타난다. 게이브리엘은 창밖에 내리는 눈을 바라보며 자신을 모든 사람들(산 자들과 죽은 자들)과 연결시키는 서정적인 깨달음의 순간을 맞이한다. 그리하여 그는 잠시 적대적인 감정을 품었던 자들마저 포용하게 된다.

『더블린 사람들』은 앞서 말했듯이 네 가지 범주로 나뉘어 다루어지고 있다. 조이스는 순진한 어린이의 일인칭 시점으로 유년기의 세 이야기(「자매」, 「마주침」, 「애러비」)를 시작한다. 이름도 주어지지 않고 부모도 없는 이들은 충격적인 사건들을 겪지만 어린이의 제한된 경험 때문에 그것을 제대로 이해하지 못한다. 그렇기 때문에 「자매」의 텍스트에서 자주 보이는 생략기호(. . .)는 어린이들에게는 허용되지 않지만 더블린에 만연되어 있는 사악한 마비의 세계를 암시한다. 다음 그룹의 이야기들(「에블린」, 「경주가 끝난 뒤」, 「두 한량」, 「하숙집」)은 비록 주인공들의 나이가 19세에서 30대 초까지에 걸쳐 있지만 조이스가 "청소년기"라고 명명한 시기를 다룬다. 이 단편들은 덫에 걸리는 순간을 보여주거나 현실의 삶에 대한 적극적 참여나 미래에 대한 계획 없이 살아가는 젊은이들을 보여준다. 광기로 생을 마감한 어머니의 전철을 밟지 않기 위해 도망가려 했으나 마지막 순간에 자유를 향한 발걸음을 내딛지 못하고 마비되는 에블린, 한때는 자유주의자로 자처했으나 결혼이라는 덫에 걸린 「하숙집」의 밥 도런(Bob Doran), 『더블린 사람들』에서 예외적으로 신흥부유층에 속하며 물질적 안락함을 누리고 있지만 유럽 친구들과의 카드놀이에서 지기만 함으로써 삶의 무목적성/불모성/마비를 드러내는 「경주가 끝난 후」의 지미 도일(Jimmy Doyle), 삶에 대한 아무런 열정이나 의욕이 없이 친구가 하녀를 꼬여 동전을 얻어오기만을 기다리며 정처 없이 더블린 거리를 맴도는 「두 한량」의 레너헌의 마비된 삶이 이 그룹 등장인물들의 모습이다.

세 번째 그룹은 장년층(「작은 구름 한 조각」, 「대응」, 「진흙」, 「가슴 아픈 사건」)을 다룬다. 이 단편들의 인물들은 이미 오랜 세월 동안 불모의 삶에 빠져 있다. 「작은 구름 한 조각」의 챈들러는 오랜만에 만난 친구 갤러허와의 만남을 통해서 자신이 직업적으로 실패(시인이 되지 못함)했을 뿐만 아니라 가정에 갇혀있는 "작은" 존재임을 발견하고, 「가슴 아픈 사건」의 더피씨는 그와 애정의 관계를 유지하려 했지만 그로부터 거절당한 시니코 부인(Mrs Sinico)의 죽음을 통해서 자신이 살아온 불모의 삶을 희미하게 인식한다. 그러나 「대응」의 패링튼(Farrington)은 심리적 좌절감 속에서 자신이 수모의 피해자이며 동시에 가해자라는 순환 고리 속에 있다는 것을 인식하지 못하고, 「진흙」의 마리아는 여성에게 가치를 부여해 주는 모든 것을 결핍한 자신의 절망적인 상황을 본능적으로 인식하지 않으려고 할 정도로 비참하다.

마지막 그룹은 대중생활을 다루는데 「파넬 추모일의 선거사무실」(Ivy Day in the Committee Room), 「어떤 어머니」(A Mother), 「은총」을 통해 한 개인적인 인물보다는 공동체로서의 더블린 사람들에 초점을 맞추어 공적인 관심사를 다루고 있다. 「파넬 추모일의 선거사무실」에서는 정치를, 「어떤 어머니」에서는 문화, 특히 음악을, 「은총」에서는 종교를 각각 비판적 시각에서 다루고 있지만 앞 작품들과는 달리 좀 더 누그러진 어조로 제시하고 있다.

「망자」는 다른 14편의 이야기들이 완성된 후 1907년에 덧붙여졌다. 조이스는 앞 14편의 이야기에서 너무 혹독하게 더블린의 모습을 제시했다고 생각하고 마지막에 잔치 장면을 넣어 손님대접하기 좋아하는 아일랜드인 특유의 모습을 보여 준다. 즉 다른 이야기들에서는 더블린 사람들에 대해 에누리 없는 비판적인 태도를 보였지만 이제 그들에 대해 어느 정도 누그러진 태도를 취함으로써 균형을 맞추고 있는 것이다. 조이스는 『더블린 사람들』에서 마비 증세를 앓고 있는 더블린 사람들의 모습을 통렬히 묘사하였으나 마지막 작품에서 주인공의 자아 인식을 통해 변화에의 가능성을 암시하고 있다고 할 수 있을 것이다.

I

개별 작품 읽기

1. 「자매」(The Sisters)

「자매」는 『더블린 사람들』 중 가장 난해한 이야기 중의 하나로 알려져 있다. 1인칭 시점의 서술이지만 소년 서술자가 말수가 적어 자신이 기억하고 관찰한 것 중 일부분만을 말할 뿐만 아니라 자신이 들은 어른들의 대화 중 일부분만을 확실한 의미 해석 없이 제공하기 때문이다. 조이스의 외가 쪽 친척 중에 육신이 마비되고 정신이 이상한 늙은 신부가 있었는데 아마 이 이야기가 플린 신부(Father Flynn)의 죽음의 배경이 된 듯하다. 제목과 달리 이 작품은 "자매"보다는 플린 신부에 관한 이야기이고, 더 엄밀히 따지자면 그 신부의 영향을 받았고 그를 둘러싼 이야기를 들려주는 소년 서술자에 관한 이야기이다. 첫 단락부터 조이스가 『더블린 사람들』의 주제와 관련하여 언급하였던 "마비"라는 단어가 등장하고, 실제로 신부의 신체적 마비는 그의 영적 상태뿐만 아니라 더블린의 도덕적, 정치적, 경제적, 사회적 상태를 나타낸다고 할 수 있다. 또한 첫 이야기 「자매」의 노처녀들은 마지막 이야기 「망자」의 노처녀들인 모컨 자매와 대응을 이루어 더블린 사람들의 좌절, 절망 등을 보여준다고 할 수 있을 것이다.

이 이야기의 서술자인 소년은 삼촌 집에 얹혀살고 있는 것으로 보아 아마 부모 없는 고아인 듯하다. 그래서 플린 신부(father)는 소년의 스승일 뿐만 아니라 아버지의 대리인으로 여겨지기도 한다. 감수성이 예민한 이 소년은 삼촌, 숙모, 코터씨(Old Cotter), 그리고 자매인 내니(Nannie)와 일라이저(Eliza)가 속해있는 마비된 어른들의 세계로부터 벗어나기를 원한다. 그리고 이들이 나타내는 숨 막히는 따분한 일상으로부터의 도피를 가능하게 해 준 사람이 바로 플린 신부이다. 신부는 그에게 라틴어 발음에서부터 교회의 "복잡하고 신비로운" 의식(儀式)들에 이르기까지 일상 속의 상식적인 것과는 거리가 먼 것들을 가르쳐준다. 특히 문학적 감수성이 강하고 낱말에 대해 예민한 반응을 보이는 소년에게 로마에서 공부한 신부가 직접 가르쳐주는 라틴어의 발음은 소년의 도피 욕망을 북돋아주는 물리칠 수 없는 유혹이었을 것이다. 이러한 맥락에서 보았을 때, 신부에 대한 꿈을 꾼 후 소년이 "멀리, 관습이 이상한 나라인 페르시아"에 다녀왔다고 생각하는 것은 이해할만하다. 페르시아는 「마주침」의 "거친 서부"(wild west), 「애러비」의 "애러비"와 함께 일상적인 더블린으로부터 벗어나 있는 이국적인 곳을 가리킨다. 특히 "페르시아"가 "애러비"와 함께 동양적인 것을 나타낸다는 것은 주목할 만하다. 왜냐하면 서구사회는 동양을 매혹적이고 퇴폐적인 곳으로 묘사해 왔는데 소년이 신부의 세계에 대해서 그렇게 느끼기 때문이다. 그곳은 "쾌락을 주면서도 사악한 영역"(pleasant and vicious region)이다. 따라서 이러한 영역에 매혹되어 있는 소년이 삼촌에게는 로젠크로이츠(Rosenkreuz) 신부가 세운 비밀스럽고 몽상적인 "장미십자회원"(Rosicrucian) 쯤으로 보일 수밖에 없다. 삼촌은 사회가 정한 표준의 규범에서 벗어나 있는 플린 신부를 가까이 하고 있는 소년에게 "운동을 하라"거나 "냉수욕"을 하는 게 좋다고 충고한다. 쉽게 말해서 정신 차리고 상식적인 현실로 돌아오라는 것이다. 코터씨는 특별히 신부를 사악한 존재로 보고 있기 때문에 이 소년이 그로부터 나쁜 영향을 받지 않을까 우려하고 있다. 그는 그 신부에게 "뭔가 기묘한 데가 있었거든. . . 뭔가 괴이한 구석이 있었어", 혹은 "이것은. . .별난 경우. . .에 속한다고 생각하는데, 하지만 딱 집어 . . .말하기는 힘들지만"이라고 말한다. 그의 표현에서 생략부호가 자주 발견되는 것은 그가 소년이 들어서는 안 되는 말을 숨기고 있기 때문일 것이다. 소년이 그를 처음 알았을 때는 증류주라는 술 제조에 관한 그의 이야기에 솔깃하기도 했지만 이내 "그의 끝없는 이야기"에 물리게 되었고 그는 소년에게 "지루한 노인네"로 전락하고 말았다. 코터씨는 그의 "끝없는"–다시 말해서, 변화 없는—이야기와 마찬가지로 자신의 단조로운 상업적 세계에 갇혀있다. 그의 생각은 표준화된 것이고 일상적인 상식의 경계선을 넘지 못한다. 그래서 그는 두 말없이 신부와 어울리는 것이 "아이들에게 좋지 않다"고 단언하는 것이다.

신부가 경계의 대상이 된 이유는 그가 강제로 은퇴하게 된 것과 관련이 있다. 즉 그는 신부로서 부적격 판정을 받은 실패자이었던 셈이다. 이야기에는 그가 정확하게 어떤 잘못을 저질렀는지에 관해 구체적으로 나와 있지 않다. 다만 두 가지가 막연히 암시되어 있을 뿐이다. 첫째는, 소년이 암시하듯이, 그가 사이모니 혹은 신성매매(simony), 즉 신성한 것을 사고파는 죄를 범했을 것이라는 것이고, 둘째는, 그의 누이인 일라이저가 밝히듯이, 그가 미사 도중에 성배(chalice)를 깨뜨렸다는 것이다. 이야기는 신부가 구체적으로 어떻게 신성매매의 죄를 지었는지에 대해서는 밝히고 있지 않다. 다만 소년이 이야기의 앞부분에서 희미하게 암시하고 있을 뿐이다.

> 매일 밤 그 창문을 바라볼 때마다 나는 마비라는 단어를 조용히 혼자말로 중얼거렸다. 그 낱말은 항상 유클리드 기하학에 나오는 노몬(gnomon)과 교리문답서에 나오는 사이모니(simony)라는 단어처럼 내 귀에 이상하게 들렸다. 그러나 이제 이 단어는 어떤 해롭고 죄 많은 존재의 이름처럼 들렸다. 이 단어는 나를 공포로 가득 채웠지만, 나는 그 낱말에 더욱 가까이 다가가서 그것의 치명적인 위력을 보고 싶었다.

소년은 신부의 영역인 "그 창문"을 바라볼 때마다 "마비"라는 단어를 떠올린다. 그리고 "죄 많은" 존재의 이름처럼 들리는 그 단어는 "사이모니" 즉, 신성매매라는 낱말을 연상시킨다. 다시 말해서, 소년은 신체적으로 마비되어 있는 신부를 신성매매의 죄와 연결시키고 있는 것이다. 당연히 소년은 그 단어 혹은 신부, 나아가서는 신부의 세계에 공포감을 느끼지만 그럼에도 불구하고 그것에 다가가고 싶은 미묘한 심정을 느낀다. 금지된 것에 대해서 공포감을 느끼면서도 물리치기 어려운 유혹을 느끼는 것이다.

신성매매에 관한 두 번째의 암시는 소년이 신부의 죽음에 대한 소식을 들은 후 꿈속에서 죽은 신부의 "회색 빛 얼굴"을 본 부분에서 주어진다. 그 얼굴은 "긴 벨벳 커튼이 드리워지고 흔들거리는 고대 양식의 램프"가 있는 고해실에서 소년에게 고해를 하기 위해 기다린다. 소년은 그가 "마비로 죽었다는 것을 기억했고" 계속 미소 짓는 죽은 신부를 향하여 자신이 "마치 신성매매자의 죄를 용서해 주기라도 하듯이 희미하게 미소 짓는 것을 느꼈다". 여기서는 비록 꿈속이지만 소년이 신부가 되어 죄인인 플린 신부를 용서해주는 듯한 장면을 연출하고 있다. 이것은 어디까지나 소년의 꿈에 불과한 것이고 또 신부가 구체적으로 어떻게 신성한 것을 매매했는지에 대해서는 전혀 알 수 없다. 작품 속에 나온 내용으로 억지로라도 단서를 찾아보자면 신부가 라틴어의 정확한 발음뿐만 아니라 "미사의 여러 가지 다른 의식과 신부가 입는 여러 가지 다른 성의(聖依)의 의미"에 대해서 가르쳐 준 것에 대한 대가로 소년이 담배를 선물한 정도인데, 이 것 자체가 신성매매라고 보기는 어려울 뿐더러 이것은 신부가 이미 강제로 은퇴 당한 이후에 일어난 일이기도 하다. 아니면 본인도 감당하기 힘들어했던 성직(聖職)을 소년을 꾀어 팔아넘기려 함으로써(소년을 신부의 길로 유혹함으로써) 신성매매의 죄를 범한 것이 아니냐고 생각할 수도 있다. 또한 신부가 가톨릭교의 신비를 가르친다는 미명 하에 소년과 동성연애를 시도했다는 주장–이것이 사실이라면, 신부는 성스러운 지식을 개인적 이익을 위해서 "매매"한 것이 될 것이다–도 있으나 이에 대한 증거는 없다. (다만 코터씨가 그를 "queer"라는 단어와 연관시켜 말함으로써 그의 동성애적 경향에 대한 희미한 단서를 제공할 뿐이다). 아무튼 이 이야기에서 가장 난해한 부분이 신부의 정체라는 것은 논란의 여지가 없을 것이다. 그가 신을 부인한 회의론자인지, 신성매매자인지, 동성애자인지, 아니면 변태성욕자인지 아니면 또 다른 존재인지 그야말로 오리무중이다.

한편, 신부가 성배를 깨뜨린 사건은 이야기의 끝 부분에 그의 누이에 의해서 밝혀진다. 코터씨와 마찬가지로 일라이저도 신부에 대해 실례됨직한 말을 할 때마다 생략하며 더듬더듬 말을 이어간다.

> "그가 깨뜨린 성배가 결정적이었지요. . .그게 이 모든 비극의 시작이었고요. 물론 다들 괜찮다고 했지요. 성배에는 아무것도 안 들어 있었다고 하면서요. 하지만. . . . 사람들은 그것이 시중을 든 복사(服事)의 잘못이라고도 했지요. 그런

데 가련한 제임스는 너무 초조해 했어요, 그에게 신의 자비가 있기를!"

이 이야기가 어려우면서도 흥미로운 것은 이러한 원인들에 대한 확실한 객관적 증거 대신에 몇 개의 주관적 관점들만 제시되어 있기 때문일 것이다. 신부가 성배를 깨뜨린 것은 그의 일을 돕는 소년의 잘못 때문이었는지, 그리고 성배에 과연 아무것도 들어있지 않았는지에 대해서 확인할 길은 없다. 나아가서 신부 자신이 포도주를 들이켰는지도 알 수 없는 일이다. 단지 그를 변명해주고자 애쓰는 누이가 그렇게 말하고 있을 뿐이다. 어쨌든, 확실한 것은 매우 세심하고 소심한 신부가 성배를 깨뜨렸고 그 사건 이후에 그가 정신적으로 이상해졌다는 것이다. 얼마 후 그가 빈 고해실에서 혼자 웃고 앉아있는 것이 목도되었고 그는 강제로 은퇴하지 않으면 안 되었다. 물론 왜 그가 혼자 앉아 있었고 또 왜 웃고 있었는지 확실하게 아는 사람은 없다. 그 사건 이후에 신부가 보여준 행동은 사람들에게 "괴상한"(queer) 것, 다시 말해서 표준적인 것과 다른 것으로 여겨졌다.

지금까지 살펴보았듯이 이 이야기의 내용은 주로 신부에 관한 것이다. 이야기의 제목인 '자매'가 독자들의 시선을 끄는 것은 비로소 작품의 끝 부분에 이르러서 소년이 저녁 무렵 숙모와 함께 상가를 찾아갔을 때이다. 그렇다면 이 자매는 왜 제목에 오를 정도로 중요한 것일까? 우선 이들의 과거를 살펴볼 필요가 있다. 신부는 자매와 함께 더블린의 빈민가인 아이리쉬 타운(Irishtown)에서 태어났다. (아이로니컬하게도 그들은 지금 그들을 지배하는 대영제국을 가리키는 그레이트 브리튼 가(Great Britain street)에서 살고 있다). 그는 로마에 있는 명문의 아일랜드 신학대학(Irish College)에 유학하여 공부할 정도로 장래가 촉망되는 청년이었고 아마 집안의 유일한 희망이었을 것이다. 그리고 추측컨대 이 자매가 그들의 지참금으로–1880년대의 더블린에서는 결혼 지참금이 없이 결혼한다는 것은 거의 불가능했다–신부의 생활비와 학비를 댔을 것이다. 그리하여 신부는 『더블린 사람들』에 나오는 등장인물들 중 「망자」의 게이브리엘(Gabriel)과 더불어 몇 안 되는 지식인에 속하는 사람이 된다. 신분상승의 전형을 보여주는 예이다. 반면에 자매는 교육을 받지 못한 하류층 여자들로 남는다. 내니는 귀머거리이기 때문에 한 마디도 하지 못하고 일라이저는 프리만스 저널(Freeman's Journal)을 프리만스 제너럴(Freeman's General)이라고 하는 등 두 번이나 말을 오용함으로써 무식을 드러낸다. 신부가 성직자로 한 단계 한 단계 승진하는 동안 자매는 그의 가정부처럼 그를 섬겼을 것이다. 어느 날 그들에게 돌아올 행복–아마 그 당시 상황에 비추어 볼 때, 그럴듯한 결혼—을 기약하면서 말이다. 하지만 신부는 실패자로 전락했고 그를 위해 희생한 누이들에게 보상을 안겨주기는커녕 죽을 때까지 그들에게 의지하지 않으면 안 되는 상황에 놓이게 된 것이다. 자매는 "가난하지만 할 수 있는 모든 일을 다 함으로써" 신부를 죽을 때까지 섬겼지만 「진흙」의 또 다른 노처녀 마리아(Maria)처럼 이제 가난하고 무식한 노처녀로 전락했다. 신부의 몰락은 그 개인만의 불행으로 끝난 것이 아니고 그를 섬긴 사람들에게까지 이어진 것이다. 그래서 많은 비평가들이 자매를 "신부들에 시달린" 아일랜드 국민을 가리킨다고 하는지 모른다. 이러한 맥락에서 보았을 때 제목이 「자매」인 것은 두 자매의 헛된 삶을 강조하기 위한 조이스의 생각이 반영된 것일 수 있다. 특히 조이스가 아일랜드의 지배적인 세력이었던 가톨릭에 비판적이었다는 점을 고려하면, 그리고 신부가 아일랜드의 타락한 교회를 나타내고 깨어진 성배가 교회의 실패를 상징하는 것으로 본다면 이러한 시각은 더욱 설득력을 얻는다. 이야기는 신부의 몰락에 대해서 일라이저의 넋두리 같은 중얼거림으로 끝난다. 마치 그들 자매가 아무런 의미도 없이 자신들의 인생을 고스란히 허비했다는 것을 한탄하기라도 하듯이.

물론 이와는 다른 관점에서 이 두 여인의 의미를 찾는 사람들도 있다. 이 입장에 의하면 신부가 소년을 가르친 것은 그를 신부로 만들고 싶었기 때문이라는 것이다. 장례식 전야의 경야에서 신부의 두 누이는 상가를 찾아 온 소년에게 마치 성체성사 때 신부의 역할을 맡은 듯이 포도주와 크래커를 건네준다. 그러나 소년은 일라이저의 상징적 미사를 거부하는데, 어떤 이들은 이것을 두고 소년이 사실상 교회를 거부한 것으로 보기도 한다. 이 거부의 행위는 『젊은 예술가의 초상』(*A Portrait of the Artist as a Young Man*) 에서 스티븐 데덜러스(Stephen Dedalus)가 좀 더 확실하게 교회를 거부하는 행위와 연결된다. 그러나 이러한 해석에는 약간의 무리가 있는 것도 사실이다. 왜냐하면 이야기에서 소년이 크래커를 먹지 않은 것은 단지 시끄러운 소리가 날까 보아서였기 때문이다. 또한 신부가 마치 그를 후계자로 삼고 싶기라도 한 듯 그에게 가톨릭에 대해 가르쳤지만, 신부 자신이 교회로부터 부적격자로 판정 받은 만큼 그가 교회를 가리키는 존재로 볼 수 있을 지는 논란의 여지가 있기 때문이다.

소년은 신부가 죽은 후 "조그마한 어두운 방"으로부터 나와 거리의 "밝은 쪽"을 따라서 걸으며 "자유의 감정"을 느낀다. 공포의 대상이기도 했지만 다른 한편으로는 매혹되어 이끌렸던 세계로부터의 결별이 그에게 묘한 해방감을 가져다 준 것이다. 앞에서도 말했듯이, 이 이야기는 그 누구보다도 소년에 관한 것, 다시 말해서, 그가 자아 인식에 이르는 과정을 보여주는 것이라 할 수 있다. 신부와 자주 만나는 소년에게 던지는 어른들의 경계심 어린 눈초리와 그들의 조심스런 말투의 의미를 그는 차츰 깨달아 가다 이야기의 마지막 부분에 이르러 신부 누이의 설명을 들으며 인식의 단계에 가까이 다가가고 있다고 할 수 있다. 그것은 신부에 대한 인식이기도 하지만 그가 살고 있는 세상과 그 자신에 대한 인식이기도 할 것이다. 어쩌면 죠셉 콘래드(Joseph Conrad)의 『어둠의 속』(*Heart of Darkness*)에서 서술자인 말로우(Marlow)가 커츠(Kurz)에 대한 진실을 앎으로써 자신에 대한 이해에 이르게 되는 것과 일맥상통한다고 할 수 있을지 모른다. 그 소년이 알게 된 진실이 무엇인지는 구체적으로 나와 있지 않다. 다만 커츠가 문명사회의 질서가 규정해 놓은 금기의 선을 넘어섬으로써 발견했던 것을 신부도 가톨릭교회가 쳐놓은 경계선을 넘음으로써 발견한 것이고–그것은 텅 빈 성배가 암시하듯이 가톨릭 신앙에 대한 부정일 수도 있을 것이다–소년은 어렴풋이 그것을 인식하고 있는지 모른다. 그래서 이야기의 끝 부분에서 소년은 "하릴없는"(idle) 성배를 가슴에 얹은 채 누워있는 신부를 그려본다. 그것은 소년이 아무것도 들어 있지 않은 성배가 의미하는 것–소명을 받들지 못한 신부의 실패, 소년 자신의 환멸, 그리고 자매의 헛된 희생–을 희미하게 인식했다는 것을 암시한다.

2. 「마주침」(An Encounter)

이 이야기의 구조는 간단하다. 학교의 억압적인 분위기에 억눌려온 소년은 친구와 함께 학교에 가지 않고 발전소인 피젼 하우스(Pigeon House)까지의 모험을 감행하기로 한다. 그들은 처음에는 들뜬 기분으로 출발하였으나 지치고 시간도 없어서 이내 목적지를 포기하게 되자 조금 가라앉은 분위기에 젖어들게 된다. 그 후 그들은 이상한 언행을 하는 노인과 마주치게 되고 그로부터 도망쳐 집으로 돌아오게 된다. 여기서 피젼 하우스가 예전에 영국과 아일랜드를 오가는 여객선 승객들의 여객터미널 같은 곳이었다는 것을 고려하면 학교로부터의 탈출은 아일랜드로부터의 탈출과 유사하다고 할 수 있다. 또한 단순화해서 말하자면 피젼이 비둘기, 새를 의미하므로 비상(飛上), 탈출을 암시한다고 할 수 있을 것이다.

첫 번째 이야기와 세 번째 이야기에서는 소년이 삼촌 집에 살고 있다는 것이 분명히 언급되고 있으나 이 이야기에는 그러한 사실이 진술되지 않는다. 하지만 여러 가지 정황으로 보아 이 이야기의 소년도 자식을 얻지 못한 삼촌 집에서 얹혀살고 있는 고아인 듯이 보인다. 그렇기 때문에 하루 동안의 그의 모험은 아버지를 대신 할 존재, 혹은 아버지 같은 존재(father figure)를 찾기 위한 과정으로 해석될 수도 있다. 비록 그가 학교 밖에서 우연히 만나게 된 아버지 상은 변태적인 노인에 불과하지만 말이다. 이런 아버지와 대조적으로 조 딜런(Joe

Dillon)의 부모는 "매일 아침 8시 미사에 참여한다". 그리고 그의 어머니의 "평화로운 향기는 집안을 가득 채운다". 조 딜런은 미국의 거친 서부 세계를 소개한 장본인이고 매일 저녁 인디언 전쟁놀이를 할 때 진짜 인디언처럼 소리치며 날뛰던 아이이었지만, 어느 날 그가 신부가 될 것이라는 믿기 어려운 소문이 들려오고 그것이 사실로 판명된다. 절제와 금욕의 삶이 요구되는 신부는 인디언의 이미지와 어울리지 않는다. 그럼에도 불구하고 조가 신부가 되었다는 것은 가톨릭 가정의 억압적인 종교성이 그를 그 길로 끌어들였을 것이라는 것을 추측하게 한다. 매일 아침 미사에 참여하는 부모와 집안을 가득 채우는 "평화"가 집안에서는 그 밖의 다른 분위기를 허용치 않는다는 것을 암시한다. 집에서 순한 양처럼 평화 유지의 명령에 복종해야 하는 딜런네 아이들은 그렇기 때문에 그만큼 더 심하게 밖에서 거친 "전쟁" 놀이에 빠져드는지 모른다. 그리고 그 놀이는 그들에게 억압으로부터의 탈출을 의미할 것이다.

마찬가지로, 예수회 학교의 억압적인 분위기는 주인공 소년을 짓누른다. 특히 엄하고 권위주의적인 아버지 상으로 나오는 버틀러 신부(Father Butler)의 교실은 욕망이 속박 받지 않는 영역인 미국의 거친 서부와 대조되어 그려져 있음을 쉽게 알 수 있다.

> 미국 서부개척소설에 나오는 모험 이야기는 나의 기질에는 맞지 않았지만 최소한 탈출로를 열어주었다. 나는 단정치 않은 거친 아름다운 여자들이 간혹 등장하는 미국 탐정이야기들을 더 좋아했다. 이러한 모험 이야기에 별다른 문제가 있는 것도 아니고 그 중에는 문학적인 것도 있지만 그런 류의 책들은 학교에서 비밀리에 유통되었다.

어느 날 로마 역사 시간에 리오 딜런((Leo Dillon)이 『아파치 추장』(*Apache Chief*)이라는 책을 몰래 읽다가 들키자 신부는 로마의 역사 대신에 이따위 쓰레기를 읽고 있느냐고 호통을 친다. 버틀러 신부는 권위의 상징이라고 할 수 있는 로마를 공부하라고 다그친다. 로마는 또한 제국주의를 가리키고 신부는 아일랜드의 또 다른 통치세력인 가톨릭 신앙을 대표하므로 이 공부는 곧 현 체재 혹은 질서 유지를 위한 것이라 할 수 있을 것이다. 이러한 스승과 대조적으로 학생들은 그들의 스승이 "쓰레기"라고 말한 야만의 서부에 관한 이야기를 비밀리에 읽고 있음을 볼 수 있다. 그가 읽은 『아파치 추장』은 기존질서 혹은 권력을 상징하는 로마의 역사에 대한 저항을 암시하는 책이라고 볼 수 있을 것이다. 버틀러 신부가 학생들을 질서, 문화의 세계로 인도하는 교육을 시키고 있다면, 야만의 이야기는 반대로 신부의 질서세계를 허물어뜨리는 위치에 있다고 할 수 있다. 아일랜드 소년에게 미국의 거친 서부는 「자매」의 주인공이 꿈속에서 방문한 "페르시아"나 「애러비」의 소년이 꿈꾼 "애러비"처럼 그곳으로 탈출해야 할 이국적인 신비를 나타낸다.

> 그러나 학교의 억압적인 영향력이 멀어지자 나는 다시 야성적인 감각에 대한 갈증, 무질서의 연대기만이 나에게 열어주는 듯이 보였던 탈출에 대한 갈증을 느끼기 시작했다. 저녁때의 모의 전쟁은 이제 나에게 오전의 판에 박힌 학교생활만큼이나 따분해졌다. 왜냐하면 나는 나에게 진짜 모험이 일어나기를 원했기 때문이다. 하지만 생각해보니 진짜 모험은 집에 머물러 있는 사람들에게는 일어나지 않는다. 그것은 밖에서 만날 수 있는 것이다.

소년은 결국 "탈출에 대한 갈증"을 "밖에서" 찾게 되어 두 명의 친구와 함께 하루 땡땡이를 치기로 계획한다. 그러나 당사자인 레오 딜런은 마치 「에블린」의 여주인공이 계획을 세워놓고도 떠나는 배를 타고 자유를 향해 떠나지 못하듯이 결국 탈출을 실행에 옮기지 못하고 만다. 그는 학교 밖에서 "버틀러 신부나 학교에서 나온 다른 사람을 만날지 모른다"며 지레 겁을 먹었다. 그의 형 조 딜런이 미국의 거친 세계를 소개하고 그 자신이 누구보다도 열심히 인디언처럼 뛰놀기도 하였지만 결국은 신부가 되고 말았듯이, 리오 딜런도 모험을 공모했지만 결국 버틀러 신부의 세계로부터 일시적이나마 빠져 나오지 못한 것이다.

교육기관으로부터 벗어나고, 신부에 의해서 상징되는 권위에 반항하고자하는 그의 욕망은 그가 머흐니(Mahony)와 함께 학교에 가지 않음으로써 언뜻 실현되는 듯이 보인다. 그것은 머흐니가 어른들의 눈에 띄지 않는 곳에 이르자마자 "인디언 흉내를 내기 시작하는 것"에서도 알 수 있다. 그러나 소년은 학교 밖에서 더 엄한 아버지 상이며, 「자매」에 나온 플린 신부와 매우 비슷한 노인을 만난다. 이 둘 사이에는 많은 유사점들이 발견된다. 예를 들면, 이 노인의 "초록빛을 띤 검정 양복"은 플린 신부의 "초록색의 빛바랜" 신부복을, "누런 이 사이의 큰 틈새"는 플린 신부의 "변색된 큼직한 이들"을 상기시킨다. 뿐만 아니라, 둘 다 많은 지식을 가지고 있는 듯이 보인다. 플린 신부는 말할 것도 없고 이 노인도 "월터 스코트 경(Sir Walter Scott)과 리튼 경(Lord Lytton)의 작품들을 모두 소장하고 있고 결코 물리는 법이 없이 그것들을 계속 읽고 있다"고 말한다. 무엇보다도, 둘 다 어린 소년들을 그들의 어둡고 왜곡된 세계로 인도하기 위해 혹은 입문시키기 위해 교육시키는 것을 즐긴다.

처음에 노인은 "남자 아이들에게는 다 여자 친구가 있는 법"이라고 말함으로써 "그 나이의 사람치고는 이상할 정도로 개방적인" 태도를 보여 소년에게 깊은 인상을 심어준다. 그러나 그가 "마치 무언가를 두려워하기라도 하듯 혹은 갑작스런 한기를 느끼기라도 한 듯 한두 번 몸을 떨자" 소년은 의아해하기 시작한다. 소년은 그 노인의 행동이 성적 흥분상태에서 오는 증상임을 알지 못한다. 그러다가 노인은 소녀들의 "부드러운 머리"와 "부드러운 손"에 관심을 보임으로써 신체의 일부를 통해 성적만족을 얻는 페티시즘(fetishism)의 경향을 드러낸다. 노인이 성적으로 변태적인 사람이라는 것은 그가 들판의 끝으로 천천히 걸어가서 이상한 행위를 함으로써 비로소 확인된다. 그의 행위를 지켜본 머호니는 그를 "괴상한 노인네"(a queer old josser)라고 부르지만 구체적으로 그 노인이 어떤 짓을 했는지는 이야기에 나와 있지 않다. 아마 노출증을 보였거나 자위행위를 했을 거라고 추측할 수 있을 뿐이다. 이를 계기로 해서 소년은 이 노인을 경계하고 두려워하기 시작한다. 그래서 만들어낸 책략이 둘이 가명을 쓰는 것이다. 머호니와 소년은 각각 영국과 아일랜드에서 가장 흔한 이름인 "머피"(Murphy)와 "스미스"(Smith)를 사용함으로써 어느 정도 익명성을 담보 받고자 한다. 소년은 "도망가야 할지 말아야 할지"를 망설이지만 결국 그대로 남아있게 된다. 반면에 머호니는 고양이를 발견하자 벌떡 일어나서 들판을 가로질러 그 고양이를 쫓아간다. 여기서 태평스럽고 낙천적인 머호니와 조숙하며 예민한 주인공 소년의 대조가 분명하게 나타난다고 할 수 있다. 소년은 「자매」에 나오는 소년과 마찬가지로 "쾌락을 주면서도 사악한 영역"에 두려움을 느끼지만 그것에 가까이 다가가고 싶어 한다. 이 사악한 영역은 노인의 가학성 변태성욕(sadism)의 성향에 의해서 더욱 분명하게 그 모습을 드러낸다. 노인은 소년들이 말을 듣지 않을 때에는 심하게 맞아야 한다고 말한다. "손바닥을 때리거나 따귀를 치는 것으로는 충분하지 않고 흠뻑 매질을 해야 한다"고 말할 뿐만 아니라 "그렇게 때리는 것만큼 그가 이 세상에서 좋아하는 것은 없다"라고까지 주장한다. 이것은 앞서 보여주었던 성에 대한 그의 개방적인 태도와 대조되는 것이어서 소년을 당혹스럽게 한다.

이 이상한 노인을 가학성 변태성욕자로 볼 수도 있지만, 또한 아들에게 매질하기를 좋아하는 거세하는 아버지의 이미지로 볼 수도 있다. 그가 처벌의 도구로도 사용될 수 있는 지팡이를 가지고 있다는 점에서 더욱 그러하다. 조이스의 작품에서 아들을 혼내주는 아버지의 이미지는 항상 억압적인 분위기를 형성한다. 예를 들면, 「대응」(Counterparts)에서 패링튼은 그의 어린 아들을 지팡이로 때린다. 또한 『젊은 예술가의 초상』에서 돌런 신부(Father Dolan)는 스티븐을 매질함으로써 벌을 준다. 그렇다면 소년은 버틀러신부로부터 도망하여 또 다른 버틀러 신부를 만난 셈이다. 이는 더블린으로부터의 탈출은 결코 성공할 수 없다는 것을 암시한다.

그는 소년에게 "그가 암기한 내용을 반복하고 있다는 인상, 혹은 그의 마음이 그 자신의 말에 이끌려서 동일한 궤도를 천천히 순회하고 있다는 인상"을 준다. 그의 마음은 출구 없는 폐쇄 회로를 순환하고 있는 듯이 보인다. 플린 신부가 육체적으로 마비되었다면 이 노인은 정신적으로 마비되어 있다는 것을 보여주는 대목이다. 최면을 걸 듯 단조로운 그의 목소리와 원을 그리듯 순환하는 듯한 그의 말은 소년의 목을 향해 서서히 내려오는 밧줄 혹은 덫일지 모른다. 그리하여 소년은 자신이 이 노인에 의해서 상처받을 수 있다는 두려움–그것은 이미 자신에 대한 가명을 만들어서 자신을 보호하겠다는 데에서도 볼 수 있다–때문에 머흐니를 부른다.

> '머피!'
> 내 목소리에는 억지로 용기 있는 것으로 들리게 하려는 흔적이 역력했고, 나는 내가 꾸며 낸 보잘 것 없는 책략이 창피했다. 내가 그의 이름을 다시 부르고 나서야 머호니는 나를 보았고 어! 하고 대답했다. 그가 들판을 가로질러 나에게 달려올 때 나의 심장은 얼마나 뛰었던가! 그는 마치 나에게 도움을 주기 위해 오기라도 하는 것처럼 달려왔다. 그리고 나는 참회하는 마음이 되었다. 왜냐하면 나는 마음속으로 항상 그를 약간 경멸해 왔었기 때문이다.

주인공 소년만큼 생각이 많지 않은 머흐니는 자신이 "머피"라는 가명으로 불리어졌을 때 상대방을 "스미스"로 불러주어야 한다는 것을 생각해 내지 못한다. 그러나 어쨌건 주인공 소년은 그를 향해 달려오는 머흐니로 인해서 안도감을 얻을 뿐만 아니라 그를 멸시해왔던 것에 대해서 회개한다. 그것은 그만큼 그가 노인에 대해서 두려움을 느꼈다는 것을 의미한다. 탁 트인 바다로 뛰쳐나가 "초록색 눈을 한 선원"을 만날 것을 꿈꾸었던 소년이 만난 것은 "초록색" 눈을 한 괴상한 노인이었다. 그가 마음 속 깊이 만나기를 염원했던 사람은 "초록색" 눈을 가졌다고 전해지는 모험의 선원 오디세우스 같은 사람이었는지 모른다. 하지만 그는 전혀 다른 사람을 만나게 되었는데, 이는 어린 소년의 낭만적인 생각이 어른들의 삭막한 현실에 부닥친 것을 암시하는 것으로 볼 수 있을 것이다. 부패한 어른세계를 보고 두려움에 휩싸인 그는 같은 어린이 세계에 속한 머흐니가 곁에 있다는 것만으로도 마음 든든해한다. 친구에 대한 그의 이러한 포용성은 「망자」의 말미에서 게이브리엘이 자기중심주의에서 나와 아내의 마음속에 자리 잡고 있는 마이클(Michael)을 포함한 모두를 포용하는 관대함을 갖게 되는 것과 연결된다. 또한 "참회"하는 마음을 갖게 되었다는 것은 그가 탈출에 대한 열망을 접고 낯익은 일상으로 복귀할 것임을 암시한다. 또한 「애러비」의 소년이 말미에서 자신의 어리석음을 들여다 보듯이, 그리고 「작은 구름 한 조각」의 챈들러가 작품의 끝부분에서 자신의 낭비된 삶을 돌이키며 후회의 눈물을 흘리듯이 자신이 누려왔던 우월감을 반성하고 있다고 할 수 있다.

3. 「애러비」(Araby)

대학의 교양영어 교재에도 심심찮게 등장하는 이 이야기는 아마 『더블린 사람들』중에서 「망자」와 더불어 대학에서 가장 많이 다루어지는 작품일 것이다. 조이스 자신이 이 이야기를 앞 두 단편과 함께 "자신의 어린 시절의 이야기"(*Letters* II 111)라고 언급한 적이 있지만, 조이스는 실제로 1894년에 북 리치몬드 가(North Richmond Street)에 있는 이야기 속의 바로 그 집으로 이사 와서 산 적이 있다. 다만 그가 그 집에 이사 오기 전인 5월에 더블린에서 애러비 바자가 열렸다는 점이 이 이야기의 내용과 다르다.

이야기 속의 카메라는 리치몬드 가를 비춘 다음 정원, 거실 등으로 점점 더 장소를 좁혀 가고, 마침내 맹건의 누이에 대한 소년의 이야기에 초점을 맞춘다. 먼저 리치몬드 가부터 살펴보자.

> 북 리치몬드 가는 막다른 골목이어서 가톨릭 학교 아이들이 학교를 파하고 나오는 시간을 제외하고는 조용한 거리였다. 사각형의 땅에 세워진, 사람이 살지 않는 한 2층 짜리 집이 이웃집들과 분리된 채 골목의 막다른 곳에 위치해 있었다. 거리의 다른 집들은 남 보기 흉하지 않는 삶을 의식하는 양 갈색의 태연한 얼굴로 서로를 마주보며 서 있었다.

리치몬드 가는 위에서 인용된 외떨어진 집이 막다른 골목에 서 있고 그 집을 중심으로 양쪽으로 집들이 서로를 마주보며 서 있는 형태를 하고 있다. 주인공 소년이 살고 있는 집은 그 양쪽에 있는 집 중 하나로 그 집의 맞은편에 맹건의 누이 집이 있다. 그렇기 때문에 소년은 자기 집에서 그녀를 볼 수 있는 것이다. 여기서 "막다른" 혹은 "눈이 먼"(blind)이라는 단어가 두 번이나 사용됨으로써, 이곳에 살고 있는 사람들, 나아가서는 이들이 대표하는 더블린 사람들이 이곳에 갇혀있다는 것과 이들이 자신들의 마비 상태를 보지 못한다는 것(그래서 "태연한"이라는 단어가 쓰이지 않았을까?)을 암시한다. 더욱이 조이스의 자서전적인 미완성작 『영웅 스티븐』(*Stephen Hero*)에서 "갈색의 벽돌 집"은 "아일랜드 마비의 화신"으로 제시된다는 점을 주목할 필요가 있다. 또 "blind"라는 단어에는 소년이 잠시 사랑에 눈이 멀어 현실을 보지 못했다는 의미도 들어있을 수 있다. 나아가서 "blind"는 이야기의 마무리에서 소년이 불 꺼진 바자의 어둠을 응시하고 있는 것과 연결되기도 한다. 사소한 것이기는 하지만 그가 블라인드(blind) 뒤에 숨어서 소녀를 엿본다는 점도 빠뜨리지 말아야 하겠다.

두 번째 단락에서 소년은 이사 오기 전 한 신부가 아무도 살지 않는 집의 뒤 응접실에서 죽었음을 밝힌다. 이 부분은 겉으로는 단순히 신부에 대한 정보를 제공하고 있는 것 같으나 사실은 소년이 어떤 성격의 소유자인지를 간접적으로 드러내주는 단락이다. 소년이 "곰팡이 냄새가 나고" "오래된 쓸모없는 종이들이 흩어져 있는" 집을 혼자서 돌아다니기를 좋아했다는 점에서, 그리고 그가 책에 관심이 많다는 점에서 앞 이야기들의 소년들처럼 호기심이 많고, 책을 좋아하며, 혼자 생각에 잠기기도 하는 조숙한 아이임을 알 수 있다. 이런 단어들은 "녹슨 자전거펌프"(녹슨 자전거? 이것은 더블린 사람들이 더블린을 탈출할 수 없다는 것을 암시할 수도 있지 않을까?)와 더불어 더블린의 마비된 현실을 암시해 주기도 한다. 한편 사과나무가 있는 그 집의 정원은 에덴동산을 연상시키지만 가꾸어지지 않은 채 내버려져 있음으로 해서 또한 폐허가 되다시피 한 낙원, 즉 인류가 타락한 이후의 낙원을 암시한다고도 볼 수 있다. (이것은 소년이 애러비에 대해서 낭만적으로 이상화하지만 나중에 천박한, 상업적인 현실을 보게 될 것을 시사하는 듯이 보인다). 신부의 죽음 후 남겨진 "쓸모없는" 종이들과 "녹슨" 자전거펌프는 덧없음과 허무, 무능력 등을 나타낼 뿐만 아니라 소년이 꿈꾸었던 목적지에 허무함만이 기다리고 있을 것임을 미리 보여준다.

다음 단락에서는 소년이 친구들과 뛰노는 장면이 나온다. 이것은 「마주침」의 시작부분에서 소년들이 인디언 게임을 하며 뛰어 노는 장면과 유사하다. 두 장면 모두 북 리치몬드 가를 배경으로 하고 있다. 아이들은 "어둡고 질척질척한 골목을 지나" "재 버리는 곳에서 악취가 올라오는" 정원의 뒷문에, 그리고 "냄새나는 어두운 마구간"에 이르게 된다. 이 장면은 뒤에 숙모와 함께 가게 되는 시장과 더불어 당시 더블린의 모습을 생생하게 그리고 있다. 또한 조이스가 편집자에게 보낸 편지에서 『더블린 사람들』에 대해서 있는 그대로 묘사하겠다는 의도에서 썼듯이, "잿더미와 오래된 잡초, 그리고 쓰레기에서 나오는 악취"가 문자 그대로 제시되어 있는 대목이기도 하다. 이렇게 같이 뛰놀던 친구들 중 한 명인 맹건의 누이가 소년의 숭배의 대상이다. 흥미로운 것은 그 누이의 이름이 결코 이 이야기에 드러나지 않는다는 것이다. 그것은 성에 눈뜨기 시작한 소년에게 그녀가 단지 "여성"이라는 집단을 나타냈기 때문일까? 아니면 그녀의 신비스러움이 구체적인 명명–따라서 지배 혹은 정복당하는 것–을 거부하기 때문일까? 그래서 그녀는 영원히 그에게 잡히지 않는 "갈색의 모습"(brown figure)으로만 남아 있게 되기 때문일까? 혹은 그녀가 흔히 여성으로 나타나는 아일랜드를 상징하기 때문일까? 이와 관련하여 조이스의 높은 평가를 받았으며 이 여성과 동일한 이름을 가진 아일랜드 시인 맹건(James Clarence Mangan, 1803-1849)이 그의 시("Dark Rosaleen")에서 아일랜드를 그가 연모하는 아름다운 여인으로 의인화한 것은 주목할 만하다.

그리고 맹건의 누이에 대한 소년의 첫사랑 이야기는 시작된다. 그의 시선은 그녀의 모습에 고정되어 있다.

> 매일 아침 나는 거실 바닥에 누워 그녀네 집 문을 지켜보았다. 나는 내가 보이지 않도록 블라인드를 창틀 가까이 까지 내려놓았다. 그녀가 문간의 층계에 모습을 드러냈을 때 내 가슴은 뛰었다. 나는 현관으로 뛰어가서 책을 집어 들고 그녀를 좇았다. 나는 한 번도 그녀의 갈색의 모습에서 눈을 떼지 않았다.

그녀의 모습을 담을 수 있는 것은 그의 육안만이 아니다. 그녀의 이미지가 어디에든, 심지어는 "로맨스에 가장 적대적인 장소", 이를테면 시장거리에까지 그를 따라다니기 때문이다. 헌신의 대상으로서 그녀의 이미지는 "성배"(chalice)가 되고, 그는 시끄럽고 지저분한 시장에서조차도 그 성스러운 이미지를 놓치지 않고 가는 영웅, 다시 말해서, "수많은 적들 사이에서도 안전하게 성배를 보호하고 가는" 기사가 된다. 뿐만 아니라 그녀는 성모 마리아가 받는 종교적인 경모의 대상이 되기도 한다. 이 때 소년은 성배를 들고 마리아를 찬양하는 신도 혹은 신부의 헌신적인 모습이 된다.

> 이러한 소음들은 나에게 삶의 단일한 감각으로 모아졌다. 나는 내가 수많은 적들 사이를 뚫고 성배를 안전히 모시고 가는 것을 상상했다. 그녀의 이름은 때때로 나 자신도 이해하지 못하는 이상한 기도와 찬양으로 내 입술에서 튀어나왔다.

종교적 비유는 계속되어, 가게 소년이 외치는 소리는 연도(litany)라는 가톨릭 용어에 견주어진다. 무엇보다도, 그는 그녀에 대한 자신의 관계를 "혼란스러운 숭배"(confused adoration)라는 종교적 용어로 설명하고 있다. 요컨대, 소년의 맹건의 누이에 대한 사랑은 마리아에 대한 가톨릭 신도의 종교적 숭배와 중세의 귀부인에 대한 기사의 기사도적 연애를 결합한 것이라 할 수 있을 것이다. 한편 "romance"라는 단어와 기사의 사랑이야기는 이 작품이 중세시대의 로망스라는 장르에 대한 패러디로 볼 수 있는 가능성을 제시한다. 기사가 성배(Holy Grail)를 찾아 모험을 감행하는 이야기는 소년이 맹건의 누나에 대한 사랑을 찾아, 혹은 애러비/성배를 찾아 떠나는 이야기와 비슷하지만, 적과 맞서는 로망스의 기사와 달리 소년이 맞서게 되는 것은 늦게 귀가한 삼촌과 지연된 기차 등 사소한 일들뿐이다. 다만 성배를 찾지 못해 실패로 끝나는 대부분의 로망스 기사들처럼 소년도 마지막에 자신의 한계를 깨닫는다는 점에서는 유사하다.

가톨릭 교회의 영향을 받은 조이스는 여성을 창녀(유혹하는 자)/성모 마리아(천사)로 이분화 혹은 단순화하는 경향이 있다. 이 이야기에서는 여성이 주로 후자의 모습으로 나오지만 전자를 암시하는 부분이 있음도 간과해서는 안 될 것이다. 맹건의 누이가 말을 하면서 "은팔찌"를 돌리는 것이나 담장의 쇠말뚝을 붙들고 있는 장면 등은 성적인 이미지들이다. 소년은 "[그의] 집 현관문 맞은편에 있는 전등 빛이 그녀의 목의 하얀 곡선을 비추어 주고 그 목에 머물러 있는 그녀의 머리카락을 밝혀 주며 난간에 놓여 있는 그 손을 비추어준다"고 함으로써 그녀에게 성적으로 이끌리고 있음을 보여준다. 뿐만 아니라, 그 빛이 보여주는 "겨우 보일 듯 말 듯한 속옷의 하얀 가장자리"는 그녀가 그를 적극적으로 유혹하는 것은 아니지만 (마찬가지로 그녀가 그를 애러비에 가도록 부추긴 것도 아니다) 그가 유혹 당하고 있다는 사실을 확인시켜준다.

피정(retreat)에 가기 때문에 애러비에 갈 수 없다는 그녀에게 소년은 선뜻 자신이 거기에 가게 되면 "뭔가를 사다 주겠다"고 말한다. 그 선물은 그가 표현하지 못한 사랑을 표현해 줄 대체물이 될 것이다. 주목할 것은 그녀에 대한 그의 종교적, 기사도적 열정이 겨우 상업적, 금전적인 것("사다주는 것")으로 표현될 수밖에 없다는 것이고, 이것은 이야기의 후반부에서 드러나는 애러비라는 바자의 물질주의적 측면과 연결된다. 바자에 가기로 한 토요일 아침 그는 바자에 간다는 것을 삼촌에게 상기시키지만 삼촌은 밤 9시가 되어서야 귀가한다. "토요일 밤이면 보통 꽤 상태가 좋지 않은" 「에블린」의 여주인공의 아버지처럼 술이 취해 늦게 귀가한 삼촌은 횡설수설하며 소년에게 어디에 가려고 하는지를 되풀이해서 물어본다. 소년의 삼촌은 폭력을 행사하는 「대응」의 아버지나 『율리시즈』의 「노시카」 에피소드에 나오는 거티(Gerty)의 아버지, 그리고 만취해 술집에서 굴러 떨어진 후 다쳐서 돌아오는「은총」의 아버지보다는 나은 편이지만, 역시 술에 취한 채 밤늦게 귀가해서 아이들과 여자들에게 고통을 주는 많은 더블린의 아버지들의 대열에 합류하고 있다. 영국의 지배를 받는 아일랜드의 남자들이 큰소리치며 남성성을 과시할 수 있는 곳은 술집과 가정뿐이었고 둘 간의 경쟁에서 보통은 전자가 우세했다.

결국 삼촌의 늦은 귀가와 기차의 출발 지연 때문에 소년은 바자가 문을 닫기 직전인 10시 10분 전에(닫는 시간은 10시 30분이었다) 가까스로 바자에 도착한다. 그의 앞에는 "마술적인 이름을 내건 덩치 큰 건물"이 서 있었다. 그는 그곳이 그가 마음속으로 그려 온 곳과는 전혀 다르다는 것을 발견한다. 그가 그 동안에 그려온 "애러비"는 이상적인, 낭만적인, 그리고 종교적인 의미를 함축하고 있는 것이었지만 그가 육안으로 직접 본 것은 산문적인 물리적 건물에 불과했다. 그는 그 곳에서 "예배가 끝난 후 성당을 감싸는 것과 같은 침묵"을 느끼고 바자의 중앙 부분으로 가보지만, 두 남자가 돈을 세고 있는 것을 목격할 뿐이다. 너무 허둥지둥 이곳에 오느라 정신이 없을 수도 있겠지만, 무엇보다도 그가 보고자 했던 곳과 실제의 애러비가 너무 달랐기 때문에 그는 "그가 왜 왔는지에 대해서 어렵사리 기억" 하지 않으면 안 될 정도로 충격을 받았다고 볼 수 있다.

그가 자기(瓷器) 꽃병과 찻잔 세트를 들여다보고 있는 동안 영국 억양을 가지고 말하는 상인들의 대화가 들려온다. 그 대화는 아무 내용이 없는 천박한 것이었다. 영국식 억양의 언어가 바자를 지배하고 있다는 것은 식민화된 아일랜드의 경제가 영국에 종속되어 있다는 것을 가리킨다. 젊은 여자가 와서 무엇을 사겠느냐고 묻지만 그녀의 어조는 마치 "의무감"에서 묻고 있는 듯이 보인다. 이것은 맹건의 누이가 소년에게 애러비에 가지 않겠느냐고 한 것이 사실 아무런 감정 없이 했을 수도 있다는 것을 넌지시 암시하는 대목이다. 그가 "아니오"(No, thank you)라고 하며 그 젊은 여자로부터 돌아설 때 사실상 무의식적으로 맹건의 누이로부터 돌아서는 것이라고 말할 수 있을 것이다. 다시 말해서, 현실의 애러비의 모습이 그가 꿈꾸어 왔던 애러비가 아님을 알고 배신감 혹은 환멸을 느꼈을 때 그는 맹건의 누이에 대한 환상으로부터 깨어난 것이다. 그 환상은 이상화된 아일랜드에 관한 것일 수도 있다. 쳉(Vincent J. Cheng)이 주장하듯이, 맹건의 누이는 영국과 아일랜드의 관계를 보여주는 비유적 존재일 수 있기 때문이다(99-100). 소년은 맹건의 누이를 이상화하고 그와 더불어 이상화된 애러비를 꿈꾸었지만 그 곳은 영국 상인들이 지배하는 상업적, 물질주의적인 곳에 불과했다. 마치 아일랜드가 영국에 의해서 식민화되고 경제적으로 종속되고 낙후되어 있는 것처럼.

홀의 위층 부분이 모두 소등되며 건물은 완전히 깜깜해졌다. 소년은 "어둠을 응시하며 자신이 허영에 들떠 움직이고 그 허영의 조소를 받고 있는 동물(creature)"로 자신을 객관화하며 자신을 혐오하게 된다. 또한 그의 눈은 "고뇌와 분노로 불타[오른]다". 물론 여기서 "불타오른다"고 하는 것은 흘러내리는 눈물로 뜨거워졌다는 뜻이다. 이 고뇌와 분노는 어디서 온 것일까? 외면적으로는 너무 늦게 와서 그가 애러비에 가야한다는 것까지 잊어버린 삼촌과 참을 수 없을 정도로 늦게 출발한 기차로 인해 생긴 좌절감(이 좌절감은 맹건의 누이와 애러비에 대한 그의 기대치만큼이나 클 것이다) 때문이지만, 내면적으로는 그의 꿈, 이상, 혹은 낭만적 사랑을 담아내기에는 너무 초라한 현실에 대한 인식 때문일 것이다. 무엇보다도, 맹건의 누이에 대한 낭만적인 사랑을 꿈꾸었고 애러비를 이상화했던 자신의 순진함에 대한 분노이고, 이것은 잠시 눈멀었던(우리는 다시 작품 시작부분에 나왔던 "blind"라는 단어를 상기하게 된다) 어리석은 자아에 대한 발견이며, 이러한 깨달음의 순간이 바로 에피퍼니이다.

또한 애러비를 마비된 더블린의 현실로부터 피신할 수 있는 피난처 같은 곳으로 본다면, 「애러비」도 앞의 두 이야기처럼 도피에 대한 소년의 소원이 좌절되는 이야기로 읽을 수 있다. 「자매」에서 더블린 밖의 이국적 영역인 페르시아가 꿈속에서만 존재하고, 「마주침」에서 소년들의 당초 목적지인 피전 하우스가 도달할 수 없는 목표이었듯이, 이 이야기의 소년이 꿈꾸어온 동양적인 애러비는 정작 그가 벗어나고 싶어 한 곳이나 별다름 없는 곳으로 판명된다.

4. 「에블린」

『더블린 사람들』의 이야기 중에서 탈출의 주제를 가장 극적으로 보여줄 뿐만 아니라 마비의 주제를 등장인물에 가장 잘 구현시킨 이야기라 할 수 있다. 또한 페미니즘적인 관점에서 주인공 에블린(Eveline)의 운명을 관찰해 볼 수 있는 이야기이기도 하다. 작품의 끝부분에서 에블린이 프랭크(Frank)가 떠나는 것을 지켜보는 곳이 노쓰월 부두(North Wall Station)인데, 바로 이곳에서 1904년 10월 조이스가 노라와 함께 아일랜드를 떠났다. 이것은 조이스가 『아일랜드 농가』(*Irish Homestead*)에 「에블린」을 출판한 다음 달에 일어난 일이었다.

비록 1인칭 시점으로 되어 있지는 않지만 이야기는 여주인공의 관점에서 마치 그녀가 내적 독백을 하듯이 서술된다. 마지막 페이지를 제외하고는 모두 에블린이 해질 무렵 집의 창가에 앉아 과거를 회상하고 미래를 상상하는 내용으로 이루어져 있다. 마지막 부분에서 어머니의 불행한 과거를 회상하던 그녀는 판박이 운명이 자신을 기다리고 있다는 공포감이 밀려오자 앉아있던 자리에서 벌떡 일어나 프랭크와 함께 도망가야 한다는 충동을 느낀다. 그리하여 그녀는 부두에 나가 그와 떠나기 직전의 순간까지 이르지만, 결국 부두와 배를 연결하는 트랩으로 올라가지 못하는 자신을 발견한다. 이 마지막 부분도 에블린의 실제 행동이라기보다는 그녀가 계속 창가에 앉아서 생각해 낸 상상의 산물에 불과하다는 주장까지도 있으나 (Brandabur

60) 충분한 근거가 있어 보이지 않는다.

세 문장으로 되어 있는 첫 단락은 주인공뿐만 아니라 앞으로 전개될 이야기 전체에 대해서 많은 것을 시사한다.

> 그녀는 저녁이 골목을 침범해 오는 것을 지켜보며 창가에 앉아 있었다. 그녀의 머리는 창문 커튼에 기대어져 있었고 그녀의 콧구멍에는 먼지투성이의 무명 천 냄새가 배어 있었다. 그녀는 피곤했다.

그녀가 커튼에 기대고 있는 것이 아니라 "기대어져" (수동태) 있다는 것은 그녀의 수동성을 가리키고 이것은 이야기의 마지막 단락에 나오는 "수동적인"(passive)이라는 단어와 연결된다. 그녀가 "침범해 오는" 땅거미를 수동적으로 바라보고 있는 것은 끝 부분에서 떠나가는 배를 속수무책으로 바라보고 있는 것과 무관하지 않다. 또한 그녀가 맡고 있는 "먼지"는 마비된 삶의 부패성 혹은 정체됨을 암시한다고 할 수 있다. 그녀가 "정답지만 더러운 더블린"(Dear dirty dublin)을 떠나 "좋은 공기"를 뜻하는 부에노스 아이레스(Buenos Ayres)로의 탈출을 꿈꾸는 것은 당연하다.

그녀가 살고 있는 "조그마한 갈색 집들" 중의 하나는 "마비의 중심으로서의 더블린"을 상징한다. 이와 대조적으로 벨파스트에서 온 사람이 지은 새 집들은 "반짝거리는 지붕을 한 밝은 색 벽돌집들"이다. 벨파스트(현재는 북아일랜드의 수도)는 주로 영국계 개신교도들이 산다는 점에서 그 곳에서 온 사람들의 집은 영국계 지배계층의 부유한 삶을 보여준다고 할 수 있다. 반면에 이 이야기의 주인공은 영국의 식민지하에서 빈곤한 삶을 살고 있는 더블린 사람이다. 에블린의 집은 에블린이 가게 점원으로 일해서 받은 돈을 모두 가족의 생계를 위해서 내어놓아야 할 만큼 가난하다. 가톨릭 종교도 더블린 사람들의 삶을 지배하는 세력 중의 하나이다. 방의 벽에는 성 마가렛 메리 알라코크(Blessed Margaret Mary Alacoque)를 통해서 믿음이 좋은 신자들에게 주어지는 예수의 12가지 약속이 적힌 포스터가 붙박이처럼 "망가진 발 풍금" (이것은 더 이상 화음을 만들어 낼 수 없다는 점에서 깨어진 가정의 화목을 상징한다고 할 수 있을 것이다) 위에 걸려있다. 자진해서 선택한 고행으로 유명한 이 수녀는 나중에 고난만이 기다리고 있는 더블린을 떠나지 못하는 에블린의 마조히스트적인 선택을 예고한다. 혹은 "망가진"(broken)이라는 단어가 "약속"(promises)이라는 단어 바로 위에 위치함으로써 가정의 평화, 위로 등에 대한 깨어진 약속(broken promises)을 암시하기도 한다. 한편 이런 포스터가 집에 붙어 있다는 사실은 더블린 사람들의 삶 속에 가톨릭 신앙이 얼마나 뿌리 깊게 스며들어 있는지를 증명하는 것이다. 이러한 종교성은 에블린이 부두에서 프랭크를 따라가야 할지 말아야 할지 결정하지 못하는 고뇌의 순간을 맞이했을 때에도 그녀가 "하느님이 그녀를 인도해 주기를, 무엇이 그녀의 의무인지 보여주기를" 하고 기도하는 것에서도 볼 수 있다.

난폭한 술꾼 아버지 또한 더블린에서 빠뜨릴 수 없는 존재이다. "보통 토요일 밤에는 아버지의 상태가 매우 좋지 않았기" 때문에 돈에 대한 말다툼이 있었고, 그것이 "그녀를 말할 수 없을 정도로 지치게" 만들었다. 그녀는 번 돈을 모두 아버지에게 갖다 주었지만, 그로부터 돈을 타내는 일은 여간 어려운 일이 아니었다. 그러다가 아버지가 포기하고 돈을 줄라치면 그녀는 한 밤중에 가능한 한 빨리 뛰어나가 정신없이 시장을 본 후 식료품을 잔뜩 들고 집에 돌아와야 했다. 더욱이, 그녀는 이제 19세가 넘었지만 때때로 아버지로부터 폭력을 당할 수 있다는 두려움을 느끼고 있었다. 그리고 그녀는 바로 이것 때문에 자신에게 "가슴 두근거림" 증세가 생겼다는 것을 알고 있었다. 또한 "근래에 그가 그녀를 위협하기 시작했지만. . . .그녀를 보호해 줄 사람은 아무도 없었다". 한 마디로 그녀는 가부장제 하에 억압받는 전형적인 여성이라고 할 수 있다. 그녀는 어머니의 죽음 이후에 집안일을 꾸려가야 했고 남겨진 두 남동생들이 학교를 빼먹지 않고 끼니를 거르지 않도록 보살펴야 했다. 그것은 그녀에게 "고달픈 일-고달픈 삶"이었다.

에블린이 어머니의 자리를 떠맡게 된 셈이다. 그리고 이곳을 떠나지 않는 한 그녀는 십중팔구 어머니와 같은 운명의 삶을 살게 될 것이다. 그녀가 프랭크를 따라서 이곳을 떠날 지에 대해서 생각하며 창가 커튼에 머리를 기대고 있을 때 거리에서 휴대용 풍금이 연주되는 소리를 듣는다. 그 곡조는 그녀가 어머니에게 한 약속, 즉 "그녀가 할 수 있는 한 집안을 돌보겠다"는 약속을 상기시킨다. 왜냐하면 어머니가 임종하던 밤에 집밖에서 우울한 이탈리아 곡조가 휴대용 풍금으로 연주되었기 때문이다. 그리고 어머니의 비참한 삶, 즉 "마침내 광기로 마감한 흔해빠진 희생의 삶"이 그녀의 존재의 핵심에 마력을 거는 듯 했다. 어머니가 임종 시 했던 마지막 말 (아마 전와(轉訛)된 게일어로 "(여인의) 삶의 끝은 고통"이란 뜻)을 에블린이 분명하게 이해하기는 어려웠겠지만 그 절망적인 어조만은 확실하게 전달되었을 것이다. 그녀는 '다락방에 갇힌 광녀'의 운명이 그녀를 기다리고 있다는 것에 두려움을 느낀다. 그리하여 그녀는 마치 자신이 덫에 걸려 있다는 것을 발견한 동물이기라도 한 듯 도망가야 한다는 충동을 느낀다.

> 그녀는 갑자기 밀려오는 공포의 충동을 느끼며 일어섰다. 벗어나자! 벗어 나야해! 프랭크가 구원해 줄 거야. 그가 그녀의 인생도 찾아주고 아마 사랑도 줄 거야. 그녀는 살기를 원했다. 왜 불행해야 한단 말인가? 그녀에게는 행복에 대한 권리가 있었다. 프랭크가 그녀를 두 팔로 껴안고 두 팔로 그녀를 감싸 줄 것이다. 그가 그녀를 구원해 줄 것이다.

그 동안 창가에만 줄곧 앉아 있던 그녀는 이 충동을 느끼며 "일어선다". 이 동작은 이 이야기에서 그녀가 보여준 거의 유일한 공공연한 움직임이다. 그녀는 프랭크와 배를 타고 바다 건너 부에노스아이레스로 도망갈 궁리를 해왔다. 바다, 즉 물은 세례와 재생을 상징한다. 또한 프랭크는 먼지 속에 정체되어 있는 에블린과 대조적으로 바깥세상을 자유롭게 돌아다닌다. 그녀가 보기에 프랭크는 "매우 친절하고, 남성적이며, 솔직한" 사람이다. 「마주침」의 소년이 버틀러 신부가 나타내는 억압된 환경에서 벗어나 탁 트인 바다로 나가 "초록색 눈을 한 선원"을 만날 것을 꿈꾸었던 것처럼 에블린은 아버지가 지배하는 가부장제의 울타리로부터 벗어날 수 있는 희망을 선원인 프랭크에게서 발견한다. 하지만 「마주침」의 리오 딜런이 학교 밖에서 버틀러 신부를 만날까 두려워하듯, 에블린은 (특히 아버지가 프랭크와 말다툼이 있은 후) 아버지의 눈을 피해 프랭크와 비밀히 만나게 된다.

또한「자매」에서 코터씨가 플린 신부를 수상쩍게 보았듯이 에블린의 아버지는 프랭크를 탐탁해하지 않는다. (플린신부와 프랭크는 자신들의 독특한 세계에 대한 이야기를 들려준다는 점에서 유사하다. 전자가 가톨릭의 복잡하고 신비한 의식들에 대해서 말해주듯 후자는 "그가 승선했던 배들의 이름들과 다양한 업무들의 이름들"을 들려준다. 전자가 신비스러운 세계의 문을 열어 보여준다면 후자는 "먼 나라들"에 대한 이야기들을 들려준다). 버틀러 신부, 코터씨, 그리고 에블린의 아버지 같은 가부장들에게 플린 신부나 프랭크는,「마주침」의 표현을 빌어 보자면, "고분고분하지 않는 정신"(spirit of unruliness)을 나타내는 자들로 기존의 질서를 허물어뜨리는 요소일 것이다. 닫힌 질서의 세계에 들려지는 "먼 나라들"의 이야기는 더블린의 아버지들에게 위협적이다. (「망자」에서 그레타(Gretta)가 음악을 듣고 있는 장면을 남편은 "먼(멀리서 들리는) 음악"(Distant Music)이라 명명하는데, 그것은 그녀가 음악을 듣는 동안 가부장인 남편의 세계에서 벗어나 첫사랑인 마이클에 대한 옛 기억으로 돌아가 있음을 가리킬 수 있다). 그런 점에서 프랭크가 에블린을 데리고『보헤미안 소녀』(*The Bohemian Girl*)라는 오페라를 보러 가는 것은 흥미롭다. 오페라의 제목이 의미하는 것은 기존의 인습/시선을 무시하고 자유롭게 사는 집시소녀이기 때문이다.

에블린이 생각하듯이 (그리고 그의 이름이 뜻하는 만큼) 프랭크가 "솔직한"(frank) 자인지는 의문이다. "밤배로 그와 함께 떠나서 그의 아내가 될 것"이라고 했는데 왜 먼저 결혼을 하지 않고 도주하듯이 떠나야 하는지에 대한 의구심을 지워버릴 수 없다. 또한 노스 월에서 떠나는 "밤배"는 리버풀(Liverpool)행 정기노선일 가능성이 높다(Beck

115). 물론 리버풀이 종착지가 아니고 거기에서 부에노스아이레스로 가는 배를 갈아 탈 수도 있겠지만 왠지 석연치 않다. 또한 그가 에블린에게 들려준 신화적 거인들인 “끔찍한 파타고니언들”(Patagonians)의 이야기는 그의 말의 신뢰성에 의문을 품게 한다. 뿐만 아니라 그는 자신이 “부에노스아이레스에서 성공했다”고 주장하는데, 역사적 사실을 통해 살펴볼 때 그가 더블린을 방문하기 20여 년 전부터 아일랜드에서 아르헨티나로 이민 간 사람은 점점 줄어들어 단 한 명도 없을 정도로 그곳 형편이 좋지 않았다(Mullin 176). 특히 텍스트에서 그의 성공을 말한 대목에서 일부러 “그가 말했다(he said)”는 것을 삽입하여 강조하는 것을 보면 이것이 단지 그의 주장일 뿐이라는 것을 암시한다. 그 당시에 부에노스아이레스는 소위 백인 노예의 종착역으로 악명이 높았고(Mullin 191) 여성이 “부에노스 아이레스에 간다”는 말은 “창녀가 된다”는 것을 의미했다는 사실에 비추어 볼 때, 에블린이 실제로 거기에 간다고 하더라도 더블린의 삶보다 더 악화된 삶 속으로 빠져들 위험도 있다. 「두 한량」의 콜리가 정복한 여자를 창녀로 만들 듯이 프랭크가 에블린을 시궁창에 빠뜨릴 가능성도 배제할 수 없는 것이다.

하지만 에블린의 관점에서 보았을 때 프랭크는 “매우 친절하고 남성적이며 솔직한” 사람이다. 무엇보다도 하루하루 고달픈 삶을 살고 있는 그녀에게 신분상승과 새 집, 그리고 새로운 삶을 약속해주는 구세주로 보인다. 그럼에도 불구하고 가정을 돌보겠다는 어머니와의 약속, 새로운 세계에 대한 두려움, 그리고 성 마가렛 메리 알라코크처럼 자신을 학대하며 살아 온 삶이 그녀의 탈출을 막는다. 그렇기 때문에 작품의 말미에서 그녀가 더블린을 떠나 프랭크를 따라가야 할지의 여부는 그녀에게 결정하기 힘든 문제가 될 수밖에 없다.

> 종소리가 그녀의 마음속에 울려 퍼졌다. 그녀는 그가 손을 잡아끄는 것을 느꼈다.
>
> "가요!"
>
> 세상의 모든 바다가 그녀의 마음 주위에서 출렁거렸다. 그가 그녀를 그 바다로 끌어들이고 있는 것이었다. 그가 그 바다에 그녀를 익사시킬 것 같았다. 그녀는 두 손으로 쇠 난간을 꽉 붙들었다.
>
> "가요!"
>
> 안 돼! 안 돼! 안 돼! 그것은 안 되는 일이었다. 그녀의 두 손은 미친 듯이 쇠 난간을 움켜쥐었다. 그 바다 한 가운데를 향해 그녀는 고뇌에 찬 비명을 질렀다.
>
> "에블린! 이비!"
>
> 그는 울짱 너머로 달려가며 그녀에게 따라 오라고 외쳤다. 빨리 승선하라는 성화를 듣고도 그는 여전히 그녀에게 소리치고 있었다. 그녀는 수동적으로, 어찌할 바 모르는 동물처럼 창백한 얼굴을 그에게 향하고 있었다. 그를 향한 그녀의 시선에는 사랑이나 작별 혹은 알아본다는 느낌이 전혀 들어있지 않았다.

에블린의 내적 독백처럼 흘러왔던 이야기는 마지막 몇 문장에서 180도로 바뀐다. 마비된, 그리고 "동물"의 상태로 전락한 그녀는 더 이상 이야기의 주체가 아니고 객체 혹은 대상이 된다. 마지막 문장은 이야기의 관점이 에블린에서 프랭크로 바뀌었음을 보여준다. 그가 보았을 때 그녀는 사랑이나 작별의 표시를 보여주기는커녕 그를 인식하지 조차 못하는 표정으로 멍하니 서 있었다. 그녀는 우리에 갇혀 쇠창살 뒤에 하염없이 서 있는 동물로 전락한 것이다. 긴 시간은 아니었지만 그 동안 프랭크는 그녀에게 구원의 손길을 내민 구세주 같은 존재였다. 하지만 그가 끌어들이고 있는 세계는 그녀에게 그녀를 익사시킬 세상의 바다로 보인다. 그녀는 이제 집으로 돌아갈 것이다. 성 마가렛 메리 알라코크에게 주어진 약속의 포스터가 붙어있는 집으로. 그리고 그 수녀가 받아들인 구세주를 믿을 것이며 그 수녀처럼 자기학대의 고통스러운 삶을 살게 될 것이다. (「대응」의 끝 부분에서 아버지의 매를 피하기 위한 구원의 수단으로 아들이 성모 마리아의 기도를 생각해 내듯이 에블린이 위기의 순간에 가톨릭의 신앙에 의지하고 결국은 평생 그렇게 살기를 선택한다는 것은 아일랜드에서 가톨릭 신앙의 위력이 얼마나 강한가를 보여주는 대목이기도 하다). 이제 그녀는 어두운 밤, 먼지, 망가진 풍금, 폭력적인 아버지가 있는 집으로 돌아가서 아마 돌아가신 어머니의 삶을 답습할 것이다.

5. 「경주가 끝난 뒤」(After the Race)

이 이야기는 작가인 조이스뿐만 아니라 비평가들에 의해서도 그리 높은 점수를 받지 못했다. 조이스는 이 작품이 1904년 12월 17일 처음으로 출판되었을 때 만족하지 못했을 뿐만 아니라 2, 3년이 지난 후에도 수정하기를 원했다고 한다(Bowen 53). 이렇게 낮은 평가를 받게 된 이유에 대해서는 대략 조이스가 이 작품에서 다루고 있는 더블린의 신흥 부자들이라든지 국제적인 자동차 경주 대회에 대해서 직접적으로 잘 알고 있지 않았기 때문일 것이라고 추측들 한다. 사실 조이스는 그가 잘 알고 있는 중 하류층의 더블린 사람들을 묘사할 때는 천부적 솜씨를 발휘했지만, 자동차 경주대회에 대해서는 프랑스인 자동차 경주선수를 인터뷰해서 『아이리쉬 타임스』(*Irish Times*)에 실은 것이 그가 가진 경험의 전부였다. 조이스는 1903년 더블린에서 열린 제임스 고던 베넷 컵(James Gordon Bennett Cup) 경주에 출전하게 되어 있던 파리의 자동차 딜러이자 자동차 경주 선수인 앙리 푸니에(Henri Fournier)와 인터뷰를 했고 이에 대한 기억을 되살려 다음 해에 이 이야기를 썼다고 한다. 하지만 스태니스로스 조이스(Stanislaus Joyce)에 의하면 조이스는 푸니에가 어떤 차종을 운전하게 될지도 몰랐고 시속 86마일이 "섬뜩하게 하는 속도"라고 생각할 정도로 자동차 경주에 대해 무지했다(*My Brother's* 225). 뿐만 아니라 조이스는 더블린에서 열리는 경주에 참석하지조차 않았다. 이러한 이유 때문에 자동차 경주가 다른 이야기들의 소재와 달리 생동감 있게 묘사되지 못한 것은 사실이다. 그러나 주인공인 지미 도일(Jimmy Doyle)의 행동과 심리에 대한 리얼한 묘사라든지 식민지인 아일랜드의 현실을 역사적 배경과 연결시킨 주제의 제시, 그리고 상징의 사용 등에서 조이스의 재능은 여전히 발휘되고 있다.

먼저, 제목("After the Race")이 함축하는 의미부터 살펴보자. “Race”는 “경주”라는 뜻 외에 “인종” 및 “국가”를 가리키기도 한다. 따라서 이 이야기는 피상적으로는 자동차 경주에 대한 것이지만 인종 혹은 국가들 간의 경쟁에 관한 것이기도 하다. 실제로 이야기 속에는 다양한 국적의 인물들이 등장한다. 자동차계 기업가인 프랑스인, 프랑스계 캐나다인, 케임브리지 대학 출신의 영국인, 헝가리인 피아니스트, 그리고 요트를 소유하고 있는 미국인 등의 관계가 마치 국제 사회의 축소판을 보여주는 듯하다. 또한 제목 중의 “After”는 “완료”의 뜻을 나타내는 것으로 경기, 게임, 혹은 경쟁이 이미 끝나 승자와 패자가 결정되어 있음을 암시한다. 피상적으로는 이야기가 자동차 경주가 완료된 시점에서 시작되고 있음을 의미한다. 심층적으로는 아일랜드 사람들이 아일랜드가 이미 제국에 종속된 식민지임을 당연한 현실로 받아들이는 것을 암시한다고 할 수 있다. 그들은 유럽 다른 나라 민족들과의 우열 경쟁이란 이미 끝난 게임이나 다름없는 것으로 여긴다. 그것은 지미의 경우에도 마찬가지이지만 (그는 요트에서 카드 게임을 할 때에도 자신이 질 것이라는 것도 이미 알고 있다), 다만 그는 자신의 열등한 정체성을 인정하지 않으려고 애쓸 뿐이다.

이야기의 첫 단락은 자동차 경주대회에서 경주차들이 골인지점을 통과한 후 들어오고 있는 장면에 대한 묘사로 시작된다.

> 자동차들이 네이스로(路)의 바퀴자국을 따라 총알처럼 일직선으로 달리며 더블린을 향하여 질주하여 왔다. 인치코어에 있는 언덕 마루에는 차들이 빠른 속도로 들어오고 있는 것을 지켜보기 위해 구경꾼들이 무리를 지어 모여 있었고, 가난과 마비의 이 도로를 통해 유럽대륙이 자신의 부와 산업에 속도를 더하고 있었다. 모여 있는 무리들은 때때로 기꺼이 억압받는 자들의 환호를 지르고 있었다. 그들은 푸른색의 차들, 그들의 친구인 프랑스인들의 차들을 응원하고 있었다.

여기서 자동차는 유럽대륙의 "부와 산업"을 상징하고 (그렇기 때문에 사람들은 차에 "경의를 표하기 위해" 모여든다) 관중들이 늘어 서 있는 네이스로(路)는 아일랜드의 "가난과 마비"를 나타낸다. 유럽대륙은 동적이고 남성적인 반면 아일랜드는 정적이고 여성적이다. (식민지인 아일랜드는 남성적인 대영제국과 대조적으로 수동적인 여성, "가난한 노파"[poor old woman]로 묘사되어 왔음을 상기할 필요가 있다. 또한 19세기에 르낭[Ernest Renan]과 아놀드[Matthew Arnold]는 각각 아일랜드 사람들에 대해 "본질적으로 여성적인 인종"[essentially feminine race, 8]이라느니 "여성적인 데"[something feminine, 86]가 있다느니 하면서 "남성적인" 앵글로 색슨족과 대조시켜 아일랜드 민족을 여성적인 존재로 특징지었다). 그것은 아일랜드 사람들을 "기꺼이 억압받는 자들"(the gratefully oppressed)로 표현한데서 더 분명히 드러난다. 아일랜드 사람들이 억압받는 현실을 감지덕지하면서 수동적으로 수용하고 있음을 볼 수 있다. 다시 말해서, 피식민자들이 식민자들의 가치관을 내재화하여 식민자들의 활약을 찬양하고 "합의상의 노예들"이 되는 것이다(Cheng 105).

그런데 "기꺼이 억압받는 자"들이 프랑스인들에게 환호를 보내는 이유는 무엇일까? 아일랜드 사람들은 스튜어트 왕조 시대(the Stuarts) 이래로 프랑스 사람들이 그들을 억압으로부터 해방시켜 줄 해방자이라고 생각해 왔다(Bowen 57). 이러한 맥락에서 이 이야기는 1798년에 있었던 캐슬바의 경주(the Races of Castlebar)를 생각나게 한다. 프랑스군이 아일랜드에 들어와서 아일랜드의 농민들에게 군복과 무기를 나누어주고 차츰 세력을 확장해 나갔고 마침내 프랑스-아일랜드 연합군은 캐슬바에서 막강한 영국군을 패주시키기에 이르렀다. 이 때 영국 패전 병들은 마치 경주에 참여한 선수들인 양 재빠르게 전쟁터로부터 줄행랑을 쳤다. 하지만 연합군의 승리는 오래 가지 못하여 곧 영국군에게 항복하게 되었다. 이때 영국군은 프랑스 포로들을 잘 대접해 주었지만 아일랜드인들의 경우에는 그 자리에서 대량 살상하였다. 한편 모든 프랑스군 포로들이 더블린으로 호송되어 왔을 때, 수천의 더블린 사람들이 나와 그들을 환영하였다고 한다. 아일랜드인들은 이처럼 과거에 이미 일어난 역사적 사건의 연장선상에서 지금 그 때의 역할을 반복하고 있는 것이다.

「경주가 끝난 뒤」는 장소에 따라 크게 세 부분으로 나뉘어져 있다. 이야기의 주요 장면은 각각 경주용 차 안에서, 세구앙의 저녁만찬에서, 그리고 미국인 팔리(Farley)의 요트에서 일어난다. 각 장면에서 지미의 감정은 한결같이 지나치게 고조되는 한편 그 장면이 끝남과 동시에 환상에서 벗어나 냉정한 현실과 마주하게 된다. 그것은 어지러울 정도로 빠른 경주용 자동차를 타고 난 후 땅에 내렸을 때 느낄 수 있는 기분과 같을 것이다. 첫 번째 장면에서 지미는 그의 꿈을 상징한다고 할 수 있는 "매끄럽게 만들어진" 자동차를 타면서 "진정한 행복을 느끼기에는 너무 흥분되어 있다". 차는 그에게 "초인간, 구세주" 같은 것을 가리킨다(Bowen 58). 그가 우쭐대게 되는 것은 자동차의 속도 때문만이 아니라 그가 유럽대륙에서 온 사람들과 함께 어울리는 것을 그의 많은 친구들이 보았다는 사실 때문이기도 하다. 또한 그가 돈을 많이 소유하고 있다는 사실도 그의 흥분을 북돋운다. 그는 더블린 사람들이 공유하고 있는 마비의 상태와 대조적으로 속도를 향유할 뿐만 아니라 부유한 유럽친구들과 같은 차에 타고 있음으로써 그들과 '같은 배'를 타고 있다는, 다시 말해서 같은 범주에 속해 있다는 환상에 빠져 있다. 그것은 「애러비」의 소년 주인공이 "애러비"에 대해 품는 환상과 유사할 것이다. 차이가 있다면 지미는 실제로 환상적인 자동차를 타고 유럽대륙 인들과 어울려 다녔지만, 「애러비」의 소년은 자신의 꿈을 "애러비"라는 개념에 투사했을 뿐 그런 환상적인 장소에 있어보지 못했다는 것이다. 하지만 둘 다 더블린의 현실에서 벗어나고 싶어 한다는 점에서는 다르지 않다.

따라서 그가 집에서 저녁 만찬에 입을 옷으로 갈아입기 위해 헝가리인 빌로나(Villona)와 함께 경주용 차에서 내렸을 때 느끼는 "이상한 실망감"은 당연한 것이라고 할 수 있다. 그는 단순히 기계에서 내린 것이 아니라 흥분과 쾌속, 환희로부터 빠져나온 것이기 때문이다. 그가 차와 하나가 된 것처럼 보일 정도로 그는 차의 빠른 속도에 자신의 신경조직이 예민하게 반응하고 있음을 느낀다. "[자동차] 여행은 삶의 진정한 맥박 위에 마력적인 손가락을 갖다 대었고 인간의 신경조직은 신속한 푸른 동물[차]의 질주에 대담하게 반응하려 안간힘을 썼다". 그래서인지 작품 전체를 통해서 그는 마치 자신이 고속으로 질주하는 차이기라도 하듯 차분한 마음을 보여주지 못한다. 당연히 그가 차에서 내릴 때 종교적 체험의 세계에서 "세속적인" 세계로 내려온 것이라 느끼는 것이다.

두 번째 부분은 세구앙이 주최한 만찬에서 일어난다. 이 만찬에 대해서 지미는 더할 나위 없이 훌륭했다고 극찬한다. 파티에는 지미가 캠브리지 대학에서 세구앙과 함께 있는 것을 보았던 영국인 로우쓰(Routh)가 참석한다. 지미는 이들을 보고 영국인의 안정감과 프랑스인의 생동감이 서로 얽혀서 "우아한 이미지"를 만들어낸다고 생각한다. 이것은 사실상 그가 이 두 덕목 중 그 어느 것도 가지고 있지 않지만 그것을 간절히 획득하고 싶어 함을 암시한다. 그가 떠올린 그 우월한 이미지는 그가 목표로 삼고 있는 영국 및 유럽대륙 인의 문화적 정체성과 밀접한 관련이 있음은 말할 필요도 없다. 뿐만 아니라 그는 능란하게 대화를 유도하는 세구앙의 "재주"에 감탄하기도 한다. 이와 같은 유럽 대륙인의 미화 혹은 이상화는 또한 지미 자신이 그들의 세계에 속하기를 바라는데 그것은 그럴만한 가치가 있다는 것을 주장하고 싶은 것을 의미하기도 할 것이다.

그러한 목표를 설정한 것은 지미의 아버지가 먼저였다. "진보적인 민족주의자"로 출발했던 아버지는 젊어서 가치관을 이념적인 것에서 상업적인 것으로 바꾼 후 정육점 주인으로 부자가 된 사람이었다. 그의 변신은 한때 민족주의자로서 그의 적이었을 경찰과 계약하여 그들에게 고기를 납품했다는 데에서 엿볼 수 있다. 그는 푸주한이라는 밑바닥 직업으로부터 "호상"(豪商, merchant prince)으로 불리어질 정도로 부유한 자의 지위에 올랐다. 누구보다도 가파른 사회적 신분의 상승을 경험한 그는 아들만큼은 자신이 꿈꾸어 왔지만 가져보지 못한 사회적 신분을 젊은 시절부터 누리며 살게 되기를 바랐다. 그렇기 때문에 그는 아들을 영국의 학교에, 그리고 나중에는 캠브리지 대학에 보냈다. 그것은 아들이 "세상을 좀 돌아보게 하기 위한 것"이었는데, 이는 아들이 피식민지인으로서의 멍에로부터 벗어나기를 바라는 소망에 다름 아니다. (한편 더블린을 벗어나 세상을 구경하는 것은 에블린과 챈들러를 포함한 대부분의 더블린 사람들의 꿈이기도 하였다). 그렇게 하기 위해서는 아들을 친영파로 만드는 수밖에 없었다. 그래서 영국 유학 후 보낸 학교도 영국이 세운 더블린 대학교, 즉 트리니티 칼리지이었다. 아버지는 지미가 유럽대륙의 친구들을 사귀면서 그들과 같은 지위를 유지할 수 있기를 원했던 것이다. 지미가 "사귈만한 가치가 있는" 사람인 세구앙–이런 가치가 있다는 점에 대해서는 그의 아버지도 동의했다–을 만난 것도 그 대학에서였다. 따라서 지미가 파티에 가기 위해 옷을 차려입고 그럴듯하게 보였을 때 "아버지는 금전으로 쉽게 살 수 없는 것을 아들에게 확보해 준 것에 대해 상업적으로도 만족했는지 모른다". 요컨대, 지미는 아버지가 살아보지 못한 환상의 삶을 대신 살아주는 역할을 하고 있다고 할 수 있다(Leonard 113).

지미는 만찬장의 "관대한 분위기에서" 민족주의라는 아버지의 "묻힌 열정"이 자신 안에서 깨어남을 느낀다. 여기서 "관대한"(generous)이란 단어는 「망자」(The Dead)의 끝 부분에 다시 나오는 것으로 자기

중심적인 게이브리엘(Gabriel)이 포용적인 눈물을 흘릴 때 사용된다. 이 이야기에서 "관대한 분위기"라는 것은 민족주의도 포용될 것 같은 파티 분위기라는 의미이고, 이것은 다시 말해서 제국이 그것을 억압해 왔다는 의미가 함축되어 있다. 지미는 자신이 추구해 왔던 국제적 존재를 임시적이나마 향유하고 있었는데 순간적으로 그 반대적인, 아버지의 묻혔던 민족주의적 열정이 아들 안에서 고개를 들고 나타난 것이다. 그는 영국인 라우쓰와 정치적인 논쟁을 하게 되고 마침내 둘 사이에 "개인적인 원한"을 품을 수 있는 위험한 상황에까지 이른다. 그러자 노련한 세구앙이 인류를 위해 건배하자고 제의하고 의미심장하게 창문을 열어 제친다. 그것은 지미를 묻힌 욕망으로부터 현실로 깨우는 창문일 것이다. 어쩌면 세구앙은 피식민지인의 현실을 잠시 망각하고 지배자인 영국인과 논쟁을 벌이고 있는 지미에게 피식민지인으로서 종속적인 현실을 일깨우기 위해 창문을 열었는지 모른다. 그것은 앞부분에서도 마찬가지였다. 세구앙이 지미를 내려주기 위해 차를 세웠던 곳이 1800년까지 아일랜드의 국회 의사당이었던 은행(Bank of Ireland) 근처였다는 점이 흥미롭다. 지미가 환상의 차에서 내린 곳은 아일랜드에 더 이상 국회의사당이 없고 경제적 종속만이 있다는 것을 상기시켜줄 수 있는 상징적 장소이었던 것이다. 더욱이 그곳에서 아일랜드 인들이 자국의 국회의원 대신에 외국인의 자동차에 경의를 표하기 위해 모여들었다는 것은 더블린의 정치 경제적 식민 상태를 더욱 확실하게 보여주는 것이라고 할 수 있다. 그날 밤 더블린은 사실과 다르게 (실제의 수도는 런던이 아닌가) "행정수도(capital)의 가면"을 쓰고 있다. 더블린과 마찬가지로 그들 부자(父

子)도 거짓된 우월감의 가면을 쓰고 있다. 특히 지미는 자신이 국제적인 젊은이가 된 듯한 착각에 빠져 있다. 한편 지미의 가면극에서 보조역을 맡기라도 한 듯이 기차역의 늙은 집표원이 지미에게만 특별하게 깍듯이 인사를 한다. 그것은 아마 일행 모두가 떠들고 웃으며 흥분해 있었지만 지미의 감정이 가장 고양되어 있어서 혹은 가장 우쭐해 있는 기분이어서 눈에 띄었기 때문이었는지 모른다. 어쨌든 그 집표원도 "기꺼이 억압받는" 다른 더블린 사람들처럼 영국 및 유럽대륙인들, 그리고 그 그룹에 속하는 사람이라 여겨지는 지미에게 경의를 표한 것이라고 할 수 있다.

그것은 미국인 팔리의 요트에서 일어나는 마지막 부분에서도 마찬가지이다. 육지로부터 해방된 요트에서 술을 자유롭게 마시며 지미는 자신이 "보헤미안"이 된 듯한 착각을 한다. 그것은 「에블린」에서 에블린이 『보헤미안의 소녀』라는 연극을 보며 실현 불가능하지만 잠시 보헤미안이 될 것을 꿈꾸는 것과 유사하다. 술에 취한 지미가 긴 연설을 하고 스스로 "좋은 연설임에 틀림없다"고 생각하는 것은 「진흙」에서 마리아가 자기 멋대로 자신을 미화하는 것과 유사하다. 지미는 팔리가 그의 등을 치며 크게 웃는 것을 칭찬하는 것으로 생각한다. 그리고 우매한 유아처럼 단순하게 이들이 "얼마나 유쾌한 친구들인가! 이들은 얼마나 좋은 일행인가!"하고 감탄한다. 그 날 밤 항구는 "어두운 거울처럼" 눕혀져 있었는데 이 이미지는 자신의 진면목을 보지 못하고 자신에 대한 성찰이 결여된 지미를 암시하는 듯하다.

이어서 벌어진 카드게임에서 지미가 크게 지는 것은 익히 예상할 수 있는 일이었다. 뿐만 아니라 그가 앞으로도 더 많은 돈을 잃을 가능성이 암시되어 있다. 지미가 세구앙의 자동차 산업에 투자하기로 결정한 주요한 이유는 세구앙이 "명백히 부티가 났기 때문"이라는 애매모호한 점 때문이었다. 또한 세구앙이 지미의 "아일랜드의 푼돈"을 투자할 수 있도록 한 것은 순전히 "우정 때문에 보아준 것"이라는 인상을 주려고 애쓴 점(본문에 "managed"라는 단어는 그러한 의혹을 사기에 충분한 단서를 제공한다)에서도 세구앙의 교묘한 술책이 엿보이기 때문에 지미가 다시 투자 게임의 피해자가 될 가능성을 배제할 수 없다. 더구나 저녁 만찬에서 리비에르가 지미에게 프랑스 자동차 기술자들의 승리를 설명할 때 "전적으로 허심탄회하게 한 것이 아니었다"고 한 부분에서 프랑스인들이 배후에 무언가를 숨기고 있다는 인상을 짙게 풍긴다. 지미는 "사업 수완이 좋은 아버지에 대한 존경심"을 가지고 있지만, 아버지도 아들 자신과 마찬가지로 유럽대륙인들에게 아첨을 하고 싶어 하고 그들 앞에서는 "제 멋대로 행동해보고 싶은 뭔지 모를 열망"을 느낄 정도로 현기증 나는 가면극 속에 살고 있다는 점을 인식하지 못하고 있다. 어떻게 보면, 지미는 그 자신을 배신하고 이용할지 모르는 외국인을 열심히 따라다니고 있는 것이다. 지미는 마지막 게임이 영국인과 프랑스인 사이에서 결판난다는 것을 알게 된다. 그리고 아일랜드인인 자신은 실제의 역사에서도 그랬듯이 방관자의 입장에 서게 되고 결국은 패자가 될 것임을 알고 있다. 최종 승자는 역시 영국이었다.

게임이 끝나고 "선실은 젊은이들의 환호로 흔들렸다". 하지만 지미는 어둠을 의지하며 탁자 위에 축 늘어져 있다. 「애러비」의 끝부분에서 소년이 자신의 허영심을 직시하고 자신을 성찰하는 순간을 맞이하듯이 지미도 막연하게 자신의 우매함을 인식하지만 그것을 직면하기를 꺼려한다.

> 그는 아침이 되면 후회하게 될 것이라는 것을 알고 있었지만 우선 휴식하는 것이 좋았고 그의 우매함을 덮어 줄 어두운 무감각이 좋았다. 그는 두 팔꿈치를 탁자 위에 괴고 머리를 두 손으로 감싼 채 관자놀이의 맥박 수를 세고 있었다. 선실 문이 열리자 그는 헝가리인이 한 줄기 회색 빛 속에 서 있는 것을 보았다.
>
> – 여러분, 새벽입니다.

지미는 돈을 빼앗기고 친구들로부터 배신당한 현실과 마주치지 않기 위해서 "어두운 무감각" 속으로 피신하고 싶어 한다. 그의 "우매함"은 프랑스인들이 자신들을 해방시켜 줄 사람들로 잘못 믿고 있는 아일랜드인들의 것이기도 할 것이다. 또한 그가 "어두운 무감각" 속에 계속 있고 싶어 하는 이유는 가면을 벗고 자신의 자아를 직면하고 싶지 않기 때문이기도 할 것이다. 가면을 벗어야 하는 순간, 진실의 순간이 목전에 다가왔음을 알리는 사람은 빌로나이다. 피아니스트인 헝가리 사람 빌로나가 지미를 어두운 무감각 상태로부터 현실로 불러내는 것은 적절하다. 그는 지미와 대조적으로 매우 현실적인 사람으로서 만족스러운 점심을 먹은 후에 기분 좋게 느낀다든지 지미의 아버지가 "외국인의 재예"(foreign accomplishments)에 대한 진정한 존중심을 보여줄 때에도 오로지 저녁 만찬의 음식에 대해 "강렬한 식욕"을 느끼는 등 지나치다 할 정도로 현실적이다. 그가 문을 열고 보여준 새벽빛은 지미의 비현실적 우매함을 드러내 주는 가차 없는 선고문 같은 것이었다. 지미는 자신에 대한 진실을 스스로 깨달을 수 있는 에피퍼니를 느낄 정도로 예민하지 않기 때문에 예술가인 빌로나가 대신 빛을 가져온 것이 아닐까? 그도 「애러비」 말미의 소년처럼 "허영에 이끌리고 조롱받는 동물" 같은 신세이지만 자신을 직시하지 못한다는 점에서 그 소년과 대조를 보인다. 선실의 문이 열리고 새벽빛이 비추이기 시작할 때 지미의 환상세계는 해체된다. 그리고 그는 영국 및 유럽대륙 인이 아니라 피식민지인으로서, "기꺼이 억압받는 사람들" 중의 한 사람으로서 거기에 있을 뿐이다.

6. 「두 한량」(Two Gallants)

『더블린 사람들』의 이야기들 중에 일반 독자들에게는 그렇게 많이 알려져 있지 않는 편에 속하지만 사실은 조이스가 매우 높게 평가했던 작품이다. 조이스는 1906년 발행자인 그랜트 리차즈(Grant Richards)에게 보낸 편지에서 이 작품을 『더블린 사람들』 중 가장 중요한 이야기들 중의 하나로 꼽으면서, "「파넬 추모일의 선거사무실」을 빼놓고는 [자신]을 가장 즐겁게 하는 이야기"라고 썼다(*Letters* I 62). 그러나 인쇄업자는 이 이야기의 주제와 어휘가 추악하다고 생각했고 이에 발행자는 조이스에게 이 작품을 제외시킬 것을 요구했다. 그러자 조이스는 "이 이야기를 빼느니 차라리 다른 다섯 개의 이야기들을 빼겠다"고 할 정도로 이 작품을 소중하게 생각하였다. 결국 그 당시에는 애초에 계획되었던 열두 이야기를 구제하기 위해서 더 나중에 쓴 「작은 구름 한 조각」과 함께 이 작품을 제외하는데 동의하지 않으면 안 되었던 사정이 있었다. (물론 그렇게 했어도 『더블린 사람들』은 1914년까지 출판되지 않았다).

이 작품의 제목을 한국어로 번역하기란 매우 어렵다. 영어의 "Gallant"란 말이 함축하고 있는 다양한 의미를 전달할 수 있는 우리말을 찾기란 쉽지 않기 때문이다. "gallantry"는 용감한 행동, 특히 여성에 대한 정중한 행동을 뜻하는 것으로 "기사도"(chivalry)와 밀접한 관련이 있다. 이러한 행동은 서구 중세 로망스의 전통에 맥이 닿아 있다. “Gallants”가 가리키는 사람들은 높은 사회적 지위를 누리고 있을 뿐만 아니라 약자, 특히 여성을 돕고 정의를 존중하는 남자들이라는 의미를 포함하고 있어 이와 반대로 낮은 계층의 여성을 착취하는 조이스 작품의 두 남자들과 대조를 이루어 아이러니를 보여준다. 어떻게 보면 이 이야기는 낭만주의 소설에 대한 패러디라고도 할 수 있을 것이다. 우리말 “한량”은 “Gallant”가 의미하는 사회적 지위나 여성에 대한 기사도적인 행동을 함축하지 않는다는 점에서 완벽한 번역어가 되지 못한다. 예전에 한량(閑良)이라는 말은 무과에 응시하는 사람으로 아직 급제하지 못한 사람들을 가리켜 한가한 사람들이라는 뜻으로 사용되었다. 그들이 서로 동무하여 돌아다니며 무예를 닦는 모습이 일없이 편히 노는 것 같았으므로 팔자 좋게 노는 사람을 한량이라고도 부르게 된 것이다. 조이스의 작품의 두 인물도 군인과 관련이 있고 또 둘이 할 일 없이 돌아다니므로 어느 정도는 “한량”이라는 범주에 포함된다. 하지만 “한량”은 또한 돈 잘 쓰는 사람을 가리키기도 하는데 간신히 허기를 때우는 레너헌(Lenehan)이나 하녀로부터 돈을 착취하는 콜리(Corley)와는 어울리지 않는다. 할 일없이 빈둥거린다는 점에서는 오히려 “건달”이 더 좋은 번역어 후보이지만 이 단어에는 원어에 들어있는 용감하고 여성에게 친절한 상류층의 멋쟁이라는 의미가 빠져있어서 의도된 아이러니를 전달하지 못하는 흠이 있다.

스태니스로스 조이스(Stanislaus Joyce)에 의하면 「두 한량」은 조이스가 자신이 읽은 퍼레로(Guglielmo Ferrero)의 글에서 영감을 받고 쓴 것이다(*Letters* II 212). 아마 여기서 퍼레로가 언급하고 있는 부분은 뒤마(Dumas)의 『삼총사』(*The Three Musketeers*)에서 포르쏘(Porthos)가 왕의 병사(gallant)라는 신분을 이용하여 행정장관의 아내로부터 돈을 얻어내는 부분일 것이다(Litz 64). 그녀는 젊은 포르쏘의 매력에 빠져 그에게 병사가 구비해야 할 것들을 갖추어 주기 위해 남편으로부터 돈을 훔쳐낸다. 이것은 군인/경찰의 분위기를 풍기는 콜리가 하녀로 하여금 주인의 돈을 훔치게 하여 받아내는 조이스의 이야기와 들어맞는다.

조이스는 폭력뿐만 아니라 군국적인 요소를 싫어했던 사람이다. 그래서 그는 「두 한량」을 악평하고 그것의 인쇄를 거부한 인쇄업자를 가리켜 "군국주의적 가치관을 지니고 있는 사람"(militarist)라고 몰아붙이기도 했다(*Letters* II 132-33). 흥미롭게도 조이스는 「두 한량」을 통해 군국주의적 자세를 비판하고 있는 듯이 보인다. 그러한 자세는 누구보다도 콜리에게서 두드러지게 나타난다. 여기서 군국주의적 자세는 자기중심적인 것으로 자신의 힘/권력을 이용하여 약자를 착취하는 제국주의적/가부장적 자세와 연결된다. 콜리가 그런 자세를 나타내는 인물임은 아래의 인용문에서 쉽게 볼 수 있다.

> 두 젊은이가 럳랜드 광장의 언덕을 내려오고 있었다. 둘 중 하나가 긴 독백을 막 끝낸 참이었다. 다른 한 명은 보도의 가장자리를 따라 걷고 있었는데 친구의 거친 걸음걸이에 밀려 때때로 차도로 내려서지 않으면 안 되었다. 그는 즐겁게 경청하는 표정을 띠고 있었다.

콜리는 대화 대신에 독백을 하며, "우람한 체격"으로 같이 걷는 상대방을 밀어붙이듯 거칠게 걷는다. 그는 "동료들의 말에 귀를 기울이지 않고 [자신의] 말을 했고" 대화는 항상 "주로 자기 자신에 관한 것"이었다. 반면에 레너헌은 콜리의 걸음걸이 때문에 보도에서 도로로 밀려나지 않으면 안 될 뿐더러 콜리의 말에 맞장구를 쳐주면서 경청하는 편이다. 콜리의 비위를 맞추어서 전리품을 얻어야하기 때문이다. 콜리는 경감(police inspector)인 "아버지의 체격과 걸음걸이"를 그대로 이어 받았고, 마치 군인/경찰처럼 열병하듯이 항상 시선을 똑바로 한 채 걷는다. 뿐만 아니라, 그가 자주 사복을 한 경찰과 함께 걷고 있는 것이 목격되었다. 그리고 그는 군인처럼 최종적인 판단을 내리는 것을 좋아했다. 무엇보다도, "그의 거대한 체구, 여유 있는 걸음걸이, 그리고 힘찬 구두 소리에는 정복자다운 데가 있었다". 이러한 특징과 그가 한 행동에 비추어 보았을 때 콜리는 양심의 가책으로 인한 갈등조차 없는 평면적 인물(flat character)이라 할 수 있다. (따라서 이야기의 주인공이 콜리인지 레너헌인지 애매모호하다. 레너헌이 비록 콜리에 기생하고 있고, 남녀관계를 은밀히 엿보는 관음증 환자처럼 보이기도 하고, 주로 더블린 시내를 뱅뱅 돌며 시간을 보내고 있지만–그의 도시순환은 이야기의 시작단락에서 거리를 "순환"하고 있는 온화한 따뜻한 공기와 연결되어 더블린의 출구 없는 마비의 상황을 보여준다–조이스의 예술가적인 주인공에 가깝다. 이 둘 다가 아니라면 작품 끝에서 빛을 내고 있는 금화가 주인공일까?)

콜리와 레너헌이 사용하는 어휘라든지 대화내용을 보면 콜리가 여성을 착취와 정복의 대상으로 보는 것을 알 수 있다. 콜리는 그 자신의 이름조차도 모르는 하녀로 하여금 주인으로부터 시가를 훔쳐오게 한다. 그가 전에 "정복했던" 여성은 창녀가 되어있다("She's on the turf now"). 또한 그의 표현을 그대로 쓰자면, 현재 그의 영향력 하에 있는 하녀는 "임신하는 것"(in the family way)을 피하려고 교묘히 수를 쓰고 있는("up to the dodge") "쓸만한 계집"(fine tart)이다. 우선 여성을 이야기할 때 사용하는 그의 어휘들이 주로 속어들로 되어 있다는 점에서 소위 남성적인 사내(macho)가 으스대며 여성을 비하하여 말하고 있는 것을 알 수 있다. 또한 "계집"(tart)이라는 단어에 "창녀"의 의미가 있다는 점에서 그 하녀가 가까운 미래에 창녀로 타락할 수 있는 가능성이 암시되어 있다. 사실상 그 당시 하녀가 절도죄로 잡힌 경우에 즉시 해고되었을 뿐만 아니라 다른 재산이나 의지할 사람이 없는 경우에 창녀가 되기 쉬웠는데도 그는 그녀에게 절도를 사주(使嗾)한 것이다. 한 여성의 타락은 아일랜드의 전락으로 확장시켜 이해할 수 있다. 하녀는 영국의 종이라고 할 수 있는 아일랜드를 가리킬 수 있는 것이다. 레너헌은 그 하녀가 "튼튼하고 작달막한 힘센 몸"과 "자연 그대로의 건강"을 지니고 있음을 관찰한다. 흥미롭게도 이런 특질은 전통적으로 아일랜드를 상징하는 농부를 연상시킨다. 따라서 콜리와 하녀의 관계는 제국과 식민지의 정치적 관계와 유사하다(Williams 1998, 106). 식민지는 세금과 관세 등을 통해 제국에게 돈을 바쳐야 한다. 그리고 그것은 영국과 아일랜드의 경우에도 해당되는 것이었다.

많은 비평가들은 킬데어 거리(Kildare Street)의 하프가 이 이야기의 중심적인 상징이라는 데에 동의한다. 이 거리는 주로 개신교도들, 혹은 영국계 아일랜드인들이 많이 다니는 길로 명예와 부를 나타내는 킬데어 거리 클럽(Kildare Street Club)이 위치한 곳이기도 하다. 이 클럽의 정문으로부터 멀지 않은 곳에서 하프 연주자가 하프를 연주하고 있다.

> 그들은 나소 거리를 따라 걷다가 킬데어 거리로 접어들었다. 클럽의 현관으로부터 멀지 않은 곳에서 하프연주자가 작게 원을 그려 모여선 무리들에게 하프를 연주하며 도로에 서 있었다. 그는 때로는 새로 온 사람의 얼굴을 재빨리 훔쳐보기도 하고 때로는 지친 듯 하늘을 쳐다보기도 하며 무심코 현을 뜯고 있었다. 그의 하프도 자신의 덮개가 악기의 무릎 아래로 흘러내리는 것에 무신경한 채 낯선 사람들의 시선과 주인의 손에 지친 듯이 보였다.

하프는 "아일랜드의 영광스러운 과거에 대한 전통적인 상징"이다 (Litz 67). 여기서 조이스는 하프를 낯선 사람들의 시선에 지친 여성으로 의인화함으로써 아일랜드가 낯선 사람들에게 몸을 내맡기는 창녀로 전락했음을 암시하고 있다. (한편 『젊은 예술가의 초상』에서 데이빈[Davin]이 밸리후라(Ballyhoura) 산골의 외딴집에서 우유 한잔을 얻어먹기 위해 문을 두드릴 때 아일랜드를 상징한다고 할 수 있는 그 산골 여인도 창녀처럼 영국에게 하듯 외간남자를 자신의 집으로 불러들이려 한다). 이 지역이 영국계 사람들이 많이 다닌다는 점에서 낟선 사람들은 정복자인 영국을 가리킬 것이다. 마치 창녀가 무신경하게 낯선 사람 앞에서 무릎 아래로 옷을 내리듯이 하프는 낯선 사람들에게 자신을 상업적으로 노출시키는 삶에 지쳐있다. 하녀가 금전적인 이익을 위한 희생물이 되듯이 하프가 상징하는 예술/아일랜드 역시 주인("master")의 권력 아래에서 상업적인 이익추구의 재물이 되고 있다. 결국 하녀와 하프는 둘 다 아일랜드의 경제적 정치적 종속을 가리킨다고 할 수 있다.

콜리는 자신의 이름도 알려주지 않은 채 로맨스를 가장하여 하녀로부터 돈을 빼앗았다. 그는 그녀를 배신한 것뿐만 아니라 나아가서 그녀가 암시하는 아일랜드를 배반했다고 할 수 있다. (그 외에도 하녀가 성모 마리아를 가리키는 "푸른"색의 스커트를 입었다는 점에서 종교를 타락시키고 배신했다고 할 수도 있을 것이다). 그가 사복경관과 자주 만난다는 것은 영국 경찰에게 정치적인 것을 포함한 여러 정보를 팔아 돈을 챙긴다는 것을 시사한다. 조이스의 작품에는 '배신'의 모티프가 자주 등장하는데 그가 1904년 더블린을 떠날 때 자신이 더블린 사람들에 의해서 배신당했다는 생각을 가지고 있었고 폴라(Pola)와 트리에스테(Trieste)에 망명생활을 하는 동안 이 생각은 더욱 강해졌다. 그래서 그는 "[그를] 배신한 사람들"에 관해서 쓸 것을 다짐할 정도였다(*Letters* II 110). 특히 그가 이 이야기를 쓸 때에는 이러한 감정이 최고조에 달한 때였다. 하지만 조이스는 배신의 이야기를 미묘하게 예술적으로 형상화시키고 있다. "비열한 배신자"(base betrayer)인 콜리와 그의 제자(disciple)인 레너헌이 하녀에게 어떤 배신의 행위를 했는지는 마지막 문장에 이르러서야 밝혀진다.

> 콜리가 첫 번째 가로등에서 멈추어 서서 험악하게 앞쪽을 응시하였다. 그러더니 예사롭지 않은 몸짓으로 불빛 쪽으로 한 손을 뻗었다. 그리고 미소를 지으며 그의 제자의 시선 앞에 그 손을 천천히 펴 보였다. 그의 손바닥에는 조그마한 금화 한 개가 빛나고 있었다.

이 금화가 무엇을 말해주는가? 그것은 위장된 로맨스의 실체가 무엇이었는지를 보여주는 것으로 타락한 기사도 혹은 신사도를 상징한다고 할 수 있을 것이다. 나아가서 아일랜드의 타락한 현실을 보여줌으로써 숨겨진 리얼리티를 드러내 보여주는 "에피퍼니"라 할 수 있다. 「애러비」에서 소년이 품었던 로맨스의 꿈이 물질적이고 상업적인 시장의 현실에서 산산조각 나듯이, 아마 자기보다 높은 계층의, 이름도 모르는 남자에게 자신의 미래를 건 하녀의 꿈은 이미 어두운 현실로 내던져지고 있다.

7. 「하숙집」(The Boarding House)

비록 이야기의 대부분이 과거회상의 형식으로 진행되고 있고 시점이 이 사람에서 저 사람으로 자주 바뀌기는 하지만, 인물 심리에 대한 상세한 묘사, 객관적인 서술 등으로 인해 그 내용이 분명하게 드러나기 때문에 난해한 조이스의 작품들 중에서 그나마 만만하게 여겨지는 편이다. 하숙집 주인 딸과 하숙생 사이에 내밀한 감정이 싹트고 결국은 결혼에 이르게 된다는 내용은 한국에서도 특별하달 것이 없는 고전적 플롯에 속한다. 하지만 작품은 로맨스의 주제에 적합한 분위기로 시작되지 않는다. "무니 부인은 푸주한의 딸이었다"라는 짧은 문장에 이어 나온 "과단성 있는 여자"라는 구절은 아무래도 좀 단도직입적이다. 이 작품이 남녀 간의 미묘한 사랑에 관한 것이라기보다는 과단성 있는 여자가 어떻게 일을 꾸미고 처리하는지에 관한 것이라는 암시를 준다. 이야기의 마무리도 무니 부인이 딸을 부르고 그 딸의 반응을 묘사한 짧은 문장으로 되어있는 것을 보면 아무래도 모든 문제의 칼자루를 무니 부인이 쥐고 있음에 틀림없다.

말이 나왔으니 말이지만 그녀는 "칼자루"와 밀접한 관련이 있다. 그녀는 푸주한의 딸이었을 뿐만 아니라 푸주한의 아내이기도 했다. 그녀는 아버지의 밑에서 일하던 사람과 결혼하여 그와 함께 푸줏간을 운영했기 때문이다. 칼은 그녀의 인생 극에서 소도구로서의 역할을 톡톡히 해내게 되는데, 장인이 죽은 후 망나니가 되어버린 남편은 어느 날 밤 식칼을 들고 아내를 죽이겠다고 달려들기까지 했다. 그녀가 푸줏간에서 고기 자르는 일을 그만 두고 난 후에도 그녀는 마치 칼을 들고 고기 자르는 듯한 태도로 그녀의 삶을 살았다. 그리하여 그녀는 자신의 딸과 하숙생에 관한 문제에 직면했을 때에도 "식칼로 고기를 자르듯이 도덕적 문제들을 다루었다". 남편의 식칼 사건 이후에 그녀가 보여준 결단은 칼로 자르듯이 분명하고 돌이킬 수 없는 것이었다. 그녀는 신부를 찾아가서 아이들 양육권 및 남편과의 별거 허가권을 얻어냈고, 남편에게는 아무것도 쥐어주지 않은 채 그야말로 무일푼인 채로 그를 쫓아내었다. 그녀는 정육점을 처분하고 남은 돈으로 하숙집을 운영하게 되었고 "당당한 여주인"(big imposing woman)이 되었다. 그 하숙집에는 여행객들, 무대 배우들, 그리고 회사원들에 이르기까지 많은 사람들이 흘러 들어왔고 그녀는 "그녀의 집을 약삭빠르고 확고하게 다스렸다". 모든 젊은 하숙생들은 그녀를 "마님"(*The Madam*)이라 불렀는데, 이는 그녀가 여가장(女家長/ matriarch)의 자리에 앉아 있다는 것을 암시한다.

그녀의 남편이 장인의 죽음 이후 왜 갑자기 술을 마시며 빚을 지고 또 사업을 망치기 시작했는지에 대해서는 자세히 나와 있지 않다. 아마 가장인 아버지의 죽음이 "여가장"의 기질을 가지고 있던 그녀로 하여금 집안을 통솔하게 했고 명목상의 새로운 가장인 남편은 술과 폭력을 통해 좌절감을 나타냈을 가능성이 크다. 그가 식칼을 들고 그녀에게 달려든 것은 칼이 상징하는 남성성을 과시하기 위함이었을 수도 있다. 흥미로운 것은 그녀의 사위인 밥 도런(Bob Doran)도 자신의 장인처럼 앞으로 술주정뱅이의 전철을 밟게 될 것이라는 점이다.

『율리시즈』에 다시 등장하는 도런은 더블린에서 둘째가라면 서러워할 술꾼으로 몰락해 있다. 이처럼 무어부인은 보이지 않는 "칼"을 휘두르고 있는 여족장 같은 존재이고 그 주위에 있는 이름뿐인 가장들은 몰락의 길을 걷는다.

당연히 도런과 폴리의 관계도 무니 부인에 의해서 확실하게 정리된다. 폴리와 어머니 사이에는 "드러내놓고 하는 공모"는 없었지만 어떤 목적을 위한 묵계가 이루어진다. 무니 부인은 딸과 하숙생 사이에 "무언가 일이 벌어지고 있다"는 것을 알아차리고, 폴리도 "자신이 [어머니의] 감시를 받고 있다는 것"을 감지하고 있다. 하지만 무니 부인은 계속 침묵을 지킴으로써 두 젊은 남녀의 관계가 어느 선까지 진행되기를 바란다는 것을 보여주고 폴리는 어머니의 그 의도를 알아차린다. 그리하여 폴리의 "태도가 약간 이상해지고 젊은이가 당황해하는 기색이 역력하자", "약삭빠른 판단자"인 무니부인은 "적절한 순간"이라 판단하고 둘의 관계에 개입한다. 그녀가 적절하다고 여긴 순간은 도런이 죄의식을 느낄 정도만큼, 그리고 폴리가 아직 교환가치를 잃지 않을 정도만큼만 둘의 관계가 진행되었을 때일 것이다. 무니 부인이 도런을 소환하는 날을 (미사가 있는) 일요일로 잡은 이유는 그 날 그가 가장 많은 죄의식을 느낄 수 있기 때문일 것이다. 마침 그를 부를 때쯤 조오지 성당(George's Church)에서 종소리가 들려오기도 한다. 또한 폭력적인 거친 아들이 위협하듯이 집에 와 있는 날이기도 하기 때문일 것이다.

이와 관련하여 조이스가 『피네간스 웨이크』에서 제목 "하숙집"(boarding house)을 "boardelhouse"로 표기하여 말장난 하는 것을 살펴

볼 필요가 있다. 이는 "bowdy house"(창녀집)와 bordello (매춘굴)을 떠올린다. 그렇다면 하숙집은 창녀집이고 폴리의 육체는 이곳에 상품으로 전시되었으며 아들 잭은 포주인 엄마가 고용한 깡패 같은 존재로 고객인 도런이 값을 치루지 않고 도망가지 않도록 위협하는 역할을 한다는 이야기가 설정된다.

도런의 소환을 앞두고 무니 부인은 남편에 이어 또 다른 남자와의 대결에서 자신이 "이길 것이라는 것을 확신"한다. 그리하여 마치 법정의 검사가 어떻게 피고인을 궁지로 몰 것인지를 궁리하듯이 상대방이 변명할 여지가 없을 정도로 몰아붙일 것을 생각하고 있다.

> 우선 사회의 여론은 전적으로 그녀 쪽이었다. 그녀는 어디까지나 피해를 입은 어머니가 아닌가. 그녀는 그가 명예를 중시하는 사람인 줄 알고 그를 자기 집 지붕 밑에 살게 했지만 그는 단순히 그녀의 친절을 악용한 것이었다. 그는 서른넷이나 서른다섯의 나이였기 때문에 어려서 그랬다는 변명을 할 수도 없었다. 또한 어느 정도 세상 경험을 한 남자이었기 때문에 무지해서 그랬다는 변명도 할 수 없었다. 그는 단순히 폴리의 어린 나이와 무경험을 이용한 셈이었다. 그것은 명명백백한 것이었다.

따지고 보면 도런을 이런 궁지로 모는 데 가장 큰 기여를 한 사람은 무니 부인이었다. 왜냐하면 그녀가 폴리를 다시 타이피스트로서 일하도록 사무실로 내보내려다 그만 둔 이유는 둘의 관계가 지속되기를 바랐기 때문이고, 더욱이 둘의 관계가 깊어지면서 둘이 어느 정도의 "죄"를 범한다는 것을 알면서도 모른 체했기 때문이다. 따라서 그녀는 위선자라는 비난을 피하기 어렵다. 또한 남편을 몰아낼 때 그랬던 것처럼 그녀는 또다시 “피해를 입은” 여성의 입장을 최대한 이용하고자 함을 알 수 있다. 「두 한량」에서 하녀가 기사인 채 하는 한량 (gallant) 에게 이용당했듯이 폴리가 “명예를 중시하는 남자”(a man of honour)인 척 가장한 남자에게 이용당했다고 볼 수밖에 없다는 것이다. 그녀는 “딸의 정절”(honour)의 상실을 보상해 줄 수 있는 유일한 길은 결혼밖에 없다고 결론짓는데, 바로 이것이 그와 딸의 공모가 목표로 삼은 것이었다.

폴리는 「에블린」의 여주인공과 비슷한 나이이지만 그녀를 짝지어 주려는 어머니가 있다는 점에서 에블린과의 차이를 보인다. 에블린의 어머니는 에블린에게 아버지와 가정을 돌보아야 하는 짐만 물려준 반면, 폴리의 어머니는 안정된 직장과 어느 정도의 돈을 가지고 있는 남자를 딸의 미래를 위해 준비해 주려 애쓴다. 뿐만 아니라 그녀에게는 위협적인 아버지도 존재하지 않는다. 열아홉 살인 폴리가 에블린과 다른 점을 하나 더 든다면, 그녀는 그녀의 어머니가 주장하고 싶은 만큼 수동적인 피해자의 입장에 있지만은 않다는 것이다. (그렇기 때문에 에블린의 이야기가 암담하고 비극적이라면 폴리의 이야기는 희극적이기까지 하다). 폴리는 도런이 자신과 결혼하지 않으면 안 될 정도로 그와 자신이 어느 정도 깊이 있는 관계를 맺어야 한다는 어머니의 “의도”를 간파했고 그에 따라 행동한 측면이 있다.

그리고 조이스의 많은 여성인물들이 그렇듯이 그녀는 유혹하는자(창녀)/성모 마리아의 이중적인 이미지를 보여준다.

> 그러더니 어느 늦은 밤 그가 잠자리에 들기 위해서 옷을 벗고 있을 때 그녀가 조심스럽게 문을 두드렸다. 바람에 그녀의 촛불이 꺼져버려 그의 촛불에서 다시 붙이기를 원했다. 그 날은 그녀가 목욕을 한 밤이었다. 그녀는 느슨하고 열려있는 날염한 플라넬 자켓을 입고 있었다. 그녀의 하얀 발등이 그녀가 신은 모피 슬리퍼의 벌어진 틈 사이에서 빛났다. 그녀의 향기 나는 피부가 발그레하게 홍조를 띄며 빛났다. 그녀의 손과 손목에서 . . . 희미한 향내가 났다.

그녀는 어머니인 무니 부인처럼 행동에 옮길 적절한 순간을 분간할 줄 안다. 그녀가 선택한 목욕한 후의 "늦은 밤," "열려있는" 옷, 그리고 향수 등은 유혹녀로서의 그녀의 모습을 드러내는 데 부족하지 않다. 뿐만 아니라 그가 매우 늦게 오는 밤에는 그녀가 저녁을 따뜻하게 데워 주었고 춥거나 비가 오거나 바람이 부는 밤에는 반드시 조그마한 펀치 한 컵을 준비해 주었다. 이렇게 그녀에게는 그를 유혹하는 모습이 있는가 하면 위의 장면에서 보듯이 그녀의 발등의 "하얀" 색이라든지 목욕한 후의 정결함, 그리고 위로자로서의 모습 등은 성모 마리아를 연상시킨다. 아닌 게 아니라 그녀는 시선을 위로 향한 채 말하는 습관 때문에 "성질이 비뚤어진 성모 마리아"(perverse madonna) 처럼 보인다고 서술되어 있다.

하지만 도런은 죄를 인정하지 않으면 안 되는 법정에 선 피고인과 같은 입장이다. 하숙집의 많은 사람들이 증인들처럼 둘의 관계를 이미 알고 있다. 또 고해성사에서 "신부는 우스꽝스러울 정도로 시시한 일까지 다 말하게 하여 그의 죄를 크게 확대시키는 바람에 그는 보상이라는 빠져나갈 구멍이 주어진데 대하여 거의 감사할 정도였다". 일은 이미 저질러졌고 그가 할 수 있는 것은 이제 "결혼하거나 내빼는 것"뿐이다. 하지만 에블린이 자신이 남자와 함께 줄행랑쳤다는 것을 발견했을 때 사람들이 자신에 대해서 무어라고 말할 것인가에 대해 민감하듯이, 그는 회사 사람들과 이웃들이 자신에 대해서 뭐라고 할지에 대해 두려워한다. "이 일은 분명히 소문이 날 것이고 그의 고용주도 분명히 듣게 될 것이다. 더블린은 누가 무슨 일을 했는지 다 알고 있는 좁은 도시가 아닌가"라고 그는 걱정한다. 그는 심지어 고용주인 늙은 레나드씨(Mr Leonard)가 귀에 거슬리는 목소리로 "도런씨를 내 방으로 보내세요"라고 외치는 것을 듣는 것처럼 느낀다. 그렇게 되면 그가 오랫동안 성실하게 일해 온 직장을 잃게 될 수도 있을 것이다. 무니 부인의 존재도 두렵지만 덫에 걸린 그가 빠져나갈 수 없게 지키고 있는 듯한 "뭉툭한 불독 같은 얼굴"에 "짧고 굵은 팔"을 지닌 호전적인 아들 잭의 존재도 위협적이다.

중요한 것은 그가 결혼하고 싶지 않다는 것이다. 폴리에 대한 환상도 이미 사라진 터이어서 그는 그녀가 "약간 천박한" 여자라는 판단을 한다. 그녀는 교양 없게도 문법이 틀린 문장을 말한다. 그녀의 아버지와 어머니에 대한 평판도 좋지 않다. 그의 친구들은 이 일을 말하면서 웃을 것이고 가족도 그녀를 멸시할 것이다. 뿐만 아니라 그는 자신이 "당하고 있다"는 생각을 하고 있다. 그는 본능적으로 "결혼하지 않고 미혼으로 자유롭게 남아 있어야 한다"는 것과 "결혼하면 끝장이다"는 것을 알고 있다. 그도 한 때 "자유사상"을 자랑했었고 술집에서 친구들에게 신의 존재를 부인할 정도로 패기와 대담성을 과시한 적이 있었지만 그것은 "모두 지나갔고 끝이 났다". 이제 그의 뜻이나 생각보다는 주위의 환경이 그를 그가 원치 않는 방향으로 몰아가고 있다. 그는 무니부인과의 인터뷰를 위해 내려가면서 마치 종신형을 선고받기 위해 법정으로 향하고 있는 죄인의 심정이 된다.

> 층계를 내려갈 때 그의 안경이 습기로 너무 어두침침해져서 그는 안경을 벗고 닦지 않으면 안 되었다. 그는 지붕을 뚫고 하늘로 올라가 더 이상 고통이 없는 다른 나라로 날아가고 싶었지만, 어떤 힘이 그를 한 발자국 한 발자국 계단으로 내려가게 했다.

『젊은 예술가의 초상』의 시작부분에 잘못을 저지른 아이에게 잘못을 사과하지 않으면 독수리가 그의 눈알을 파먹을 것이라며 위협하는 말이 나온 이후로 주인공 스티븐(Stephen)이 벌을 받거나 불안할 때 먼저 그의 눈이 예민하게 반응하는 것을 본다. 예를 들면, 돌런 신부(Father Dolan)에게 꾀를 부렸다는 이유로 부당하게 매를 맞을 때에도 먼저 눈에서 뜨거운 눈물이 나온다. 이 부분에서 "안경"이 침침하다고 표현되어 있지만 사실은 그가 마치 독수리에게 눈의 공격을 받기나 한 것처럼 그의 눈이 흐릿하다는 것이고 그것은 또한 그의 불안한 심리상태를 나타낸다고 할 수 있을 것이다. 그것은 그 날 아침 그가 면도를 하려고 두 번이나 시도했지만 손이 떨려서 단념하지 않으면 안 되었던 데에서도 확인할 수 있다. 그가 계단을 한 발 한 발 떼면서 내려오는 모습에서 그가 얼마나 가기 싫고 두려운 길을 향해 걸어가고 있는지를 알 수 있다. 그는 "지붕을 뚫고. . . 다른 나라로 날아가고" 싶을 정도로 현실을 벗어나고 싶어 하지만, 도피의 불가능함을 수용할 수밖에 없다. 많은 더블린 사람들처럼 더블린을 벗어날 수 없음을 보여주고 있다.

이처럼 상황은 그가 선택하고 싶지 않은 미래로부터 그를 벗어날 수 없게 만든다. 더욱이 폴리는 무니 부인과의 인터뷰 직전 그를 찾아와서 어머니에게 모든 것을 다 털어놓았다며, "이제 난 어떻게 해야 하는 거예요?"하면서 운다. 그리고 "죽고 싶다"고 말함으로써 그를 더욱 당황하게 한다. 그러나 도런이 무니 부인과 인터뷰하는 동안 그의 방에 앉아 있던 폴리의 얼굴에는 "더 이상 어떤 동요도 보이지 않는다". 오히려 그녀는 "참을성 있게, 거의 유쾌한 기분으로, 침착하게" 기다린다. 어머니와 마찬가지로 딸도 목적을 위해서는 위선적으로 꾸며서 행동할 수 있다는 것을 보여주는 대목이다. 그리고 마침내 모든 것을 성공적으로 처리한 어머니의 목소리가 들린다. "애야 내려와라. 도런씨가 너에게 하실 말씀이 있으시단다." 그가 할 말은 그녀가 그토록 목적으로 삼고 "기다려 왔던 것"으로 바로 청혼일 것이라는 것은 두말할 필요가 없다. 그것은 「두 한량」에서 콜리와 레너헌이 못내 기다려왔던 "금화" 같은 것이었다. 그러나 도런은 그의 장인처럼 이미 여가장의 권위에 복종하고 있었고 그의 청혼과 결혼은 강제된 것이었다. 그의 미래도 장인의 것과 큰 차이가 있을 리 없다. 『더블린 사람들』에서 젊은 남녀가 결혼에 성공한 이야기는 오직 이 작품 한 편이다. 다른 이야기들 속의 남녀들은 결혼을 하지 못해 노총각이나 노처녀로 늙거나 혹은 착취하고 당하는 관계를 형성할 뿐이다. 하지만 이 이야기도 억지로 엮어낸 결혼의 이야기이다. 이는 더블린 사람들이 모두 감정적 마비로 인해 상호간에 진정한 애정을 나눌 수 없는 상태임을 말해준다. 폴리는 결혼에 성공함으로써 많은 처녀들이 피하고 싶어 했던 운명, 즉 노처녀로 남거나, 이민을 가거나, 수녀가 되는 운명에서 벗어날 수 있지만 도런과의 행복한 결혼생활을 이루지는 못한다. 도런은 불행한 남편의 흔한 피난처인 술에 의존하게 된다. 이 집안의 역사도 반복하여, 십중팔구 딸은 어머니의 운명을, 사위는 장인의 운명을 크게 벗어나지 못할 것이다. 마치 같은 나이의 에블린이 어머니의 전철을 받게 될 것처럼 말이다.

8. 「작은 구름 한 조각」(A Little Cloud)

『더블린 사람들』의 한 가운데에 위치한 이야기이다. 조이스가 「망자」를 제외하고는 맨 마지막으로(그러니까 14번째로) 쓴 것으로 그가 특별히 좋아했던 작품이다. 그의 시집인 『교향악』(*Chamber Music*)의 출판을 준비하던 중 동생 스태니스로스에게 보낸 편지에서 그는 「작은 구름 한 조각」의 한 페이지가 그의 모든 시들보다도 그에게 더 많은 기쁨을 준다고 쓸 정도였다.

많은 다른 이야기들과 마찬가지로 이 작품도 세 부분으로 나눠어져 있다. 첫 번째 부분에서는 법률회사에서 일하는 챈들러(Thomas Chandler)가 런던에서 저널리스트로 성공한 친구 갤러허(Ignatius Gallaher)와 곧 있을 만남을 생각하고 또 켈트적인 감각을 지닌 시인으로서의 자신의 성공에 대한 꿈을 꾸기도 한다. 두 번째 부분에서는 그가 만남의 장소인 콜레스 레스토랑(Corless's)에 도착한 후 두 사람의 만남과 서로에 대한 반응을 다룬다. 이 부분의 서술은 첫 부분보다 좀 더 객관적이 된다. 세 번째 부분은 반쯤 취해 집에 돌아와 있는 챈들러의 관점에서 그가 아내 및 아들과 어떤 관계를 유지하고 있는지를 보여준다.

챈들러는 보통보다 약간 키가 작은 편이지만 사람들에게 작다는 인상을 주기 때문에 "작은 챈들러"라고 불린다. 그의 작음은 단순히 육체적인 것만을 가리키지 않고 그가 정신적으로 미성숙하고 나아가서는 여성적인 성향이 강하다는 것을 암시한다.

> 그의 손은 하얗고 작았으며, 그의 체구는 허약했고, 그의 목소리는 조용했으며 그의 태도는 세련되어 있었다. 그는 그의 아름다운 비단결 같은 머리칼과 코밑수염을 가꾸는데 가장 많은 신경을 썼으며 손수건에는 향수를 신중하게 뿌렸다. 그의 손톱의 반달 모양은 완벽했고, 그가 미소 지을 때 가지런히 늘어선 어린이의 하얀 치아들을 볼 수 있었다.

작은 손과 연약한 체구, 그리고 손톱의 완벽한 반달모양에서 그의 예민하고 섬세한 여성적 성격을 파악할 수 있다. 또한 어린이의 것처럼 하얗고 가지런한 치아는 그가 비록 32세의 어른이지만 성장이 멈춘 어린이의 요소를 지니고 있음을 암시한다. 이것이 그가 아내 및 아들과 성숙한 관계를 유지하지 못하는 이유가 될 수 있을 것이다. 그는 아내의 남편이 되고 아들의 아버지가 될 정도로 성숙해 있지 못하다. 그는 거리에서 노는 아이들을 “생쥐”나 “기생충”에 비유할 뿐만 아니라 자신의 아들에 대해서도 아버지로서의 애정을 보이지 못한다. 그는 출세한 갤러허가 그를 만나주는 것이 그를 후원하고 보호하는 듯 생색을 내는 것(patronizing)이라고 생각하는데, 여기서 "patron"의 어원이 아버지와 관련이 있음을 고려할 때 갤러허가 그에게 아버지처럼 군다고 생각하고 있는 것이다. 어쩌면 그는 영원한 아들의 위치에서 있는지도 모르는 일이다.

그의 이러한 측면은 갤러허의 남성적인 측면과 대조된다. 챈들러가 “작고” “얌전한” 사람이라면 갤러허는 “거친” 사람이다. 엘만(Richard Ellmann) 이래로 많은 비평가들이 말해 왔듯이, 갤러허는 조이스의 학창시절 친구였던 올리버 고가티(Oliver Gogarty)와 더블린의 저널리스트였던 프레드 갤러허(Fred Gallaher)를 모델로 만들어진 인물이다. 『율리시스』에 나오는 영국계 아일랜드인(Anglo-Irish) 벅 멀리건(Buck Mulligan)도 고가티를 모델로 해서 그려진 인물인데, 그는 이 작품의 갤러허와 유사하게 친영파이고, 잘 차려입었으며 활발하게 위트있는 말을 하는 멋쟁이이다. 멀리건처럼 갤러허도 외향적이고 냉소적이며 친구와의 관계에서 공격적이다. 둘 다 일부 비평가들에 의해서 동성애의 혐의를 받고 있는 점도 유사하다. 멀리건이 영국인 헤인즈의 앞잡이처럼 행동하듯이 갤러허도 런던에서 일하는 저널리스트로서 가끔 런던 식의 영어를 말하며 심지어 영국을 상징하는 오렌지색 넥타이를 매고 있다. 제국/남성/갤러허가 한쪽에 있다면 식민지/여성/챈들러는 반대편 쪽에 있다. 특혜 받은 부유층이 다니는 콜레스 레스토랑에 처음 가면서 챈들러가 "런던에 한 발자국 한 발자국 더 가까이" 가는 것을 느낀다는 점에서 레스토랑은 갤러허/영국/지배층과 밀접한 관련이 있음을 보여준다. 만성적인 열등의식에 사로잡혀 있는 챈들러는 이곳을 향해 가면서 "평생 처음으로 지나치는 다른 사람들보다 우월하다는 것을 느낀다". 마치 「경주가 끝난 후」의 지미가 유럽대륙의 친구들과 어울리는 것을 사람들에게 보여줌으로써 느끼는 우월감 같은 것일 것이다. 반면에 그는 과거에 더블린의 귀족들이 그 안에서 큰 소리로 떠들어대며 살았던, "으스스한 유령 같은 저택들"로 전락한 집들이라든지 "가련한 왜소한 집들"(poor stunted houses)을 지나거나 보게 되는데, 이들은 레스토랑과 대조적으로 식민 지배를 받는 더블린 사람들을 가리킨다. 특히 "stunted"라는 단어는 "성장을 멈춘, 왜소한"의 의미가 있다는 점에서 "작은" 챈들러 자신을 나타낸다고 볼 수 있을 것이다.

갤러허는 술을 "대담하게"(boldly) 들이키는데 반해 챈들러는 술을 물로 희석시켜 "홀짝인다"(sip). 챈들러는 "난 술을 거의 마시지 않는다"고 "얌전히" 말하지만, 친구는 "희석시키지 말고 쭉 들이켜버려"라고 말함으로써 '남성적' 태도를 드러낸다. 또한 「두 한량」에 나오는 콜리가 하녀를 착취함으로써 한량으로서 왜곡된 남성성을 보여주듯이 갤러허도 "돈과 결혼하겠다"고 말함으로써 여성을 착취의 대상으로 여기고 있음을 알게 해 준다. 그와 대조적으로 챈들러는 사소한 일에도 얼굴을 붉히는 "섬세하고 금욕적인 사람"이다. 그는 자신의 "소심함"을 예민하게 의식하고 그것이 자신의 성공을 가로막고 있다고 생각하고 있기 때문에 어떻게든 자신의 "남성다움"을 입증하고 싶어 한다. 특히 오늘 그는 갤러허와의 만남을 통해서 자신의 여성적 성격과 소심함을 더 예민하게 느꼈을 것이다.

챈들러는 조그마한 사람일뿐만 아니라 그가 활동하고 있는 영역도 좁은 곳이다. 그래서 그는 자신을 평생 갇혀있는 "무기 징역수"(prisoner for life)에 비유한다. 에블린이 노스 월(North Wall) 부두에서 멀리 떠나는 프랭크를 바라보고만 있었듯이, 챈들러도 같은 장소에서 갤러허를 바깥세상으로 떠나보냈었다. 갤러허는 이제 "여행에 익숙한 분위기"를 풍기며 마치 넓은 세상에서 좁은 곳에 갇혀 살고 있는 챈들러를 면회 온 사람처럼 보인다. 파리와 런던 등 "세상을 보아 온" 갤러허와 달리 챈들러가 멀리 여행해 본 곳은 기껏해야 근처의 맨 섬에 불과하다. 또한 에블린이 프랭크가 돌아다닌 세상에 대해 무지하듯 챈들러도 갤러허가 다녀본 아일랜드 바깥 세상에 대해서 무지하다. 뿐만 아니라, 프랭크가 에블린에게 『보헤미안 소녀』를 보여주었던 것처럼 갤러허는 자신이 모든 "보헤미안 카페"에 가 보았다고 자랑한다. 그는 "인생을 즐기는 것"이 옳지 않느냐고 반문하면서 그러기 위해서는 파리로 가야한다고 자랑스럽게 말한다. 갤러허의 이와 같은 "성공적인 방랑의 삶"(vagrant and triumphant life)과 달리, 챈들러의 인생은 더블린과 집에 갇혀서 (아마) 법률 사무소에서 문서를 반복해서 베끼는 지루한 일과 커피 사오는 심부름(그 날은 잊고 못 사왔지만), 아기 보는 일 등을 하는 "진력이 난"(stale)–갤러허가 "한 여자에 묶여서 사는 삶"에 대해 표현하듯이–삶이다. 챈들러도 그가 좋아하는 보헤미안적인 바이런(Byron)같은 시인이 되어 자유롭게, 그리고 "갤러허처럼 용감하게" 삶을 살고 싶어 한다. 그러나 시를 씀으로써 덫에 걸린 삶으로부터 탈출하는 것은 그의 백일몽에 불과하다. 그는 아내가 커피를 사러 간 사이에 자는 아이를 깨우지 않고 돌보아야 한다. 사진 속에서 그를 응시하고 있는 아내의 시선에는 "무언가 비열한 구석"이 있고, 그에게 "혐오감을 주고 그를 무시하며", "열정과 환희"가 결여되어 있다. 이 부분은 시선을 통해서 아내 애니(Annie)가 남편을 대하는 태도, 나아가서는 부부관계의 현주소를 보여준다. "성장이 멈춘" 챈들러가 성적으로도 무능할 수 있다는 (혹은 그가 동성애적인 경향을 가지고 있을 수 있다는) 의혹을 갖게 하는 대목이다. 그가 읽는 바이런의 시는 한때 사랑했던 여인과의 사별에 대한 것으로 챈들러의 아내에 대한 감정을 암시하기도 한다. 한편 그는 그런 아내의 시선과 반대되는, "정열과 관능적인 갈망으로 가득 찬" "동양적인 눈"을 꿈꾼다. 동양은 「자매」에서 소년이 꿈속에 가본 페르시아나 「애러비」에서 주인공이 꿈꾼 애러비처럼 현실에는 존재하지 않지만 챈들러가 상상하는 이상(理想)이다. 그는 집의 가구에서도 아내의 시선에서와 마찬가지로 "무언가 비열한 구석"이 있음을 발견하는데, 그것은 아직 할부로 갚고 있는 가구들도 그를 옭아매는 것으로 보이기 때문일 것이다. 그는 스스로에게 "이 조그마한 집에서 도망갈 수 없을까?"하고 묻는다. 그가 백일몽을 꾸듯이 시의 분위기 속으로 빠져들려고 하는데 아기가 깨어 울어대면서 그를 현실로 깨어나게 한다. 아이의 울음소리가 그를 유별나게 화나게 하는 이유는 그를 그가 싫어하는 현실로 다시 돌아오게 한 것 때문이기도 하겠지만 오늘 갤러허와의 만남에서 느꼈던 질투심, 나아가서는 열등의식 혹은 패배의식 때문이기도 할 것이다. 갤러허의 남성적이고 아버지 같은 면에 눌렸던 챈들러는 어린아이에게 "닥쳐!"라고 소리 지름으로써 자신이 남성이며 아버지라는 것을 과시하고 싶은지 모른다. 이 경우가 더 심리적이기는 하지만, 「대응」(Counterparts)에 나오는 아버지 패링튼(Farrington)—그도 챈들러와 마찬가지로 법률사무소에서 서류 베끼는 일을 하고 있다—이 직장과 술집에서 '얻어맞고' 집에 들어와서 아이를 패는 것으로 울분을 푸는 것과 유사하다.

마지막 장면에서 챈들러는 「애러비」의 주인공이 마지막 장면에서 그렇듯이 어두움 속에서 눈물이 맺히는 것을 느낀다.

> 작은 챈들러는 그의 뺨이 수치심으로 달아오르는 것을 느꼈고 등불이 비취지 않은 곳으로 물러섰다. 그는 아이의 발작적인 흐느낌이 점점 잦아드는 것

을 듣고 있었다. 그리고 후회의 눈물이 그의 눈에 맺히기 시작했다.

그가 구체적으로 후회(remorse)하는 것이 무엇인지는 텍스트에 나와 있지 않다. 아마 그를 가장으로 인정해주지 않는 "비열한" 아내와 (마치 아버지를 무시하듯이) 울음을 멈추지 않는 아이, 그리고 "태생과 교육"의 측면에서 그보다 열등한 갤러허의 성공에 대한 질투심 등이 복합적으로 그를 자책하게 만들었을 것이다. 그리고 그것은 무엇보다도 런던으로 떠나지 못하고 시인이 되지도 못한 자신의 현실에 대한 한탄일 것이다.

이 이야기의 제목을 내용과 어떻게 연결시킬 것인지에 대해 많은 비평가들이 골머리를 앓아 왔다. 그의 이름 챈들러는 양초를 만드는 사람이라는 뜻이다. 비유적으로 말하면 그는 빛을 만드는 사람인 것이다. 하지만 그는 자신의 이름의 의미와는 반대로 어두운 이미지, 즉 "구름" 같은 모습을 보여준다. 마지막 장면에서도 그는 "등불이 비춰지 않는" 어두운 곳으로 물러선다. 또한 그는 "우울한"(melancholy) 시의 분위기를 즐기는 사람이다. 그렇다면 작품의 제목 "작은 구름 한 조각"은 챈들러를 가리킬 수도 있을 것이다. "작은"이라는 형용사가 챈들러를 정의하는 가장 중요한 단어라는 점에서도 "작은" 구름과 쉽게 연결된다. 또한 그는 마치 하늘에 떠다니는 작은 구름 한 조각처럼 현실적인 일상생활 너머에 있는 시적인 백일몽의 세계에서 유유히 떠다니기를 좋아한다. 하지만 틴덜(William York Tindall)은 이 제목이 성경의 열왕기상 18장 44절(선지자 엘리야가 가뭄의 땅에 "작은 구름"으로부터 비를 내리게 하는 부분으로 "사람 손만한 작은 구름이 바다에

서부터 솟아나고 있었다"고 씌어있다)에서 나오는 단어에서 따온 것이라고 추측한다(26-27). 그래서 비가 가문 땅에 내려 그 동안 자라지 못한 식물을 자라게 하듯이 챈들러의 눈물이 그를 성장하게 할 것이라는 가정도 가능하다. 하지만 이것은 어디까지나 순수한 가정에 불과하다. 이야기의 문맥에서 보았을 때 챈들러의 눈물이 그에게 새로운 삶을 가져다 줄 가능성은 거의 없어 보인다. 그런 점에서 「애러비」와 「망자」의 말미에서 이와 유사하게 주인공이 흘리는 눈물이 성장의 가능성을 보여주는 것과는 차이가 있다.

9. 「대응」(對應/ Counterparts)

「하숙집」과 더불어 등장인물의 심리를 가장 리얼하게 묘사했기 때문에 그만큼 독자들이 접근하기 용이한 작품이다. 제목 "대응"이란 어떤 두 대상이 주어진 관계에 의하여 서로 짝을 이루는 일을 말한다. 이 이야기에서 알레인씨(Mr Alleyne)는 부하직원인 패링튼(Farrington)을 협박하고 집에 돌아온 아버지 패링튼은 어린 아들을 위협한다. "종로에서 빰맞고 한강에서 화풀이"하는 격이다. 어쨌든 두 상황에서 패링튼과 아들은 협박의 대상으로서, 그리고 알레인씨와 패링튼은 협박자로서 대응을 이룬다고 할 수 있다. 공통분모인 패링튼은 협박의 희생자이면서 동시에 협박자가 되는 셈이다. 다른 관점에서 보면 법률문서를 베끼는 것이 직업인 패링튼이 그의 억압자의 언어를 베껴/배워 스스로 억압자가 되었다고도 할 수 있을 것이다. 실제로 패링튼은 알레인의 말을 흉내 내기도 한다. 더블린은 이처럼 억압자와 억압당한 자가 순환고리처럼 연결되어 있는 억압의 도시이다.

이 이야기도 크게 세 부분으로 나뉘어져 있다. 그것은 장소에 따라 패링튼이 근무하는 직장 사무실, 퇴근 후 몇 군데 전전하는 술집, 그리고 밤늦게 돌아온 집으로 구분될 수 있다. 이야기는 사장이 부하직원인 패링튼을 위협적인 명령조의 목소리로 소환하는 장면으로 시작된다.

벨이 사납게 울렸고, 파커양이 인터콤으로 갔을 때 격노한 목소리가 째는 듯한 북아일랜드의 억양으로 외쳤다.

"패링튼을 올려 보내!"

파커양이 타자기 앞으로 돌아가서 앉으며 책상 앞에서 필경을 하고 있는 남자에게 말했다.

"알레인씨가 위로 올라오래요."

그 남자는 "빌어먹을"이라고 나즈막한 목소리로 중얼거리며 의자를 뒤로 밀치고 일어섰다. 일어서니 그는 키가 크고 등치가 매우 큰 사람이었다. 그는 진한 포도주색의 늘어진 얼굴을 하고 있었고 금발의 눈썹과 콧수염을 지니고 있었다. 약간 퉁방울인 그의 눈의 흰자위는 지저분했다. 그는 카운터를 들어 올리고 손님들 곁을 지나 무거운 걸음으로 사무실에서 나갔다.

패링튼을 소환하는 알레인씨가 북아일랜드 말씨를 쓴다는 것은 그가 친영계 지배계층임을 암시한다. 북아일랜드에는 주로 조상이 영국인인 아일랜드인들 (영국이 아일랜드를 지배하면서 이주해 온 영국인들과 그들의 자손들)이 많이 살고 있고 이들은 대부분 부유한 지배계층이었다. 알레인씨가 북아일랜드 출신이라는 것은 상징적으로 더블린의 정치 경제가 외부/영국의 지배를 받고 있음을 보여준다. 반면에 패링튼은 제국에 종속된 빈곤한 피식민지인을 대표한다고 볼 수 있다. 실제로 그는 주둔한 영국 군대의 "병영"(barracks) 근처에, 다시 말하자면, 제국 군사들의 그늘 아래에 살고 있다. 물리적으로도 알레인씨와 패링튼은 각각 위, 아래에서 일하고 있다. 패링튼은 앞 이야기의 작은 챈들러와 마찬가지로 법률 사무소에서 (그 당시에는 복사기가 아직 발명되지 않았기 때문에) 법률문서를 베껴 사본을 만드는 일을 하며 쥐꼬리만 한 월급에 의지하여 살고 있다. 여기서 눈여겨보아야 할 것은 그가 "키가 크고 등치가 매우 큰" 남성적인 사람이면서도 "나즈막한 목소리로" 자신의 감정을 표현해야 하고 명령에 따라 행동해야 하는 수동적인 입장에 놓여있다는 것이다. 이것은 피식민지인인 그가 영국의 식민지 통치에 의해서 여성화되는 형편에 놓여 있음을 상징적으로 보여준다고 할 수 있다. 영국은 아일랜드를 지배하는 가부장의 자리에 앉으면서 아일랜드의 남성들을 억압하며 여성화시킨다. 이처럼 여성화된 아일랜드 남성들이 위로를 찾고 그들의 남성성을 회복할 수 있는 곳이 술집(pub)이다. 다른 관점에서 보면 술은 억압받는 피식민자들이 괴로움을 잊을 수 있는 아편 같은 것이라 할 수 있다. 패링튼의 "진한 포도주색의 늘어진 얼굴"이라든지 "지저분한" "흰자위" "무거운 걸음" 등은 그가 얼마나 술에 절어 사는 사람인가를 보여준다.

패링튼의 남성성이 짓밟힘에 따라 그가 느끼는 좌절감은 그가 알레인씨 앞에 서 있을 때 더욱 분명해진다. 알레인씨는 "말끔하게 면도한 얼굴에 금테 안경을 낀 조그마한 남자"로서 "새된 목소리"로 자신보다 훨씬 큰 패링튼을 꾸짖는다. 패링튼은 4시까지 하도록 되어 있는 베끼기 작업(사본 만드는 일)—흥미롭게도 제목의 "counterpart"에는 법률문서의 사본의 의미도 들어있다—을 하지 못해 알레인씨 앞에서 구차한 변명을 늘어놓으며 죄인처럼 멍청하게 서있다. 그러자 알레인씨는 패링튼의 말을 흉내내며 그를 조롱할 뿐만 아니라 "그 계약서의 사본이 오늘 저녁까지 만들어지지 않으면 이 일을 [동업자인] 크로스비씨(Mr Crosbie)에게 알리겠다"고 함으로써 해고의 위협을 가

한다. 알레인씨가 거듭해서 “내 말 듣고 있나?”라고 말하는 것으로 보아 그가 패링튼을 신뢰하지 못하고 있음을 알 수 있다. 이에 대해 패링튼은 주눅이 든 채 “예 알았습니다”(Yes, sir)만을 반복할 뿐이다. 여기서 빈틈없이 효율적으로 일하는 상관인 알레인씨와 명령을 받아 굼뜨게 일하는 비효율적인 패링튼은 각각 산업화된 영국과 그 종속국인 농업중심의 아일랜드를 가리킨다고 할 수도 있을 것이다.

패링튼은 치욕을 느끼며 당장 앞에 앉아 있는 남자를 혼내주고 싶은 충동을 느낀다.

> 그 남자는 크로스비와 알레인 법률회사를 이끌고 있는 윤이 나는 두개골을 그것이 얼마나 쉽게 부서질 수 있을 것인지를 가늠하면서 뚫어질 듯이 응시하였다. 분노의 발작이 잠시 그의 목을 조이다 갈증의 날카로운 감각을 남기고 사라졌다. 남자는 그 감각을 인식하고 오늘 밤 멋있게 술에 취해보아야겠다고 생각했다.

이런 그의 좌절감과 분노를 잠재울 수 있는 곳은 술집뿐이다. 술집은 그에게 피난처와 같은 곳으로 그 곳에서 그는 부정적인 감정으로부터 뿐만 아니라 종속으로부터의 해방감을 느낄 수 있다. 그렇기 때문에 패링튼은 근무 중에도 몰래 사무실을 빠져나가 술로 목을 축이고 온다. 그 날도 그는 화장실에 간다는 핑계로 다섯 번이나 사무실을 나왔다. 그 당시 남자들은 모두 건물 밖에서 모자를 썼으므로 모자걸이에 그의 모자 있으면 그가 밖에 나가지 않았다는 증거가 된다. 그러나 그는 사무장인 셸리(Shelly)에게 화장실에 간다는 제스처를 하며 그의 모자를 걸이에 담보로 둔 채 주머니에 있는 또 다른 모자를 꺼내 쓰고 밖으로 나오는 꼼수를 쓴다. 패링튼은 "어두운 아늑한 곳"인 오닐의 가게(술집)에서 마치 어머니의 어두운 자궁 안에서 얻을 수 있는 위로를 얻는다. 그는 퇴근 후에도 자신의 몸이 "술집의 위로"를 열망하는 것을 느낀다. 그의 아내가 성당에서 위로를 얻듯 그는 술집에서 위로를 얻는다. 이런 맥락에서 술집의 바텐더를 "curate"(보좌신부)라 부르는 것은 흥미롭다. 그는 흑맥주를 단숨에 들이킨 다음 술 냄새를 숨기기 위해 향기가 강한 캐러웨이 열매까지 먹는 주도면밀함–아니면 권력에 대한 눈치 보기 혹은 생존전략?–을 보인다.

패링튼에게 사무실의 작업 공간은 견딜 수 없는 곳이다. 그날 오후까지 하도록 되어 있는 필사 작업을 마치는 것은 불가능해 보인다. 그런데 엎친 데 덮친 격으로 그는 실수까지 하여 새 종이에 다시 쓰지 않으면 안 되는 지경에 이른다. 화가 치밀어 오르자 "그는 사무실 전체를 한 손으로 휩쓸어버릴 정도로 힘이 솟아오름을 느꼈다. 그의 몸은 무엇인가, 밖으로 뛰쳐나가 폭력을 휘두르고 싶었다. 인생의 모든 냉대가 그를 격노케 했다". 그는 술을 마시고, 이 술이 그의 정신을 맑지 않게 하고, 이는 당연히 업무상의 실수로 이어지고, 이 실수가 그의 분노를 일으키고, 분노는 갈증을 불러일으키고, 갈증은 다시 음주로 이끄는 악순환의 삶을 살고 있다. 알레인씨는 산업사회에 적합한, 근대화를 나타내는 기업인으로서 민첩하게 기계처럼 일을 하고 고용인들도 그렇게 하기를 바란다. 그가 패링튼과 말다툼할 때 그의 주먹이 "마치 전기 기계의 손잡이처럼 진동했다"는 표현은 분노의 정도를 가리킬 뿐만 아니라 기계화된 그의 모습을 암시한다. 반면에 패링튼은 음주를 금지하고 건물 출입을 제한하며 30분으로 점심시간을 제한하는 것에 적응하지 못하는 전근대적인, 혹은 그것에 반항하는 존재인 듯이 보인다.

패링튼의 반항심 혹은 적개심은 그의 마음속에서만 존재할 뿐 언어로 표출되지 못한다. 그는 「은총」의 커넌씨처럼 돈만 있으면 술집으로 달려가기 때문에 그의 5명의 아이들의 생계보다는 술 살 돈에 대해서 더 많은 걱정을 한다. 그렇기 때문에 그는 해고를 두려워하고 상사에게 복종해야 하는 것이다. 한편 유대인의 외모를 지닌 중년의 여인, 델라코어 양(Miss Delacour)이 그의 억눌러진 남성성을 일깨우는 역할을 한다. 알레인씨는 "그녀와 그녀의 돈"을 사랑한다. "유대인의 외모"는 서양이 이국적인 동양 여성을 성적 대상으로 여긴다는 것을 암시한다. 「작은 구름 한 조각」에서도 갤러허가 돈을 가진 유대인 여성을 얻을만한 가치가 있는 욕망의 대상으로 상정한 적이 있다. 「두 한량」에서 콜리는 하녀를 사랑한 척 하며 돈을 훔쳐오게 한다. 이처럼 돈과 성은 남성의 욕망의 대상으로 그려진다. 결국 돈 많고 유혹적인 여성의 존재는 패링튼의 행동에도 영향을 미친다. 알레인씨가 델라쿠어 양 앞에서 없어진 편지 두개의 일로 패링튼에게 심한 욕을 퍼붓는데, "그 욕은 너무 심하고 격렬한 것이어서 그 남자[패링튼]가 자기 앞에 있는 난쟁이[알레인씨]의 머리 위로 주먹을 내리꽂는 것을 거의 참을 수 없을 지경이었다". 이 때 알레인씨는 마치 동의를 구하듯 델라코어 양에게 눈길을 주며 "자네는 나를 바보라고 생각하나?" 라고 소리 지르고 패링튼도 그녀를 바라본 후 적절한 대꾸를 찾아낸다. "사장님, 그것은 저한테 하실 질문(fair question)이 아니라고 생각하는데요". 이 장면에서 두 남성은 모두 그녀로부터 남성성의 승인을 얻고 싶은 것이다. 원문에 있는 "fair"라는 단어에는 그런 질문을 하는 것이 공정하지 않다는 항의의 의미가 내포되어 있다. 패링튼은 나중에 술집에서 웨더스(Weathers)와의 팔씨름에서 지자 다시 이 단어를 사용하며 "공정성"에 대한 의문을 제기하며 항의한다.

여기서 주목할 것은 독자가 패링튼이라는 이름을 알게 된 것은 알레인씨가 그를 소환해서 불러주었기 때문이라는 것이다. 그나마 알레인씨는 높은 위치 때문에 성(Last name)으로 불리지만 패링튼은 그냥 부담 없이 이름(First name)으로 불린다. 그가 회사에 머무르는 동안 서술자는 계속 그를 이름으로 부르는 대신 "그 남자"(The man)로만 지칭한다. "그 남자는 중얼거렸다", "그 남자는 들어 왔다", "그 남자가 바라보았다", "그 남자가 걸어갔다", "그 남자가 응시했다", "그 남자가 돌아가 앉았다". 그것은 그가 사무실에서 일하는 동안 단지 기계의 한 부품으로만 여겨지기 때문일 것이고, 혹은 인간으로서의 특성이나 개성보다는 일의 효율성이나 생산성이 더 중요하기 때문일 것이다. 그렇기 때문에 그가 알레인씨 사무실에 들어가서 "공손히 절했을 때에 알레인씨와 델라코어 양 둘 다 그 절을 거들떠보지도 않았다". 개별적인 한 인간으로서 존중을 받지 못하고 있는 것을 보여주는 장면이다. 또한 "그 남자는 . . . 했다"처럼 동일하게 반복되는 문장 패턴은 하루 종일 베끼는 일을 하는 그의 지루한 업무와 연결되어 그의 회사생활이 얼마나 변화 없는 따분한 것인지를 보여준다. 또 다른 관점에서 본다면, 그는 영국계 사장에게 단지 야만적인(덜 문명화된) 피식민지인 남자로만 보일 수 있다. 특히 몸집이 큰 그는 "육중하게"(heavily) 걷고 술에 의지하다시피 살고 있으며 동물적인 분노가 가득 차 있기 때문에 더욱 그렇게 보일 수 있다. 그 당시 주로 중산층인 친영파 개신교도들이 금주운동을 주도했고 아일랜드 남자들은 술주정뱅이로 정형화되었다는 점에서 더욱 그러하다.

사무실에서 퇴근한 후 그는 거의 "그 남자"라 불리지 않고 주로 "그"(he)로 불리운다. 그리고 마침내 노지 플린(Nosey Flynn)이 데이비 번즈(Davy Byrne's) (술집 겸 식당)에서 "패링튼에게 술 반잔을 낼" 때 서술자는 처음으로 그의 이름을 불러줌으로써 그에게 정체성과 개체성을 부여한다. 그리고 그가 집에 돌아가기 전까지 그는 계속 패링튼으로 "살아있다". 패링튼은 알레인씨, 그리고 그가 상징하는 제국주의의 지배로부터 벗어남으로써 비로소 살아있는 개인이 된 것이다. 그리고 그의 해방을 자축하듯 그는 자신이 알레인씨에게 저항한 것을 몇 번이고 반복해서 이야기한다. 비록 그의 해방은 그가 술집에 머무르는 동안에만 누릴 수 있는 것이고 그가 알레인씨에게 대들면서 한 말은 그가 믿고 싶은 만큼 대단한 것처럼 보이지 않지만 말이다. 심지어는 이것을 단지 그의 "말실수"로 치부해 버릴 수도 있는데(Williams 1998, 102), 패링튼은 그것을 한껏 부풀려 모험담을 만들어낸다.

> "그래서 그자를 쳐다보았지—차갑게 말이야, 그리고 그 여자를 보았지. 그리고 나서 그자를 다시 보았지—여유 있게 말이야". "그것은 저한테 하실 질문이 아니라고 생각하는데요"라고 말한 거야.

그가 들려주는 이야기 속에서 그는 여유 있고 냉정한 태도로 그의 억압자에게 저항하는 모습으로 그려진다. 그러나 그 당시에 "거의 자기도 모르게 그 말이 나왔고" 또한 그가 들려주는 이야기에서는 자신이 한 말 중 "사장님"(Sir)이라는 단어를 생략하고 있다는 것도 주목할 필요가 있다. 이 단어는 그가 자신의 종속적 위치를 자인하는 말이고 그의 어조 전체를 통제하는 중요한 단어이기 때문이다.

술집에서 그는 영웅처럼 자신의 모험담을 들려주고 전당포에 시계를 잡히고 받은 돈 6 실링으로 기분 좋게 술을 낸다. 스카치 하우스에서 레나드(Leonard)는 티볼리(Tivoli) 극장에서 공연하고 있는 익살희극의 배우인 젊은 웨더스를 소개한다. 나중에 그들은 다시 멀리건이라는 술집에서 만나게 되고 거기에서 패링튼의 시선은 티볼리 극장에서 나온 매력적인 여성에게 이끌린다. 알레인씨 및 그가 나타내는 영국 제국주의에 의해서 여성화된 패링튼이 다시 남성성을 회복한 술집의 공간에서 남성으로서 여성에게 성적으로 끌리는 대목이다.

> 패링튼은 그녀가 매우 자주 우아하게 움직이고 있는 포동포동한 팔을 경탄의 눈으로 응시하였다. 그리고 잠시 후 그녀 쪽에서도 그를 바라보았을 때 그는 그녀의 크고 어두운 갈색 눈에 더욱 경탄하였다. 비스듬히 응시하는 눈의 표정이 그를 매혹시켰다. 그녀는 그를 한두 번 응시하고, 일행이 자리를 뜰 때 그의 의자를 가볍게 스치며 런던 억양으로 "미안해요"라고 말했다. 그는 그녀가 뒤돌아서 그를 볼 것이라는 기대로 그녀가 떠나는 것을 지켜보았지만 그의 기대는 무너졌다.

「애러비」의 소년처럼 패링튼은 잠시 낭만적 분위기에 젖어 그 여성에 대한 사랑을 꿈꾸지만 냉정하게 걸어 나가는 그녀의 뒷모습을 바라보며 "허영에 들떠 움직이고 그 허영의 조소를 받고 있는 동물

(creature)"의 처지가 된다. 다만 「애러비」의 소년과 달리 그에게는 자기성찰에 따른 후회 대신에 "분노"만이 있을 뿐이다. 그는 돈이 있다면 그녀를 쫓아가서 자리를 같이 하고 싶은데 자신에게 돈이 없는 것을 저주할 수밖에 없는 형편이다. 그는 분노의 화살을 은근히 웨더스에게 던진다. 그가 델라코어 양을 두고 알레인씨에 대해 느꼈던 기분을 이 여인을 두고 웨더스에게 느끼는 것이다. 특히 그가 술을 낸다고 했을 때 웨더스는 독일에서 수입한 비싼 위스키를 주문하여 그의 주머니를 가볍게 했기 때문에 더욱 그러하다. 한편 이 술은 영국 왕 에드워드 7세가 좋아했던 것으로 어떤 의미에서 웨더스는 얄밉게도 패링턴에게 영국 왕 행세를 하고 있는 셈이다.

"웨더스"는 두드러지게 영국적인 이름이다. 패링튼은 "민족의 명예를 걸고" 그와 팔씨름을 하지만 두 번 다 지고 만다. 「경주가 끝난 뒤」에서 아일랜드인 지미가 영국인 라우쓰에게 카드게임에서 지듯이 그가 영국인에게 지는 것은 현재의 아일랜드가 영국에게 "힘의 대결"에서 무력함을 암시하는 듯하다. 패링튼의 "진한 포도주색 얼굴은 그런 애송이에게 패배한 것에 대한 분노와 치욕으로 더욱 진하게 달아올랐다". 패링튼은 직장에서 그보다 훨씬 작은 체구의 알레인씨 앞에서 멸시를 당했고 이제 술집에서 공개적으로 그보다 훨씬 어린 사람에게 수치를 당한 것이다. 더구나 웨더스라는 이름은 어원적으로 "거세된 남자"를 의미하므로 평소 힘깨나 쓴다고 자부하던 패링턴의 수치심은 말로 표현할 수 없을 정도였을 것이다.

그가 술집에서 나와서 집으로 가는 전차를 기다리고 서 있을 때 그는 다시 이름 대신 "한 남자("a man")"로 전락한다. 그것은 그가 술에 취해 늦게 귀가하는 많은 더블린의 아버지들을 대표하는 보통명사가 되었기 때문이기도 할까? 「에블린」에서의 에블린의 아버지나 은총의 커넌씨 같은 그런 아버지들 말이다.

> 매우 부루퉁한 표정의 한 남자가 집으로 향하는 조그마한 샌디마운트 전차를 기다리며 오코넬 다리의 모퉁이에 서 있었다. 그는 마음에 쌓인 노여움과 불타는 복수심으로 가득 차 있었다. 그는 수치스럽고 불만스러웠다. 술에 취한 느낌조차도 없었다. 그리고 주머니에는 단지 2 펜스밖에 들어 있지 않았다. 그는 모든 것을 저주했다. 회사에서는 끝장이 났고 시계는 전당포에 잡혔으며 돈은 다 써버렸다. 그런데도 술에 취하지 조차 못했다. . . . 그는 애송이 따위에게 두 번이나 패함으로써 강한 남자라는 평판을 잃었다. 그의 가슴은 분노로 치밀어 올랐고, 그를 스치고 지나가며 "미안해요"라고 말했던 큰 모자를 쓴 여자를 생각하자 분노가 치밀어 그를 거의 질식시킬 지경이었다.

그가 집에 도착했을 때에는 그 동안에 축적된 분노가 폭발하기 직전이었다. 그런데 아내가 부재한 집에는 그의 저녁식사가 준비되어 있지 않았을 뿐만 아니라 부엌 불이 거의 꺼져 있었다. 이 끝 장면에서 그는 시작 장면의 알레인씨와 대응을 이룬다. 알레인씨의 목소리가 "격노한"(furious)한 것이었듯이, 패링튼도 (이 때는 그의 동물적 남성성을 강조하기나 하듯이 혹은 모든 위협적인 술주정뱅이 아버지들을 가리키기나 하듯이 다시 "그 남자"[the man]로 지칭된다) 미친 듯이 노하여("furiously") 아들에게 달려든다. 또한 알레인씨가 패링튼의 말("셀리씨가 그러는데요"[Mr Shelley said, sir])을 흉내 내며 그를 경멸하였듯이, 패링튼도 아들의 말("성당에 가셨어요"[At the chapel])을 흉내 내며 그를 조롱

한다. 작품의 제목인 "대응"을 예시해 주는 장면이기도 하다. 또한 아일랜드를 지배하는 두 이데올로기를 영국 제국주의와 가톨릭 신앙이라 보았을 때 작품의 시작은 알레인씨로 대표되는 영국 제국주의에 의한 통제를 보여주고 있고 작품의 끝은 또 다른 축인 가톨릭 신앙에 의한 통제를 보여주고 있다. 아내는 위로를 얻기 위해 교회에 갔고 아버지의 지팡이에 맞아 고통과 공포에 가득 찬 아들도 위기로부터의 구원을 성모 마리아에게서 찾고자 한다. "오 아빠! 때리지 마세요! 제가 아빠를 위해 성모 마리아 기도를 드릴게요. . .때리지 않으시면 성모 마리아 기도를 드릴게요. . .성모 마리아 기도를 드릴게요 . . ." 하지만 아들의 부르짖음은 공허하게 울려 퍼질 뿐이다. 아들에게 "빠져나갈 길"은 전혀 보이지 않는다. 마찬가지로 패링튼으로 대표되는 아일랜드인에게 정치 경제적 자립은 요원할 뿐이다.

10. 「진흙」(Clay)

『더블린 사람들』의 10번째 이야기는 1900년대 초기의 더블린에서 만성절(Hallowmas 혹은 All Saint's Day)의 전야인 할로윈(Halloween) 저녁에 일어난다. 원래는 "크리스마스 이브"(Christmas Eve)라는 이름으로 집필되었다가 미완성된 채 팽개쳐진 후 "할로윈 이브"(Hallow Eve)라는 이름으로 바뀌어 1905년에 완성되었고, 마침내 "진흙"이라는 작품명으로 최종 결정되었다(Ellmann 189). 이 제목이 작품과 어떤 관계가 있는지는 이야기 속의 점치기 게임에서 마리아가 눈을 가린 채 선택하게 된 "말랑말랑하고 축축한 물질"(soft wet substance)이 진흙이라는 것을 알기 전에는 파악하기 어렵다. 그리고 그녀가 선택한 진흙이 왜 이야기의 제목이 될 정도로 중요한지에 대해서도 그녀가 어떠한 삶을 살아왔는지를 알기 전에는 이해하기 어렵다. 게임에서 진흙은 죽음을 예언하므로 그녀가 일 년 이내에 곧 죽을 것이라는 것을 말해준다고 한다면 지나치게 단순한 논리일 것이다. 진흙은 그녀가 살아있으되 죽은 것이나 다름없는 삶을 살아 왔고 앞으로도 그러한 삶을 살 것이라는 것을 보여준다고 해야 할 것이다. 또한 그녀가 다시 시도한 점치기에서 집어든 기도서는 그녀가 수녀원에 들어갈 것을 예언해 준다. 그것은 그녀가 현재 부엌 보조로 일하고 있는 세탁소에서 수도원에서 사는 것이나 다름없는 삶을 살고 있고 그것은 계속될 것이라는 것을 암시해준다. 두 예언 모두 결혼 등을 통한 변화에 대한 그녀의 희망을 봉쇄하는 것이다.

그녀의 이름도 암시하고 있듯이 「진흙」의 마리아는 최소한 표면적으로는 성모 마리아에 근접해 있는 듯이 보인다. 그녀는 여자들이 다툴 때마다 "항상" 불려갔고 그때마다 그들을 화해시키는데 성공했다. 그래서 감독 아주머니는 그녀를 "진짜 화평케 하는 자"(veritable peace-maker)라고 불렀고, 당연히 "모든 사람들이 그녀를 좋아했다". 그리고 그녀가 유모로서 돌보았던 조(Joe)는 그녀가 "진짜 어머니"(proper mother)라고 말함으로써 친자식이 없는 그녀에게 만족감을 안겨준다. 또한 "어머니"라는 단어는 "화평케 하는 자"라는 호칭과 연합하여 성모 마리아의 어머니 상을 떠오르게 한다. 여기서 벌써 "진짜"라는 두 개의 수식어가 그녀의 호칭 앞에 붙어서 그 호칭이 "진짜"임을 강조한다. 그러나 지나친 강조는 그 말의 진위(眞僞) 여부에 대해 의혹을 품게 하는 법이다. 그녀는 조의 집에서 그녀가 보살폈던 앨피(Alphy)와 조의 형제가 말도 하지 않고 지내는 사이임을 알고 둘을 화해시키려고 하지만 실패한다.

> 마리아는 앨피를 위해 좋은 말을 해주리라 생각했다. 그러나 조는 자기가 다시 한 번 형에게 말을 거느니 벼락을 맞아 죽는 편이 나을 거라고 소리를 질렀고 마리아는 그 일을 괜히 꺼내서 미안하다고 말했다. 도널리 부인은 남편에게 남편이 자기 혈육에 대해서 그런 식으로 말하는 것은 수치스러운 일이라고 말했지만 조는 앨피 같은 사람은 형제도 아니라고 말했고 이 일로 거의 싸움이 일어날 뻔하였다.

여기서 그녀는 "항상" 화해를 이루어내는 "화평케 하는 자"가 아님이 단번에 드러난다. 이 경우만이 예외라고 생각하기 어려운 것은 이것이 이 이야기에서 그녀가 유일하게 화해를 시도한 경우이고, 이 시도에서 그녀는 오히려 싸움을 붙일 뻔했기 때문이다. 그렇다면 이야기의 시작부분에 반복해서 등장하는 "항상"(always)이라는 단어는 "진짜"라는 단어와 함께 오히려 피상적으로 받아들여졌던 마리아의 가장된 정체를 허물어뜨리는 구실을 한다.

마리아가 조의 "진짜" 어머니가 되지 못한다는 것은 그녀가 조의 아내를 계속 "도널리 부인"(Mrs Donnelly)이라고 어려운 상대를 대하듯이 부르는 것에서도 볼 수 있다. 그것은 남편이 옛 유모에게 집착하는 것에 화가 난 조의 아내가 그녀를 남편의 전 유모 이상으로 받아들이지 않고 그녀를 대하기 때문일 것이라는 것을 추측할 수 있다. 혹은 가세가 기울면서 조 혹은 그의 아내가 마리아를 현재의 세탁소라는 수용시설로 내보냈다고 생각할 수 있다. 그렇다면 "진짜 어머니"라는 이미지는 단지 마리아가 스스로 믿고 싶고, 다른 사람들에게 보여주고 싶은 자기광고용 이미지에 불과할 것이다. 왜냐하면 이 세탁소는 하루 저녁 외출을 위해서도 허락을 받아야 하는 감옥과 같은 수용시설이어서 "진짜 어머니"를 맡길 수 있는 곳이 아니기 때문이다.

따라서, 노리스(Margot Norris)의 지적대로, 비록 이 이야기가 3인칭 시점으로 서술되고 있지만 사실상은 마리아가, 더 구체적으로 말하자면, "마리아의 욕망의 언어가" 말을 하고 있다고 할 수 있다(1992, 123). 이야기의 어조와 언어가 마리아의 (무)의식에 의해서 큰 영향을 받고 있다는 말이다. 그렇다면 그녀의 욕망을 드러내 주는 텍스트의 어휘는 어떤 특징을 지니고 있을까? 먼저 "항상"이라든지 "진짜"라는 단어들이 애용된다는 것은 말한바 있다. 또한 "nice"(좋은, 훌륭한, 멋있는, 만족스러운)라는 단어는 이 작품에서 가장 많이 반복되는 형용사이다. 웨일즈(Katie Wales)가 지적하듯이, 이 단어는 『더블린 사람들』 전체를 통해 29회밖에 나오지 않는데 반해 「진흙」에서만 12회나 사용되고 있다는 점에 주목할 필요가 있다(45). 이 형용사는 작품 곳곳에 산재(散在)해 있으면서 마치 그녀의 삶 자체가 만족스러운(nice) 것일 것이라는 인상을 주는 듯하다. 하지만 이 단어가 사용되고 있는 문맥을 살펴보면 이러한 인상이 현실에서 증명되지 않는 것으로 판명된다. 예를 들면, 마리아는 "아이들이 노래 부르는 오늘 저녁이 얼마나 멋있는(nice) 저녁이 될 것인가!"라고 단정하듯이 그 날 저녁을 기대하지만 사실은 정반대로 아이들의 놀이에서 놀림을 당한 것이나 다름없는 씁쓸한 저녁을 보내게 된다. 또한 조의 아내가 그녀에게 얼마나 "친절하게"(nice) 대해주는지에 대해서도 쓰고 있지만 형식적인 친절함만이 발견될 뿐이다. 무엇보다도, 그녀는 거울에 비친 자신의 모습을 보고 자신이 "비록 세월이 흘렀어도 멋있고(nice) 말쑥한 작은 몸매"를 가지고 있다고 생각한다. 그러나 이것은 그녀가 "매우 매우 작은 사람"이고 "매우 긴 코와 매우 긴 턱"을 기형적으로 가지고 있는 사람이라는 점에서 의아하게 들릴 뿐이다.

여기서 주목할 만한 것은 그녀가 "이상야릇한 애정을 가지고" 거울 속의 자기 모습을 바라보았다는 점이다. 그녀는 나중에 조의 집에서 눈가리개로 눈을 가리고 게임을 하게 되지만, 여기서 그녀는 객관적 현실을 눈가리개로 가린 채 자신에 대한 애정을 가지고 거울을 바라본 것이라고 할 수 있다. 그리고 어떤 의미에서 이 작품에서 그녀는 그녀의 삶을 (동화 속의) 환상의 거울에 비춘 것이라 볼 수 있다. 이와 유사한 맥락에서, 웨일즈는 단순한 어휘와 접속어로 이루어져 있는 이 작품이 환상의 "동화"를 떠올리게 한다고 말한다(47). 예를 들면, "매우 매우 작은 사람" 같은 표현은 동화에서나 흔히 볼 수 있는 표현이다. 실제로 이 작품에서 다루고 있는 주인공이 동화 속의 어린이처럼 매우 작고 또한 어른의 허락을 받아야 밖에 나갈 수 있는 어린이처럼 살고 있다는 점은 흥미롭다. 또한 작품의 문체가 어린이 마음을 가진 어른이 어린이에게 이야기를 들려줄 때 쓰는 것과 같은데, 이는 지나치게 순진하고 천진한 마리아와 어울린다.

그러나 더욱 중요한 것은 그녀가 인생을 바라보는 시각에도 어린이 같은 단순함이 자리 잡고 있고 그것이 문장 구조에도 잘 나타나 있다는 것이다. 즉 부정적인 말이 나오면 즉시 "그러나"(but)라는 접속어가 따라 나와 긍정적인 말로 앞의 말을 덮어버린다. 그것은 그녀가 거울에서 자신의 기형적인 얼굴을 보는 대신 애정을 가지고 그녀의 몸매를 보며 만족해하는 것과 같다. 그녀는 삶에서 부정적이고 추한 요소가 튀어나올 때마다 필사적으로 즉시 그것을 긍정의 언어로 세탁해버린다.

> 그녀는 개신교도들을 나쁜 사람들이라고 생각했었다. 그러나 이제 그녀는 그들이 매우 좋은 사람들이고, 약간은 조용하고 심각하긴 하지만 함께 살기에 매우 좋은 사람들이라고 생각했다. (필자의 밑줄)

아일랜드에서 개신교도들은 가톨릭교도들에게 화해할 수 없는 집단으로 간주되고, 따라서 그들이 운영하고 있는 세탁소에서 일하며 같이 살고 있는 가톨릭 신자 마리아는 이방인들의 집에 사는 나그네처럼 불편할 것임에도 불구하고, 그녀는 즉시 "좋은"(nice)라는 말을 반복해서 사용함으로써 그렇지 않다는 것을 강조한다.

> 그녀가 좋아하지 않는 것이 한 가지 있었는데, 그것은 벽에 붙어 있는 종교적 팸플릿이었다. 그러나 감독 아주머니는 대하기에 그렇게 좋은 사람이었고 그렇게 점잖은 사람이었다. (필자의 밑줄)

가톨릭 신앙을 가지고 있는 그녀는 개신교의 종교적 팸플릿을 볼 때마다 자신이 개신교도들 사이에 있음이 확인되어서 싫었는지 모른다. 혹은 벽의 성경구절이 이 세탁소에서 일하고 있는 개심한 창녀들을 대상으로 씌어졌으므로 그 구절을 대할 때마다 자신이 어떤 사람들과 같이 있는지 상기되어서 마음이 언짢았는지 모른다. 그러나 이러한 분위기에서도 그녀는 "좋은" 감독 아주머니를 찾아낸다. 이와 같은 문장 구조는—아니, 이것은 그녀의 의식이 서술로 표출된 것이므로 그녀의 심리 구조라고 해야 더 적절할 것이다—이 밖에도 많이 발견된다. 이런 맥락에서, 노리스가 「진흙」이라는 텍스트는 "붕대로 싸맨 상처, 고통스럽게 보는 것을 막아주는 눈가리개"의 기능을 한다(1987, 119)고 한 것은 적절하다. 이러한 문장구조는 상처가 드러나 보이지 않도록, 다시 말해서, 독자가 그 애처로운 부분을 보지 않도록 가려주는 구실을 하려하기 때문이다.

커쉬너(Kershner)는 “「대응」이 언어적 공격(linguistic aggression)의 본보기라면, 「진흙」은 긍정적 유화(affirmative appeasement)의 모범이다” 라고 진단하면서, 마리아가 다른 사람들의 말에 어떤 반항심도 보이려 하지 않는 점을 지적한다(105). 그것에 대한 증거는 그녀가 말하는 습관에서도 찾아볼 수 있는데, “그녀는 약간 코맹맹이 소리로 항상 달래듯이(soothingly) 말했다”. 따라서 조와 그의 아내가 그녀에게 술을 권했을 때 처음에는 권하지 말아 주었으면 좋겠다고 완곡하게 거절하지만 조가 고집스럽게 나오자, “마리아는 그가 하는 대로 내버려두었다”. 즉 그녀는 상대방과 의견의 갈등이 생긴 경우 그 상대를 공격하는 대신 그를 달래는 쪽을 선택하는 것이다. 결국 그녀에게는 “자신의 생각이나 소원은 없고, 항상 다른 사람들의 마음과 소원을 따르기를 좋아하며” (울프 Woolf 285) 남자 앞에서 얼굴을 붉히는 빅토리아 시대의 “집안의 천사”(Angel in the House)같은 요소가 있다. 마리아는 그 당시 가부장제 사회에서 칭송 받는 이런 여자의 모습을 자신의 거울에서 보고 싶은 것이고 그러한 욕망이 문장 속에 스며들어 있다고 볼 수 있다. 사실상 그녀는 과거에 앨피와 조를 기르는 헌신적인 어머니의 역할을 했었고 조도 작품의 끝 부분에서 “옛날 같은 때는 없다”며 과거에 마리아와 같이 살 때 그녀가 집안의 천사처럼 “가정의 어려운 일들을 잘 돌보았을”(Woolf 285)가능성을 암시하고 있다. 그러나 “집안의 천사”로서의 그녀의 이미지는 이미 돌이킬 수 없는 희미한 과거 속에 추측으로서만 존재하는 것이고 현재의 그녀에게는 전혀 어울리지 않는 것이며 더욱이 미래에는 불가능한 것이다. 왜냐하면 우선 그녀에게는 글자 그대로 집안의 천사에게 기본적으로 있어야 할 집과 가족이 없기 때문이다. 그녀는 전직 창녀들과 같이 사는 전직 유모로서 집안으로부터의 추방자에 불과하다. 그녀의 결혼은 영원히 연기될 것이고 그녀가 꿈꾸는 이미지는 영원히 실현되지 않을 것이다.

그녀는 임신 가능한 나이를 넘긴 처녀이기 때문에 (즉 아내나 어머니가 될 수 없기 때문에) 19세기 말 더블린의 가부장 문화에서는 가치 없는 존재, 아니 죽은 존재나 다름없다. 이와 같은 사회의 "사형" 선고에 대한 방어기제로서 마리아는 자신이 조에게 "진짜 어머니" 같은 위치를 차지한다는 것을 강조하고 싶어 하고 아직도 남자의 관심을 끌 수 있다는 것을 인정하고 싶어 한다. 그녀가 "벨파스트로부터의 선물"이라고 쓰인 지갑을 "매우 좋아하고" 자랑스럽게 꺼내놓는 것은 앨피와 조가 아직도 그녀를 잊지 않고 있다는 것을 (독자들에게) 보여주고 싶고 또한 자신에게도 환기시키고 싶어서일 것이다. 리치 플레밍(Lizzy Fleming)이 놀리기 위해서 (적령기를 훨씬 넘은 처녀에게 결혼할 것이라는 말은 농담이 아니고 무엇이겠는가?) 오늘 밤 마리아가 분명히 (일 년 안에 결혼할 것을 의미하는) 반지를 찾을 거라고 말할 때 그녀는 "수줍음"으로 눈을 반짝거리며 웃는다. 또한 제과점에서 점원이 그녀가 사려고 하는 케이크가 "결혼식용 케이크"냐고 묻자 그녀는 "얼굴을 붉히고" 미소를 짓는다. 아마 점원은 그녀가 당연히 딸의 결혼 케이크를 사러 온 어머니일 것으로 생각했을 것인데, 마리아는 자신의 결혼에 대해서 말한 것으로 여긴 것일 것이다 (아니 더 정확하게 말하자면, 이러한 사실을 마리아도 알고 있지만 고의적으로 오해한 것이거나, 아니면 독자에게 그렇게 보이도록 한 것은 아닐까?). 이것은 할로윈의 점치기 게임에서 반지를 집은 조의 옆집 소녀가 얼굴을 붉히는 것과 유사하면서도 대조가 되어 흥미롭다. 마리아는 이런 젊은 소녀가 속한 집단으로부터 자신이 아직 추방되지 않았다고 믿고 싶은 것이다.

그래서 그녀는 거울에서 자신의 몸매를 그렇게 보았듯이, 드럼콘드라(Drumcondra)행 전차에서 만난 노인이 자신의 "말쑥한 작은 몸매"를 바라보고 있다고 생각한다. "청년들이 아무도 그녀를 보지 못했는데" 이 노인이 자리를 마련해 주었다는데서, 그녀는 이미 젊은 남성들의 시선을 끌 수 없는 존재가 되었고 노인의 범주에 그녀의 자리가 마련되어 있다는 것을 알 수 있다. 그러나 그녀는 이러한 노소의 구분을 본능적으로 거부하고, 자신이 아직도 여성이라는 범주에 속한다는 생각에 매달리며 남녀의 구분을 하려한다. 따라서 노인이 젊은이들보다 "얼마나 더 예의 바른가"를 강조함으로써 이들을 구분하는 기준이 노소에 있지 않음을 보여주려 한다. 더욱이, 그녀는 가부장제 사회가 정의하는 여성에 맞는 자신의 모습을 드러냄으로써 자신이 이 사회에서 여성으로서 가치가 있음을 보여주려 한다. 따라서 그가 말할 때 그녀는 "얌전하게 고개를 끄덕이고 흠하고 가볍게 소리를 내면서 그에게 동의하고 호의를 보였다". 그녀는 버스에서 내릴 때 먼저 고개를 끄덕이고 공손하게 인사를 하기도 한다. 이 장면에서 가부장사회의 산물인 마리아는 그 사회의 전형적인 여성의 모습을 보여주고 있다고 할 수 있다. 그녀는 아무런 의견도 없이 남자의 얘기를 다소곳이 들으면서 항상 동의할 준비가 되어있는 것처럼 보인다. 또한 그녀는 건장한 남자와 "매우 매우 작은" 자신과의 사이에 놓여있는 신분상의 차이를 느끼고 있는데, 그것은 그녀가 그를 "대령쯤으로 보이는 신사"로 묘사한데서도 알 수 있다. 여기서 "대령"이란 명령하는 직위를 나타내는 단어로서 가부장 사회의 남자에게 어울리는 것이다.

마리아는 사회가 구분하는 가치 있는 여성의 범주에 속하고 싶기 때문에 그 남자를 사회에서 가치판단을 내리는 계층의 신사로 상정하고 있는 듯이 보인다. 이 "신사"가 그녀를 인정해주면 그녀는 정당하게 사회의 가치 있는 여성으로서 인정을 받는 것이기 때문이다. 그러나 그녀의 서술 틈 사이에 보이는 현실은 그녀의 시각에서 그려진 것과 전혀 다르다. 그녀에게는 당시의 사회가 가치를 부여하는 아름다움, 남편, 아이들, 가정, 부, 사회적 신분 그 모든 것이 결여되어 있다. 비록 그녀가 대수롭지 않다는 듯이 지나가면서 "그가 약간 술이 취했다"고 말하긴 하지만, 그녀가 이미 결혼 불가능한 여자인 것과 마찬가지로 그 남자가 실제로 "대령"이나 "신사"라기 보다는 수다스러운 늙은 술주정뱅이에 불과할 것이라는 것을 짐작할 수 있다. 그녀는 조의 집에 도착해서 건포도 케이크를 버스에 두고 내린 것을 발견했을 때, "그 회색빛이 도는 수염을 한 신사가 얼마나 그녀를 당황하게 했던가를 기억하고 부끄러움과 곤혹스러움, 그리고 실망으로 얼굴을 붉혔다". 그녀는 그 동안 여자들만 사는 세탁소에 살면서 남자를 만나본 적이 거의 없었고 비록 수다스러운 술주정뱅이 노인이긴 하지만 이성으로부터 이처럼 "매우 친절하게"(물론 그녀의 관점에서) 대접받아본 적이 없기 때문에 건포도 케이크를 두고 내릴 정도로 당황한 것이다.

마리아는 버스 속의 술 취한 노인을 "대령"같은 존재로 인정하고 싶어한다. 틴덜(William York Tindall)은 이 대령을 "영국인 대령"으로 잘못 읽는 실수를 저질러 노리스에게 지적을 당하지만(1992, 120), 자신을 과대포장해서 보이고 싶어 하는 그녀의 욕망을 고려해 볼 때, "영국인"이라는 낱말, 즉 텍스트에 존재하지는 않지만 암시적으로 지배집단을 나타내는 낱말을 괄호에 넣고 읽어도 무리는 아닐 것이다. 왜냐하면 마리아는 그를 그의 안목, 가치관, 관점 등이 사회에서 존중되고 심지어는 강요되는 그런 대단한 존재로 설정하고 싶어 하지만, 그는 그녀의 견해와 상관없이 그의 안목이 무시되는 술주정뱅이로서 객관적으로 존재할 것이기 때문이다. 만약 대령처럼 보였던 노인에게 서술자의 특혜가 주어졌다면 그는 마리아를 어떻게 평가했을까? 아무리 술 취했다 한들 그녀의 절망적인 나이나 외모가 보이지 않았겠는가? 마리아가 전차에 두고 내린 건포도 케이크가 헨크(Henke)의 표현대로 그 "신사"에게 바쳐진 그녀의 "무의식적인 선물"(34)이라면 그것은 그녀를 인정해준 것에 대한 보답으로 바쳐진 것일까, 아니면 자신이 자신의 비참한 현실에 눈감듯이 그녀에 관해서 말하지 말아달라는 무의식적인 부탁의 선물이었을까? 어쨌든 마리아는 조의 가족을 기쁘게 해 줄 "무언가 매우 근사한 것"으로서 케이크를 산 것이고 그것은 목적지에 도착하기 전에 상실되었다. 그녀의 여행은 이미 실패하도록 되어있는 것이었고, 그것은 그녀의 삶에 대해서도 마찬가지였다. 그녀가 아이들과의 게임에서 죽음을 상징하는 진흙을 선택하지 않았더라도 그녀의 인생은 이미 불구가 되어 있었다.

마리아는 조 부부의 간청에 못 이겨 노래를 부른다. 그녀는 1절을 부른 다음 2절로 가지 않고 다시 1절을 반복하지만 아무도 그녀의 실수를 지적하려 하지 않는다. 노래는 부, 권력, 사랑에 대한 꿈을 노래한 것인데 특히 2절은 그녀의 현실과 지나치게 동떨어져 있는 내용의 가사를 담고 있는 것으로 그녀가 무의식적으로 자신도 모르게 그 부분을 회피하게 되었는지 모른다.

> 나는 구혼자들이 청혼하는 꿈을 꾸었네,
> 무릎을 꿇은 기사들이.
> 어떤 처녀도 물리칠 수 없을 서약으로
> 그들은 나에게 그들의 진심을 맹세했네.

2절 가사의 전반부는 수많은 귀족 청년들이 청혼을 한다는 내용을 담고 있어 술 취한 노인의 친절한 말에도 감지덕지하는 마리아에게는 너무나 거리가 먼 이야기이다. 그녀는 자신의 어두운 면을 눈 가리는 천으로 가리고 보지 않으려고 할 뿐만 아니라 또 그것을 노래(말)하지 않으려 한 것인지 모른다. 그렇게 한 이유는 단 한 가지일 것이다. 진실을 감당할 수 없기에. 오늘 선택한 "진흙"이 상징하는, 죽음과 다를 바 없는 자신의 현재의 삶을 직시할 수 없기에.

11. 「가슴 아픈 사건」(A Painful Case)

조이스는 동생 스태니스로스가 경구(警句)같은 것을 적어놓은 일기를 읽고 냉소적으로 그 일기장을 당시의 여성용 변비완화제인 "바일 빈스"(Bile Beans)라 이름 지었다. 그리고 그는 이 작품에서 이 일기장 이름이라든지 그의 경구들-예컨대, "모든 인연은 슬픔을 가져오는 인연이다" 같은 것-을 잘 활용하고 있다. 또한 스태니스로스가 음악회에서 한 여성을 만나 대화를 나누었던 에피소드도 이 이야기의 중요한 요소이다(Beck 220). 조이스는 한때 이 이야기를 「경주가 끝난 뒤」와 더불어 함량이 가장 미달되는 작품으로 생각했다(Ellmann 229). 「경주가 끝난 뒤」가 자신과 너무 동떨어져 있는 신흥 부유층을 다루었다면 이 이야기는 자신과 너무나 가까운 동생과 관련된 에피소드를 집어넣었기 때문일까? 하지만 스태니스로스와 이 이야기의 주인공인 더피씨(Mr Duffy) 사이에는 닮은 점보다는 다른 점이 더 많이 있는 듯하다. 최소한 조이스의 동생은 더피씨처럼 인간혐오주의자(misanthrope)라든가 여성혐오주의자(misogynist)에 가까운 사람이 아니기 때문이다. 어쨌든 조이스에 의해서 가장 시원찮은 작품이라고 여겨졌기 때문에 그만큼 손이 많이 가서 결국 가장 많이 수정된 이야기이기도 하다.

제목은 시니코 부인(Mrs Sinico)의 처참한 죽음을 다룬 신문 기사의 부제에서 따온 것으로 부 검시관이 "이것은 가장 가슴 아픈 사건"이라고 말한 데에서 비롯된 것이다. 하지만 주인공인 더피씨도 가슴 아픈 삶을 살고 있으므로 "가슴 아픈 이야기"로, 혹은 그가 정신적으로 병적인 사례를 예시해주기 때문에 "애처로운 사례"로 번역될 수도 있을 것이다. 나아가서 이 제목은『더블린 사람들』에 나오는 모든 '가슴 아픈 사례/이야기'들을 가리킬 수도 있을 것이다. 이러한 점에서 제목은 한 가지 이상의 의미를 담고 있다고 볼 수 있다.

이야기는 주인공에게 초점이 맞추어져 있다. 더피씨는 "가능한 한 도시로부터 멀리 떨어진 곳에서 살고 싶었기 때문에" 채플리조드(Chapelizod)에서 살았다. 이 지명은 "Chapel Isod" 혹은 "Yseult's Chapel"이라는 고어에서 변한 형태이다(Connolly 108). 예배당을 뜻하는 "Chapel"이라는 단어는 그가 속세에서 떠난 중, 혹은 수도원의 독방에 사는 수도사처럼 금욕적인 삶을 산다는 것을 암시한다. (반면에 "Isod"는 트리스탄과 이졸데[Tristan and Isolde])의 원형적인 사랑을 가리킴으로써 그의 정열/사랑에 대한 가능성 [시니코 부인과의 만남]을 가리킨다). 그는 나중에 그가 깨닫듯이 "삶의 향연으로부터 추방된 사람"이다. 그것은 그가 살고 있는 방에 대한 묘사에서 분명하게 드러난다.

> 그는 오래된 음침한 집에서 살았다. . . . 양탄자가 깔려있지 않은 방의 높은 벽에는 그림이 하나도 걸려 있지 않았다. 그는 방에 놓여 있는 모든 가구를 직접 샀었다. 검은색 철제 침대 틀, 철제 세면대, 네 개의 등나무 의자, 옷걸이, 석탄 통, 난로 울과 난로용 제구, 정사각형 탁자 위에 놓여진 2인용 책상. 구석진 곳에 흰 목재 선반으로 만들어 놓은 책장. 침대는 하얀 침대보로 덮여 있었고 그 발치에는 검은색과 주홍색의 깔개가 깔려 있었다. 세면대 위에

는 조그만 손거울이 걸려있었고 낮 동안에는 하얀 갓이 씌워진 램프만이 벽난로의 유일한 장식품으로 놓여 있었다.

그의 방은 질서정연하게 정돈되어 있고, 생활필수품 외에는 장식품이 거의 없으며 주로 검은색과 흰색으로 된 수도원의 방 같은 곳이다. 색에 더 의미를 부여한다면 위의 인용문에서 유일하게 나오는 "주홍색"은 "정열/연정의 색"(Connolly 108)으로 나중에 더피씨가 시니코 부인에게 잠시 끌리는 것을 암시할 수 있을 것이다. 그러나 방의 전체적인 색은 이러한 열정을 억압하는 수도원의 흰색/검은색으로 되어 있으므로 결국 그가 이러한 정열을 거부할 것이라는 것을 시사한다. 이와 유사하게, 비록 그가 교회로부터 자유롭다고 하지만 『교리문답서』가 그의 책장의 맨 위 칸을 차지한다는 점에서 그의 종교적인 성향을 보여주고 있고 반면에 맨 아래 칸에 꽂혀 있는 낭만주의 시인 워즈워드(Wordsworth)의 시 전집은 그의 마음 깊숙한 곳에 낭만적 열정이 숨겨져 있음을 암시한다.

그의 방에 그림이 하나도 없다는 것은 그의 금욕주의적 성격을 나타낼 뿐만 아니라 지나칠 정도로 정돈/질서에 집착하고 있음을 보여준다. "그는 육체적 혹은 정신적 이상/혼란을 나타내는 것이면 어떤 것이든 혐오했다". 그래서 그의 생활은 마치 누군가의 감시를 받고 있는 생활처럼 질서정연하고 절도가 있다. 그는 "어떤 상황에서는 은행을 털 수도 있다고 생각하기도 했지만 그런 상황은 결코 오지 않았으므로 그의 삶은 평탄하게 흘러갔다". 이러한 질서는 스스로 자신을 감시하는데서 온다고 볼 수 있다. 그렇기 때문에 그는 때때로 마음속으로 자신을 제3자인 양 객관적으로 살피고 3인칭의 문장으로 자서전적인 글을 쓰기도 한다.

> 그는 그 자신의 행동을 의혹에 찬 곁눈질로 바라보면서, 그의 육체로부터 약간의 거리를 두고 살았다. 그는 이상야릇한 자서전적인 습관을 가지고 있었는데, 그것은 때때로 삼인칭으로 된 주어와 과거시제의 술어를 사용하여 자신에 관한 짧은 문장을 마음 속으로 쓰는 것이었다. 그는 거지들에게 결코 적선한 적이 없었고 단단한 개암나무 지팡이를 짚고서 흔들리지 않게 걸었다.

그의 책상 위에는 "황동 핀으로 철해진 얇은 종이 한 묶음"이 놓여 있었고 그 종이의 첫 쪽에는 여성용 변비완화제인 "바일 빈스" 광고문의 표제가 오려져 붙여 있었다. 이 종이에 그는 3인칭으로 된 자신에 관한 짧은 문장을 적는 것이었고 그것은 곧 자신 안에 집요하게 달라붙어 있는 자신에 대한 생각을 배설하는 것이었다. 이러한 배설은 긍정적으로 보면 자기 성찰이라고 할 수 있고 부정적으로 보면 자기 감시라고 할 수 있다. 그런데 이상한 것은 이렇게 자신에 대한 생각을 배설할수록 그는 자아 중심적으로 된다는 것이다. 그에게는 "동료도 친구도 교회도 신조도 없었다". 그는 거지들에게도 동정심을 보이지 않을 정도로 타인들에 대해 냉정하고 무관심하다. 그는 '천상천하 유아독존'(天上天下唯我獨尊)인양 항상 주위의 어떤 것에도 "흔들리지" 않고 걷는다. 그래서 어떤 비평가들은 그를 작품의 끝부분에 나오는 "화물열차의 엔진"과 동일시하기도 한다. 사실 그는 마치 레일 위를 따라 규칙적으로 움직이는 기차 엔진처럼 정해진 궤도를 돈다. 그렇기 때문에 그의 삶은 "모험이 없는 이야기"(adventureless tale)와 같은 것이었다.

> 그는 수년 동안 배겉 가에 있는 민영은행의 현금출납원으로 일해 왔다. 그는 매일 아침 전차로 채플리조드로부터 출근했다. 그는 점심때면 댄 버크 식당에 가서 식사를 했다. . . . 그는 4시에 퇴근을 했다. 그는 죠지가에 있는 한 식당에서 저녁식사를 했다. . . . 그는 저녁시간을 집주인의 피아노 앞에서 혹은 도시 근교를 어슬렁거리며 보냈다.

이처럼 판에 박힌 일상생활 가운데에서 모차르트의 음악을 좋아하는 그는 가끔 오페라나 음악회에 갔고 그것이 "그의 삶의 유일한 도락(道樂)"이었다. 시니코 부인과의 만남도 음악회에서 이루어졌다. 그는 우연히 두 여인들(모녀) 옆에 앉게 되었고 너무 적은 관중 수에 대해서 시니코 부인이 "이렇게 손님이 적어서 어떡하나! 텅 빈 객석에 대고 노래를 하려면 아주 힘들텐데"라고 말하는 것을 듣는다. 이것이 이 이야기에 나오는 유일한 직접화법의 표현이다. 「파넬 추모일의 선거사무실」이 주로 대화로 구성되어 있는 것과 대조된다. 더피씨는 이 말을 "대화에 대한 초대로 받아들였다. 그리고 그녀가 별로 어색해하지 않는 것에 대해서 놀랐다". 「진흙」에서 남자에 대한 경험이 전혀 없는 마리아가 버스에서 만난 술 취한 노인의 수다를 대화로 받아들이듯이 아마 여자에 대한 경험이 전혀 없는 더피씨도 그냥 던진 여인의 말을 대화로의 초대로 받아들인 것일 것이다. 그는 그녀를 다시 음악회에서 만난다. 그리고 그녀가 대화중에 자기 남편을 한두 번 언급했지만 더피씨에게 "경고"를 하기 위한 어조는 아니었다. 그 이유는 더블린과 네덜란드를 왕복하는 상선의 선장인 남편이 거의 항상 집에 없을 뿐만 아니라 집에 있을 때에도 그녀에게 애정을 보여주지 않기 때문이었을 것이다. 그런 점에서 그녀는 이중적인 외로움 속에 놓여 있는 여인이었다. 남편은 밀회를 싫어하는 더피씨가 집으로 오는 것을 오히려 좋아했는데, 그것은 더피씨가 아내보다는 딸에게 관심이 있다고 생각했기 때문이다. 남편은 이미 아내를 한물 간 사람으로 내놓은 터라 아내에게 관심을 갖는 남자란 없을 것이라고 생각했다. 시니코 부인은 더피씨가 남편과의 허물어진 관계가 남겨놓은 그녀 안의 공허함을 채워주기를 기대했을 것이다. 더피씨가 남편보다 오히려 더 차가운 남자로 판명된 것은 아이러니이다. 아무튼 이 관계조차도 허물어졌을 때 그녀의 절망은 그만큼 더 컸을 것이고 자살이라는 최악의 선택을 하지 않으면 안 되었을 것이다.

다른 사람들과의 교류를 전혀 하지 않고 자기 충족적으로 살던 더피씨는 자신의 마음을 시니코 부인에게 조금씩 열기 시작하며 그의 생각을 그녀와 나누게 된다. 그녀는 그가 말하는 "모든 것에 귀를 기울였다". 자신의 생각을 "바일 빈스"에 배출했던 그가 이제 시니코 부인에게로 대상을 바꾼 것이다. 그녀는 그에게 단지 그의 생각의 배설을 수용해줄 도구로서 필요한 존재이었는지 모른다. 그들은 자주 더블린 교외의 그녀의 집에서 만났는데 그 장소를 "고해실"이라고 부르는 것으로 보아도 그가 그녀와 만나는 이유가 그 자신 안에 쌓여 있는 생각을 토해내기 위한 것이었다는 것을 알 수 있다. 그녀가 왜 그의 생각을 발표하지 않느냐고 묻자 그는 "60초 동안도 논리적인 생각을 지속할 수 없는, 미사여구 꾼들과 경쟁"하거나 "도덕은 경찰에 예술은 흥행주에 위탁하는 우둔한 중산층의 비판"을 받고 싶지 않다고 대답한다. 중산층에 대한 그의 경멸(과 그들에 대한 그의 우월감)은 이야기 시작부분에서 이들을 "천박하고 현대적이며 잘난 체하는" 사람들이기 때문에 이들로부터 멀리 떨어져서 산다고 말하는 데에서도 드러난다. 그는 자신이 천박한 중산층보다 수준 높은 사람이라고 믿고 자신의 생각을 그들에게 노출시키는 대신 자신의 개인적인 노트나 "고해자"에게 고백하는 것이다. 그래서 그녀는 "그의 고해신부(confessor)"가 되고 그녀는 그에게 그의 본성을 숨기지 말고 다 드러내 놓으라고 말한다.

그녀와 함께 하는 것은 "외래종 식물 주위에 따뜻한 흙"이 있는 것과 같았다. 그녀는 다루기 힘든 외래종 식물을 감싸주는 흙 같은 존재가 된 것이다. 특히 어두운 방에서 둘만이 음악을 들을 때 둘은 하나로 결합되는 듯했다. 이 결합은 "그의 마음을 고조시켰고, 그의 거친 날카로운 성품을 둥글둥글하게 만들었으며, 그의 딱딱한 삶에 감정을 불어넣었다". 그리고 그는 "자신이 그녀의 눈에 천사만큼이나 대단하게 보일 것이라고 생각했다". 더피씨의 자기중심적이고 이기적인 측면, 그리고 그의 우월감이 잘 드러나는 부분이다. 그는 자신의 "고해신부"로서 뿐만 아니라 자신의 이상적 자아를 보도록 해줄 도구로서 그녀가 필요했던 것이다. 또한 전통적인 가부장제적 의식에 따라 스스로가 철학자라는 착각 속에 사는 그는 자신을 '정신' 혹은 '이성'으로, 시니코 부인/여성을 상대적으로 열등한 '감정' 혹은 '육체'로 이분하여 생각한 듯하다. 그렇기 때문에 그는 둘이 있을 때조차도 가끔 그녀의 생각이 아닌 그 자신의 이성/정신/영혼의 목소리를 듣는다. 그리고 육체로서의 여성이 그녀를 지배한다고 생각할 때 그는 그녀를 떠나게 된다. 어느 날 밤 그녀가 "그의 손을 열렬하게 붙잡고 그녀의 뺨에 갖다 대고 누르면서 평소와 달리 흥분되어 있다는 여러 가지 표시"를 보임으로써 그녀가 그의 생각의 배설을 위한 용기(容器)로서의 역할을 넘어 자신의 욕망을 표현하자 그는 둘의 관계를 청산하기로 작정한다. 그녀의 정열/혼돈/육체가 그의 지나칠 정도로 정돈된 세계에 침입한 것이었다. 아이로니컬하게도 그는 넘지 않아야 할 예의범절의 선을 넘는 여성을 용납하지 못함으로써 그가 싫어하는 중산층의 윤리를 철저히 지킨 것이다. (참고로 시니코 부인의 이름 중 "sin"은 유부녀가 외간남자를 만나는 죄를 암시할 수도 있을 것이다).

그들은 "고해실" 즉 그녀의 집이 아닌 다른 곳에서 만나 그들의 관계를 청산하기로 한다. 그들이 전차를 타기 위해 조용히 걸어 나올 때 그녀가 "너무 격렬하게 몸을 떨기 시작하자", 그는 "그녀가 실신할까 겁이 나 서둘러 작별인사를 하고 그녀를 떠난다". 여기서 상대방보다는 자신의 입장만을 생각하는 그의 이기적인 요소가 그들 만남의 마지막을 장식하는 것을 볼 수 있다.

그는 다시 습관적인 일상으로 돌아오고 한 동안 그녀를 잊는다. 그가 시니코 부인과 헤어지고 두 달 후에 책상 위의 노트에 쓴 문장은 "남자와 남자간의 사랑은 불가능하다. 왜냐하면 육체관계가 없어야 하기 때문이다. 남자와 여자간의 우정은 불가능하다. 왜냐하면 육체관계가 있어야 하기 때문이다"이다. 이 경구들에서 보았을 때 그는 이성애와 동성애 둘 다를 두려워하는 듯하다. 그에게는 오로지 나르시스트적인 자아 사랑만이 있을 뿐이다. 그가 타인을 받아들이며 사랑하지 못함으로써 보여주는 공감(empathy)의 결여는 그를 비윤리적인 인간으로 만든다.

4년이 지난 후 어느 날 저녁 더피씨는 신문에서 시니코 부인에 대한 기사를 읽게 된다. "시드니 퍼레이드에서의 한 여인의 죽음"이라는 제목의 기사는 시니코 부인이 선로를 건너려다(attempting to cross the line) 기차에 치여 죽었다는 내용을 전한다. 그녀는 앞서 이미 철로를 따라 감정 없이 달리는 기차 엔진 같은 더피씨와의 관계에서 "선을 넘으려다" 감정적으로 치명적인 상처를 입었었다. 그 일 이래로 그녀는 또 다른 알코올 중독자인「은총」의 커닝햄씨 부인처럼 술에 의지하여 살다 물리적인 기차에 치인 것이다. 이 두 사건이 연결되어 있다는 것은 신문기사에서 암시되어 있다. 그녀가 입은 상처는 "보통사람의 경우에 사망에 이르게 할 정도로 심한 것이 아니었다". 사인이 "충격과 심장마비"라는 의사의 소견에 비추어 보았을 때 그녀가 더피씨의 사랑의 거부로 인해 받은 심한 충격이 그녀의 죽음과 무관하지 않다는 것을 암시한다. 남편의 냉대와 애인 같은 친구 더피씨의 거부는 그녀로 하여금 자아의 삭제, 즉 자살에 이르게 한다. 더피씨는 처음에는 "그녀의 비참하고 악취 나는 악의 더러운 영역"을 생각하며 그녀의 죽음이 "그녀 자신의 품위를 떨어뜨렸을 뿐만 아니라 그의 품위도 떨어뜨렸다"며 그녀를 비난한다. 그리고 자신이 그녀에게 한 행동은 정당했다고 생각한다. 그러나 차츰 그녀를 동정하면서 자신에게 도덕적인 화살을 겨누기 시작한다. "이제 그녀가 사라지자 그는 밤이면 밤마다 그 방에 홀로 앉아 있어야 했던 그녀의 삶이 얼마나 외로웠을 것인지에 대해 이해했다". 나아가서 그는 "왜 그녀에게 삶을 주지 않았던가? 왜 그는 그녀에게 죽음을 선고했던가?" 라고 자문하기 시작하면서 그녀의 죽음에 대한 책임감을 느끼면서 그의 도덕성이 와르르 무너지는 것을 감지한다.

그는 공원에서 몰래 사랑을 나누는 젊은 남녀를 보며 시니코의 사랑을 거절한 자신이 허무한 삶을 살았음을 깨닫는 에피퍼니를 경험한다.

> 저들의 사고파는 은밀한 사랑이 그를 절망으로 가득 채웠다. 그는 자기가 살아온 삶의 경직된 꼿꼿함에 애태우며 후회했다. 그는 자신이 삶의 향연으로부터 추방당한 사람이라고 느꼈다. 한 인간이 그를 사랑했던 것 같았는데 그는 그녀에게 삶과 행복을 거부했다. 그는 그녀에게 치욕, 수치의 죽음을 선고했던 것이다. 그는 벽 옆에 엎드려 있는 남녀가 그를 지켜보고 있으며 그가 사라지기를 바란다는 것을 알았다. 그는 삶의 향연으로부터 추방된 사람이 아닌가.

그는 자신이 시니코 부인의 사랑의 제안을 받아들이지 않음으로써 그녀에게 새로운 삶을 허용하지 않았을 뿐만 아니라 자신에게도 삶을 거부했다는 것을 깨닫는다. 그 때 지나가는 화물열차가 내는 단조로운 소리는 마치 시니코 부인의 이름 음절을 반복하는 듯이 들린다. 더피씨의 생각이 기차에 이입(移入)된 것이라 할 수 있다. 일정한 선로를 감정 없이 달리는 기차가 시니코 부인을 부른다는 점에서 기차와 더피씨 둘의 동일시는 그럴듯해 보인다. 하지만 무감정한 엔진과 달리 "자신이 외롭다"고 느낀다는 점에서 그는 최소한 변화의 가능성을 열어두고 있다. 이야기는 "밤이 몹시 조용하여" 그가 "아무것도 들을 수 없는" 마비된 상태로 끝난다.

12. 「파넬 추모일의 선거사무실」(Ivy Day in the Committee Room)

조이스는 이 이야기를 쓰기 위해 동생 스태니스로스에게 편지로 여러 가지 질문을 하였으며 동생은 더블린 시의원 선거에서 아버지 밑에서 임시직원으로 일한 경험을 살려 많은 정보를 제공하였다. 그래서 스태니스로스는 이야기의 끝 부분에 나오는 "시를 빼고는 이야기의 모든 자료를 나도 모르게 내가 제공한 셈이 되었다"고 말할 정도이다(*My Brother's* 205-6). 또한 조이스가 출판업자들과 이 이야기에 나오는 "bloody"라는 단어를 놓고 오랜 동안 싸웠던 이야기는 유명하다. 원래의 원고에는 그의 "지독한 늙은 어머니(bloody old mother)가 아들 머리가 희끗희끗해질 때까지 막은 후에야 왕위에 오른 사람이 있다"로 되어 있었는데 출판사의 압력으로 "bloody"를 삭제하게 되었다. 물론 여기서 늙은 어머니는 82세에 고인이 된 영국의 빅토리아 여왕이고 그녀를 계승하여 환갑의 나이에 왕위에 오른 아들은 에드워드 7세(Edward VII)이다. 조이스는 이 에드워드 왕을 다룬 부분과 관련하여 신문에 조지 5세(George V)에게 보내는 편지를 기고하기도 하였다. 또한 이야기 중에서 헨치(Henchy)가 빅토리아 여왕은 아일랜드 사람들을 방문하지도 않았는데 에드워드 7세가 방문한다는 것은 높이 사야한다는 취지의 말을 하는데, 원래는 아일랜드사람들을 "bloody Irish people"로 썼다가 다시 압력 때문에 "bloody"를 지우고

"wild Irish"로 고치기도 하였다.

『율리시스』의 「하데스」(Hades) 장에서 블룸은 잊혀져가는 파넬(Charles Stewart Parnell)을 떠올리고 "파넬 추모일이 점점 빛을 잃어가고 있다"(Ivy Day dying out)는 생각을 한다. 그것은 파넬이 죽은 지 11년이 되는 날을 배경으로 하고 있는 이 이야기에서도 마찬가지이다. 그렇기 때문에 이야기가 꺼져 가는 불씨를 다시 살리려는 사무실 관리인의 노력으로 시작하는 것은 주목할 만한 가치가 있다.

> 늙은 잭은 두꺼운 종잇조각으로 덜 탄 부스러기들을 긁어모아 하얗게 변해 가는 둥근 석탄더미 위에 사려 깊게 뿌렸다. 석탄더미가 부스러기들로 얇게 덮이자 그의 얼굴은 어둡게 그늘이 졌지만, 그가 불에 다시 바람을 부치기 시작하자 웅크린 형체의 그의 그림자가 맞은 편 벽에 나타났고 그의 얼굴이 천천히 빛 속으로 나타났다. 그것은 뼈가 앙상하고 털북숭이인 노인의 얼굴이었다. 축축한 푸른색의 눈은 불을 보자 깜박거렸고 때때로 축축한 입술이 벌어졌지만 다시 다물면서 한두 번 기계적으로 무언가를 씹어 먹는 모양을 하였다.

마치 연극 무대의 막이 올라가면서 극 전체의 분위기를 상징적으로 보여주듯이 어둡고 추운 저녁에 노인이 불을 지피는 장면은 작품 전체의 주제와 관련하여 중요한 의미를 지닌다. 지나간 과거를 나타낸다고 할 수 있는 나이 든 잭(Jack)은 마치 시들어 가는 파넬 정신의 불꽃을 살리려는 듯 하얗게 재가 되어가고 있는 석탄더미에 바람을 불어넣느라 안간힘을 쓰고 있다. 그가 19세의 아들에 대해 불만을 품고 있는 것도 이와 관련하여 생각해 볼 수 있다. 그는 나름대로 아들을 그럴듯한 사람이 되게 하려고 애썼지만 아들은 무책임하고 무례한 술주정뱅이가 되어버렸다고 불평한다. 그의 아들은 어떤 의미에서 파넬의 아들들이라 할 수 있는 민족주의 노선의 타락한 현 정치인들을 가리킬 수도 있을 것이다. (물론 그렇다고 잭이 파넬 신봉자라는 말은 아니다. 오히려 그는 파넬주의자인 하인즈를 스파이로 보기도 한다. 다만 여기서 그가 연출하는 장면이 이 작품의 주제와 관련하여 상징적이라는 의미이다).

파넬은 19세기 후반의 정치적 거물로 아일랜드의 독립을 위해 애썼지만 영국인 정부(情婦) 캐써린 오쉐이(Katharine O'Shea)와의 동거문제가 불거지고 간통 추문에 휩싸이면서 걷잡을 수 없는 몰락의 길을 걸었다. 그는 가톨릭교회와 그의 지지자들에게 배신당하고 버림받은 채 1891년 10월 6일 죽음을 맞이하였다. 파넬의 몰락은 어린 조이스에게 깊은 인상을 남겼고 그것은 그에게 평생 잊히지 않은 기억이 되었다. 그 아픔은 파넬이 죽은 후 처음 맞게 된 크리스마스 만찬 장면에서 눈물을 보인 아버지에 대한 기억을 토대로 씌어진 『젊은 예술가의 초상』의 두 번째 장에서 자세히 재현된다. 뿐만 아니라, 조이스는 어린 나이에 아버지의 영웅 파넬이 그의 심복인 힐리(Healy)에게조차 배신당한 것을 마음 아파하며, 그들을 각각 로마의 시이저와 부루터스에 비유하여 "힐리 너마저"(Et tu, Healy)라는 시를 쓰기도 하였다. 그 이후로 조이스는 그의 에세이와 작품들을 통해 그가 파넬을 얼마나 존경하는지를 보여주고 있을 뿐만 아니라, 아일랜드를 구원할 예술가로서의 자신과 이스라엘 민족을 이집트에서 구해낸 모세를 각각 파넬과 동일시하기도 하고, 심지어는 가롯 유다에 배신당한 예수를 파넬과 동일시하기도 하였다.

조이스가 『더블린 사람들』의 모든 작품 중에서 이 이야기를 제일 좋아했다는 말은 앞에서도 한 바 있다. 그가 나중에 집어넣은 「작은 구름 한 조각」과 「망자」를 포함한 이야기 중에서도 이것을 제일 좋아했는지의 여부는 분명하지 않지만 어쨌든 그가 매우 만족해하고 선호한 작품이었음에는 틀림없다. 이제는 대체로 「망자」가 15편 중에서 가장 뛰어난 작품으로 인정받고 있지만 「파넬 추모일의 선거사무실」이 파넬 이후 아일랜드의 정치적 쇠퇴를 객관적 극적 관점에서 완벽하게 요약하고 있을 뿐만 아니라 배신, 아버지/아들의 관계 등 조이스의 주요한 주제들도 절묘하게 섞어 제시하고 있다는 점에서 훌륭한 작품임에 틀림없다. 마치 1막으로 이루어져 있는 희곡처럼 주로 대화로 이루어져 있고 인물들을 설명해 주는 서술이 거의 없음에도 불구하고 각 인물들의 다양한 정치적 성향과 성격이 세밀하게 묘사되어 있다. 이 작품은 『더블린 사람들』 중에서 「망자」를 제외하고는 가장 다양한 인물들을 등장시키고 있음에도 불구하고 각 인물들이 모두 개성적으로 그려져 있는 것을 눈여겨볼 필요가 있다.

이 이야기가 1막 극 같다고 했는데 아리스토텔레스의 시간 장소 일치법칙을 지키기라도 하는 듯이 제한된 장소와 시간을 무대로 하고 있다. 때는 파넬의 11번째 추모일인 1902년 10월 6일 저녁때쯤이고 장소는 시의회 의원에 출마한 티어니(Tierney)의 선거본부 사무실이다. (이 때쯤 실제로 영국 왕인 에드워드 7세의 아일랜드 방문과 관련하여 많은 논란이 있었다). 원제목에 있는 늘 푸른 담쟁이덩굴(ivy)은 파넬이 이끄는 당의 상징으로 아일랜드가 영국의 지배로부터 부활할 것임을 나타내고, 또한 이것이 무성하게 자랐던 아본데일(Avondale)에 있는 파넬의 저택–이곳은 동시에 그가 태어난 곳임–을 상기시키기 때문에 "Ivy Day"는 고인이 된 파넬을 추모하는 날을 가리킨다. 또한 파넬의 장례식 때 몰려든 조문객들이 묘지 주위에 자라고 있던 담쟁이덩굴 잎–이것은 영원한 추모를 상징함–을 따서 양복의 깃에 달았던 일화 때문에 파넬 추모일에 모두들 그것을 깃에 달게 되었다고 한다. "Committee Room"이란 여기서는 티어니의 선거본부 사무실을 가리키지만 파넬이 자신이 이끌던 당(Irish Parliamentary Party)의 지도자 자리로부터의 축출이 결정된 곳이 웨스트민스터의 영국국회의사당 15호 위원회실(Committee Room XV)이라는 점에서 시사하는 바가 크다. 조이스는 이 회의에서 파넬 편에 선 사람이 단지 8명이라고 알고 있었는데(*The Critical Writings* 227)(사실은 사회자인 파넬 자신을 제외하고 45대 27로 파넬이 패했다), 이 이야기 속의 티어니의 지지자들이 대략 8명이라는 점에서 조이스가 무슨 메시지를 전달하려고 하는지를 추측케 해준다. 또한 티어니가 운영하는 술집이 파넬의 아본데일 저택이 있던 위크로우 가(Wicklow Street)에 위치해 있다는 점도 티어니가 파넬을 패로디한 인물임을 짐작할 수 있게 해준다. 사무실 관리인인 노인 잭을 빼면, 오코너(O'Connor), 헨치(Henchy), 크로프톤(Crofton), 라이온스(Lyons), 키온 신부(Father Keon) 등이 티어니의 선거운동원이고 버크 신부(Father Burke)는 뒤에서 후보의 보증인 역할을 하고 있으며 패닝(Fanning)은 선거사무장, 시보좌관(alderman)인 카울리(Cowley)는 정치적 동맹자라 할 수 있다. (참고로 각 선거구마다 한 명의 시보좌관과 3명의 시의회의원이 있다).

티어니는 시의 빈민법 운영위원(P.L.G: Poor Law Guardian)이라는 그럴듯한 직함을 내걸고 있지만 이것은 이미 그가 정치적 야심을 품고 시의 정치판 속에 뛰어들었음을 암시할 뿐, 그는 "검은 독수리"(Black Eagle)라는 선술집 주인에 더 어울리는 사람이다. 그는 자신의 선거운동원들에 의해서도 "아첨꾼"(더블린 방언으로 "shoeboy")이나 "난쟁이"(hop-o'-my-thumb)로 불릴 정도로 존경을 받지 못하는 형편이다. 헨치는 티어니의 교활함이 중고 옷가게를 운영하면서 법적인 시간보다 일찍 문을 열고 또 구석에 불법적인 밀주를 숨겨두고 파는 등 교활하게 장사를 한 그의 아버지에게서 온 것임을 밝히기까지 한다. 오코너는 이런 티어니가 "돈을 지불하지 않는다면 어떻게 우리들이 그를 위해 일할 것을 기대할 수 있는가?"라고 말함으로써 그를 위한 선거운동이 전적으로 돈 때문임을 암시한다. 티어니가 출마한 선거구는 더블린의 중심지역인 "런던 거래소 구역"(Royal Exchange Ward)이다. 이 구역에서 그는 민족주의 진영(아일랜드 자치안[Home Rule]을 지지하는 자들)을 대표하여 나온 후보이고 또 다른 후보는 급진적인 노동당계열의 연합 아일랜드 연맹(United Irish League)에서 나온 벽돌공(bricklayer) 콜간(Colgan)이다. 친영파이며 소수파인 보수당(아일랜드 자치안에 반대하는 연합주의자들로 영국의 토리당을 지지함)은 자기 당의 후보인 윌킨스(Wilkins)를 사퇴시킨 후 아마 "둘 중 덜 악한" (즉 덜 급진적인) 민족주의자들 쪽의 손을 들어주었을 것이다. 그래서 보수당 출신의 크로프톤이 민족주의 진영의 티어니를 도와주고 있는 것이다.

여기서 간략하게 이 이야기의 배경이 되고 있는 그 당시의 정치적 상황을 살펴볼 필요가 있다. 파넬의 사후에 아일랜드 자치안을 주장하는 민족주의 진영은 분열되었지만 1900년에 다시 하나의 당으로 결합되었다. 민족주의자들이 아직도 유권자들의 마음을 잡고 있었던 것은 사실이지만, 토리당이 지배하고 있는 영국 국회에서 아일랜드 문제는 찬밥신세를 면치 못하고 있었고, 따라서 아일랜드에서는 자치안에 대한 패배주의와 냉소주의가 휩쓸고 있었다. 급진적 민족주의는 아일랜드에서 영국 정부를 전복시키기 위해 결성된 피니언 결사대원들(Fenians) 과 게일동맹 회원들(Gaelic Leaguers)등 소그룹에 의해서만 명맥이 유지되고 있었다. 하인즈(Joe Hynes)가 이런 그룹(이 이야기에서는 "hillsiders and fenians"라 표현되어 있음)에 속한 인물이다. 이런 정치적 마비의 분위기에서 정치 일선에 나선 사람들은 대부분 기회주의자들이고 영국정부에 대한 아첨꾼들이었을 뿐만 아니라 파넬을 망각한 자들이었다. 티어니가 민족주의 진영의 후보이기는 했지만 친영파인 보수당의 지지를 받고 있는 것만 보아도 그가 어떤 종류의 "민족주의자"인지 충분히 알 수 있다. 그것은 운동원들도 마찬가지이어서 이데올로기나 신념에 따라서가 아니라 돈과 술을 받기 위해서 선거운동을 한다.

이 이야기에서 유일하게 충실한 파넬주의자이며 신념을 가지고 노동당 계열의 콜간 후보를 지지하고 있는 듯이 보이는 사람이 하인즈이다. 그는, 헨치도 인정하듯이, "파넬을 버리지 않은 사람들 중 한 명"이며 "남자답게 그에게 충성했다." 하지만 그가 콜간의 공식적인 운동원인지는 분명하지 않다. 헨치와 잭은 그를 이곳 동정을 살펴보기 위해 콜간의 캠프에서 보낸 스파이일지도 모른다는 의심을 하기도 한다. 파넬이 내부의 배신으로 몰락한 후 배신의 가능성은 더블린 사람들 모두에게 열려있는 문제이었기에 모두가 모두를 의심할 수 있는 상황이었다. 따라서 헨치는 피니언 결사대원들의 반이 더블린 성(Dublin Castle), 다시 말해서 영국 통치부의 돈을 받고 일하는 스파이, "영국의 돈을 받고 정보를 파는 밀고자들"(Castle hacks)임을 주장할 정도이다.

헨치를 포함한 티어니의 지지자들은 모두 단지 금전적 보상이나 받기 위해 열의 없이 선거운동을 하고 있다. 예를 들면, 오코너는 유권자들을 만나야 할 시간의 대부분을 선거 사무실의 벽난로 옆에서 보내고, 티어니의 광고전단에서 찢어낸 종잇조각으로 담배에 불을 붙임으로써 그가 티어니의 진정한 지지자가 아님을 보여준다. 하인즈는 "지체 높은 사람 앞이면 누구에게든지 항상 굽실거리는 친영파 정치인들(shoneens)" 보다 노동자 후보가 낫지 않느냐고 말함으로써 그 당시의 정치인들을 싸잡아서 비판하고 있다. 이어서 그는 구체적으로 노동자 후보와 티어니를 대조시키면서, 전자는 정직하지만 후자는 단지 "이런 저런 일자리나 얻어내려고 할 뿐"이라고 지적한다. 그리고 이야기는 자연스럽게 더블린 방문을 계획하고 있는 영국 왕 에드워드 7세의 환영사에 대한 것으로 넘어간다.

- 노동자는 모든 천대를 다 받습니다. 하지만 모든 물건을 생산해 내는 것은 노동이지요. 노동자는 아들들, 조카들, 사촌들에게 돈벌이 잘되는 일자리나 얻어주려고 혈안이 되어 있지 않습니다. 노동자는 독일 군주[독일계 후손인 영국의 왕]의 환심을 사기 위해 더블린의 명예에 먹칠하지도 않습니다, 하인즈씨가 말했다.

- 무슨 말인가? 노인이 물었다.
- 에드워드 왕이 내년에 방문하면 여기 정치인들이 환영사를 하고 싶어 한다는 것을 모르세요? 외국의 왕에게 머리를 조아려서 무엇을 얻겠다는 겁니까?
- 우리 후보[티어니]는 환영사 안에 찬성하지 않을 거요. 민족주의 진영의 후보로 나선 분이니, 오코너씨가 말했다.
- 찬성하지 않을 거라고요? 그럴지 그렇지 않을지는 두고 보십시오. 나는 그 사람을 잘 압니다. 그래서 "교활한" 티어니라고 부르지 않습니까? 하인즈씨가 말했다.
- 그건 그래요. 아마 당신 생각이 맞을지 모르겠어요. 어쨌든 그 양반이 [우리에게 지불할] 돈을 가지고 나타났으면 좋겠어요, 오코너씨가 말했다. . . .
- 만약 이 분[파넬]이 살아 계시다면 환영사 이야기 따윈 꺼내지도 못할 텐데, 하인즈씨가 담쟁이덩굴 잎을 가리키며 말했다.

제국 왕의 식민지 방문에 대한 공식적 환영 여부에 대해서 파넬은 언급조차 못하게 했을 것인데 반해 "교활한 티어니"(Tricky Dicky Tierney)가 찬성할 것이라는 것은 파넬 이후 더블린의 정치, 더구나 민족주의 노선이 얼마나 세태에 영합하는 것으로 변했는지를 잘 보여준다. 뿐만 아니라 선거운동원들은 자기가 지지하는 후보의 정치적 입장보다는 당장 받을 돈에 관심이 많은 듯이 보인다. 헨치는 한술 더 떠서 아일랜드가 필요한 것은 자본인데 왕의 방문은 "이 나라로의 돈의 유입"을 의미하므로 찬성해야 한다는 입장까지 표명한다. 운동원들 중에서는 비교적 파넬에 대한 애정이 많이 식지 않은 오코너가 헨치의 견해에 불편함을 느끼며 파넬의 이름을 들먹이자, 헨치는 "파넬은 죽은 사람"일뿐이라고 선언함으로써 그가 아직도 파넬의 영향

아래 있는 하인즈와 정반대 입장에 서 있는 사람임을 알게 한다.

영국왕의 방문을 환영해야 한다는 헨치의 주장에 라이온스가 이의를 제기한다. 라이온스는 가톨릭 신부들의 반파넬주의를 지지하는 유일한 사람이다. 그에 의하면 파넬이 자신의 비도덕적 행동 때문에 지도자의 자리에서 쫓겨났듯이 영국의 에드워드 7세도 방탕한 삶을 살았기 때문에 환영받을만한 지도자가 되지 못한다는 것이다. 하지만 헨치는 왕이 단지 "술을 좋아하고 약간 난봉꾼인" 평범한 남자일 뿐이라며 그를 옹호하려 애쓰면서, "왕위에 오르지 않은 왕"(Uncrowned king)인 파넬과 왕위에 오른 영국 왕의 유사성을 무시해버린다. 여기서 라이온스는 둘을 모두 비도덕적인 인물로 정죄함으로써 도덕적인 채 하지만 자신은 정작 돈과 술을 위해서 자격미달의 티어니를 지도자로 뽑는데 일조하는 위선을 보이고 있음을 주목할 필요가 있다.

이들이 "추장"(Chief)인 파넬에 대해서 이야기하고 있을 때 하인즈가 들어오고 그는 자신이 쓴 파넬에 대한 추모시를 낭송한다. 이 시는 스태니스로스의 표현대로 "진부한 표현과 값싸고 번지르르한 문학적 요소에도 불구하고 떠나간 추장에 대한 충성심과 진정한 슬픔을 느끼게 하는" 시이다(*My Brother's* 6). 직선적이면서도 감상적인 이 시는 아일랜드를 독립된 나라로 이끌었을 파넬의 죽음에 대한 아쉬움과 슬픔을 표현할 뿐만 아니라 그를 배신하여 죽음으로 몰아넣었던 "위선자들"과 "겁쟁이들"에게 "영원한 수치"가 있어야 한다는 내용을 담고 있다. 시의 낭송이 끝난 후 어색한 침묵이 흐르는 것은 당연하다. 왜냐하면 거기 모인 사람들 자신이 바로 파넬을 몰락으로 내몬 사람들과 다름없기 때문이다. 그들은 모두 파넬이 믿었던 신념과 그가 주창한 민족주의를 더럽히고 있다고 할 수 있다. 예를 들면, 라이온스는 시 속의 "알랑거리는 신부들"과 한통속이나 다름없고, 크로프톤은 파넬이 주장한 아일랜드 자치안에 반대하는 보수당에 소속되어 있으며, 헨치를 비롯한 다른 운동원들도 돈을 받기 위해서 좋아하지도 않는 후보를 위해 선거운동을 하는 기회주의자들이기 때문이다. 헨치는 다른 사람도 아닌 보수당의 크로프톤에게 하인즈의 낭송시가 어떤지 묻는다. 그것은 크로프톤이 앞서 자신은 파넬이 단지 "지역 유지"(gentleman-여기서는 사회적 지위를 가리킴)이기 때문에 존중한다고 말했던 것에서도 미루어 짐작할 수 있듯이(다시 말해서, 그가 파넬의 민족주의적 이상이나 영국으로부터의 독립 운동을 외면한다는 점에서 알 수 있듯이), 그의 대답에서 정치적인 내용이 제외될 것을 기대했기 때문일 것이다. 질문자의 예상대로 크로프톤은 "매우 잘 쓴 작품"(a very fine piece of writing)이라며 문체만을 두루뭉술하게 칭찬함으로써 정치 이데올로기적 메시지를 슬며시 피해 넘어간다. 그렇다면 하인즈의 시 낭송은 사실상 아무런 효과를 거두지 못하고 낭비된 셈이고 그의 이상주의와 감상주의는 공허하게 어둡고 추운 선거 사무실에서 울리고 있을 뿐이다. 어떻게 보면, 영웅적인 파넬이 후세에 감상주의적 습작시를 통해서만 부활할 수 있다는 슬픈 현실을 보여주고 있는 듯하다. 그리고 이것이야말로 더블린을 감싸고 있는 정치적 마비를 잘 보여주는 것이 아니고 무엇이겠는가?

13. 「어떤 어머니」(A Mother)

이 이야기를 두고 『더블린 사람들』에서 가장 쉽다느니 가볍다느니 하는 평가를 내리는 사람들이 많다. 하지만 그러한 평가는 개인의 관점에 따라 달라질 수 있는 것이고 설령 그렇다손 치더라도 조이스의 작품이니 만큼 여전히 쉽지만은 않다. 이 작품은 조이스의 분류에 의하면 「파넬 추모일의 선거사무실」 및 「은총」(Grace)과 더불어 더블린의 공적 생활(public life)을 다루는 이야기들 중의 하나이다. 앞 두 이야기가 각각 더블린의 정치와 종교를 풍자적으로 다룬다면 이 이야기는 예술을 풍자의 대상으로 삼고 있다. 또한 「파넬 추모일의 선거사무실」이 파넬의 민족주의의 타락한 모습을 보여주고 있다면 「어떤 어머니」는 민족주의를 이용하려는 개인의 이기심을 그리고 있다. 한편, 스태니스로스에 의하면 「마주침」과 더불어 조이스의 "실제적 경험"에 바탕을 둔 "유일한 두 이야기들"이다(*My Brother's* 6). 조이스는 실제로 1904년 8월 27일에 열린 음악회에 참석했다. 그 음악회는 운영 미숙으로 늦게 시작되었고 반주자가 일찍 떠나버렸으며 급히 구해 앉힌 대리반주자는 잘 연주하지 못하여 노래를 불러야 하는 조이스가 피아노 앞에 앉아 스스로 반주하지 않으면 안 되었다(Beck 259-60). 이처럼 조이스는 직접 경험을 통해서 더블린의 음악회에 대해 잘 알고 있었다. 하지만 여기서 짚고 넘어가야 할 것은 그가 비록 그의 경험을 십분 활용하여 작품을 리얼하게 만드는데 공헌했지만 자신을 이 이야기에 등장시키지 않았을 뿐더러 오히려 등장인물들을 초연한 입장에서 관찰 묘사하고 있다는 것이다.

먼저 이 이야기를 아일랜드의 문화 민족주의적 관점에서 살펴 볼 필요가 있다. 조이스는 아일랜드어(게일어)를 부활시켜야 한다고 주장하는 민족주의적 문화 운동인 아일랜드의 문예부흥 운동을 비판적인 시각으로 보았다. 이 운동이 시작되면서 '아일랜드어를 말하는 농부'가 정통적이고 순수한 아일랜드인의 상징으로 미화되었지만, 조이스는 아일랜드어가 현실적으로 이미 장사지낸 바 된 죽은 언어라는 생각을 가지고 있었고, 또한 그의 작품을 통해서 신화화된 농부의 이미지를 탈신화화하기도 하였다. 그는 언어와 인종의 배타적 순수성을 주장하는 문화 민족주의자들과 다르게 다양성과 혼종성의 중요성을 강조하였다.[2] 따라서 이 이야기에서 조이스가 하고 있는 더블린의 음악, 나아가서는 예술에 대한 풍자는 어느 정도 문화 민족주의자들에 대한 비판이라고 할 수 있다. 음악회를 주최하는 단체는 "아일랜드 승리 협회" 혹은 "아일랜드 만세 협회"(Eire Abu Society)이다. 아일랜드어("Eire Abu")가 들어 있는 이름에서부터 이들이 아일랜드 문예부흥운동을 펼치는 열정적인 민족주의자임을 자처하는 단체임을 알 수 있다. 그런데 이들이 주최한 음악회가 매우 엉성하게 진

---

2 조이스는 그의 에세이에서 다음과 같이 쓰고 있다: "우리의 문화는 가장 다양한 문화가 뒤섞여 있는 거대한 피륙(fabric). . .이다. 그런 피륙에서 이웃하고 있는 실의 영향을 받지 않고 순수하고 순결하게 남아 있는 실을 찾는 것은 소용없는 짓이다. 오늘날 어떤 인종, 어떤 언어가 순종임을 자랑할 수 있겠는가? 그리고 지금 아일랜드에 살고 있는 인종보다 이런 자랑을 더 할 수 없는 인종이 어디에 있겠는가 . . . ." (*CW* 165-66, 필자의 밑줄)

행된다든지 이것을 관장하는 간부들이 무능하고 우스꽝스러운 인물들로 그려짐으로써 단체 자체가 풍자되고 있음을 알 수 있다. 예컨대, 절뚝거리는 부총무 홀로헌씨(Mr. Holohan)는 무책임할 뿐만 아니라 그의 행정적 능력은 낙제점에 가까우며, "하얀 얼빠진 얼굴을 한 작은 남자"인 총무 피츠패트릭씨(Mr. Fitzpatrick)는 "문제점이 무엇인지 재빨리 이해하지 못한다". 그는 키어니 부인(Mrs. Kearney)과 이야기 할 때 손에 들고 있는 "프로그램의 한쪽 끝을 씹어서 그것을 축축한 곤죽이 되게" 만들기도 한다. 이 단체의 또 다른 주요 인사인 "늙수그레한" 번 양(Miss Beirne)의 특징은 "찌푸린 얼굴"이다. 키어니 부인은 번 양이 처음에는 찡그린 얼굴로 "신뢰와 열정"의 표정을 만들어냈지만 비 오는 날 밤의 우울함 때문에 그 표정이 이내 사라져버렸다고 말함으로써 그녀의 진실성에 의문을 제기한다. 이들은 음악회에 "감동을 주는 애국적인 내용의 낭송"을 하게 하는 등 민족주의와 음악(문화)를 연결시키려 애쓴다. 하지만 소멸되어 가는 아일랜드어를 다시 사용하게 하는 것이 어려운 만큼이나 음악과 이데올로기를 하나로 묶는 것은 어려워 보인다. 어쩌면 음악회의 실패는 처음부터 예정되어 있었던 것이었는지 모른다.

아일랜드 문예부흥운동이 대중적 인기를 얻기 시작하자 기회주의적인 키어니 부인은 "딸의 이름을 이용하기로 결심하고 집으로 아일랜드어 (혹은 게일어) 선생을 데려왔다". 캐슬린이라는 이름은 아일랜드와 불가분의 관계가 있다. 흥미롭게도, 문예부흥운동을 대표하는 예술인 중의 하나인 예이츠가 희곡 『캐슬린 니 훌리한』(가련한 노파/*Cathleen Ni Houlihan*)에서 이상화한 노파는 아일랜드를 상징한다.

뿐만 아니라 예이츠의 작품 『캐슬린 공작부인』(*The Countess Cathleen*)의 여주인공도 아일랜드를 가리킨다고 할 수 있는데 그녀 역시 "캐슬린"이다. 한편 이 이야기 속의 캐슬린은 아일랜드어가 씌어있는 아일랜드 그림엽서를 친구들과 주고받는다. 그리고 특별한 일요일에는 모든 식구가 성당에 가는데 미사가 끝난 후 잡담을 나누다 헤어질 때 아일랜드어로 작별인사를 한다. 그리하여 캐슬린은 음악에 매우 재주가 있을 뿐만 아니라 "언어 운동의 신봉자", 즉 아일랜드어 부활운동의 신봉자로 알려지게 된다. 이것을 노리고 아일랜드어 교습을 시켰던 키어니 부인은 이런 결과에 "매우 만족한다". "음악적 친구들"과 "민족주의자 친구들"이 있으며 음악과 민족주의 교육의 투자를 받은 캐슬린이 음악과 민족주의의 접목을 노리는 음악회에 초대되는 것은 자연스러운 일일 것이다. 그래서 홀러헌이 키어니 부인에게 찾아와서 캐슬린이 음악회의 반주를 해 줄 것을 제안했을 때 그녀는 기다리던 것이 왔기 때문에 놀라지 않는다. 게일어 부활운동이 중산층이 열광하는 유행정도로 전락되었음을 보여주고 있고, 유행현상으로서의 민족주의가 풍자의 대상임을 알 수 있다. 「망자」에서 열정적인 게일어 부활운동가인 아이버스 양(Mrs Ivors) 도 자신의 정치적 성향을 내세우듯 그것을 상징하는 큼직한 장식 핀을 차고 나타난다.

그러나 조이스의 주요한 풍자 대상은 유행을 타기 시작한 민족주의적 운동을 얄팍하게 이용하려 한 키어니 부인이다. 그녀는 반주자인 딸이 선불을 받아야한다고 주장하며 이 사소한 문제를 놓고 절대 물러서지 않는다. 그녀를 좀 더 잘 알기 위해서는 처녀시절의 그녀가 어떠했는지를 살펴볼 필요가 있다.

> 데블린 양은 화풀이로 키어니 부인이 되었다. 그녀는 상류 수녀원을 다니며 불어와 음악을 배웠다. 그녀의 얼굴은 창백했고 태도는 융통성이 없었으므로 학교에서 친구들을 거의 사귀지 못했다. 결혼 적령기에 이르렀을 때 그녀는 많은 집으로 보내졌고 연주솜씨와 상아 같은 예절로 인해서 많은 찬사를 받았다. 그녀는 재예(才藝)의 차가운 원 가운데 앉아서 어떤 구혼자가 용감하게 빛나는 미래를 약속하며 나타나기를 기다리고 있었다. 그러나 그녀가 만난 젊은이들은 평범했기에 그녀는 그들에게 눈길을 주지 않았다. 다만 몰래 많은 터키 사탕을 먹으며 그녀의 낭만적 욕망을 달래려고 애쓸 뿐이었다. 하지만 그녀의 나이가 차고 친구들이 그녀에 대해 입을 놀려대기 시작했을 때 그녀는 오먼드 부두의 구두 제조업자인 키어니씨와 결혼함으로써 그들의 입을 다물게 했다.

그녀는 낭만적 사랑을 꿈꾸었지만 실현하지 못한 채 전혀 낭만적이지 못한 남자와 홧김에 결혼했고 결혼 후에도 "낭만적인 생각들"을 버리지 않았다. 그녀는 "상류" 수녀원에서 불어와 음악 등 "숙녀"(lady)가 되는데 필요한 교양을 쌓은 후 평범하지 않은, 즉 환상적인 구혼자가 나타나기를 거만하게 기다렸다. 그녀는 자신을 과대평가한 것이었고 그런 남자들은 나서지 않았다. 그녀는 결국 노처녀의 낙인을 피하기 위해서 자신의 기준을 현실적으로 낮추지 않으면 안 되었고 그녀보다 나이가 많은 유순한 남자를 남편으로 맞이했다. "상아 같은" 몸가짐이란 세련되었지만 경직된 태도라는 의미가 함축되어 있다. 이러한 몸가짐과 융통성 없는 태도는 그녀가 결코 따뜻한 여성이 아니라는 것을 보여주고 이러한 남성적 특징에 가까운 요소가 그녀로 하여금 전격적으로 키어니씨와 결혼할 수 있게 했다고 볼 수 있을 것이다.

그녀의 이러한 과거가 그녀를 두 가지 방향으로 가게 했을 것으로 추측된다. 하나는 더블린의 훌륭한 남자들로부터 버림받았다는 잠재의식 때문에 남자들에 대한 적개심 혹은 경멸감을 마음속에 숨기고 다니게 되었다는 것이고, 다른 하나는 그녀가 이루지 못한 꿈을 딸인 캐슬린을 통해서 대리 성취해보려고 했다는 것이다. 그렇기 때문에 그녀는 캐슬린을 자신과 마찬가지로 "좋은 수녀원"에 보내 "불어와 음악"을 공부하게 했다. 그녀는 조용하고 순종적인 남편을 딛고 서서 모든 것을 알아서 하는 소위 여가장(matriarch)이 된다. 실제로 그녀는 남자들보다 일을 더 잘 처리할 수 있음을 자랑스럽게 생각한다. 홀로헌이 한 달 여 동안 더블린의 거리를 분주하게 오르락내리락하며 다녔지만 "결국 모든 일을 처리한 사람은 키어니 부인이었다." 홀로헌은 그런 일에 "초보"였기에 "요령"(tact)이 있는 그녀가 도왔던 것이다. 또한 "그녀는 아무것도 잊지 않고 치밀하게 처리하였고, 이루어진 모든 일은 모두 그녀 덕분에 이루어진 것이었다." (하지만 이 서술이 어느 정도 객관적인지, 키어니 부인 자신의 주관적인 소망을 어느 정도 포함하고 있는지 분명하지 않다. 처녀 때 자신을 이상적인 남자의 배우자로 적격한 사람이라고 생각했듯이 그녀가 자신의 능력을 과대평가하고 있을 가능성을 배제할 수 없기 때문이다). 그녀는 남자보다 더 남성적으로 보이기도 한다. 홀로헌이 그녀의 조언을 듣기 위해 찾아왔을 때 그녀는 술병을 그에게 밀면서 마음대로 마시라고 한다. 그리고 그가 마시고 있는 중에 그에게 "겁내지 마세요! 겁내지 마세요!"라고 외치는데, 이것은 마치 「작은 구름 한 조각」에서 남성적인 갤러허가 홀짝홀짝 마시고 있는 여성적인 챈들러에게 술을 들이켜라고 말하는 것과 유사하다. 한편 그녀의 남편은 주도권을 잃었을 뿐만 아니라 명령을 받는 입장으로 전락했다. 그리하여 "이상한 집의 파티에서 그녀가 눈썹을 조금이라고 치켜세우면" 그것을 신호로 남편이 "자리를 뜨기 위해서 일어섰다." 그러나 그녀가 남편의 존재를 아주 무시한 것은 아니었다. "그녀는 중앙 우체국을 존중하는 것과 마찬가지로 크고, 안정된, 그리고 고정된 그 무엇으로서 남편을 존중했다". 그녀는 "남성으로서의 그의 추상적 가치"를 평가했던 것이다. 엄연한 가부장사회에 살고 있으므로 화폐로 따지자면 교환가치보다는 명목상의 가치를 인정해 주었다는 뜻일지 모른다.

그렇다면 그녀는 페미니스트일까? 언뜻 보면 그런 것처럼 보일 수 있지만 사실은 그와 다를 것이라는 것을 알 수 있다. 그녀가 남성의 권위를 무시한 것은 (혹은 더 정확히 표현하자면 남성들을 멸시하는 것은) 어떤 원칙에서 나온 것이라기보다는 그녀가 더블린의 남성들로부터 거부당했다는 심리상태에서 비롯된 것일 수 있다. 또한 그녀가 남성의 권위를 믿지 않는 것은 그녀의 남편이 그녀에게 순종적인 사람이기 때문이기도 할 것이다. 남편은 그냥 거기에 서 있는 사람일 뿐이다. 그녀가 홀러헌에게 선불을 받지 않고는 딸이 반주를 할 수 없다고 할 때 홀러헌이 남편에게 호소도 해보지만 남편은 아무 말 없이 수염만 만지작거리고 서 있을 뿐이다. 하지만 그녀가 남성의 권위를 인정하지 않으면서도 남성의 추상적 가치를 부인하지 않는 것은 그녀가 여전히 가부장제도의 이데올로기로부터 벗어나 있지 않다는 것을 의미한다.

캐슬린은 수요일부터 토요일까지 네 번 열리는 음악회에서 반주를 하고 8 기니를 받기로 계약되어 있었다. 그런데 키어니 부인은 두 번째 날인 목요일에 토요일 날 더 좋은 결과를 얻기 위해 금요일 음악회를 취소한다는 것을 알게 된다. 그녀는 캐슬린이 네 번의 연주회에 8기니를 받기로 계약한 이상 "위원회"에서 3번만 열기로 결정한다 하더라도 동일한 액수의 보수를 받아야 한다고 주장한다. 하지만 주최 측은 이 문제에 대해서 "위원회"에 상정할 것이라는 말만을 되풀이 할 뿐이다. 화가 난 키어니 부인은 "위원회"란 단어를 피츠패트릭의 말투로 흉내내어 "그런데 '위-원-회'가 누군데요?"라고 말하고 싶은 마음이 굴뚝같지만, 그녀는 그렇게 하면 "숙녀(lady)답지 않을 것"이기 때문에 참는다. 이 대목을 보면 그녀는 누구보다도 가부장제의 법칙을 따르고 있는 셈이다. 왜냐하면 그녀는 가부장제가 정의한 "숙녀"의 이미지에 맞게 행동하려고 애쓰고 있기 때문이다. 그녀가 음악과 불어를 공부하고 상아 같은 예의범절을 잃지 않으려 한 것도 "숙녀"가 되기 위해서였다. 그러나 그녀가 평생 자랑해 온 것, 즉 숙녀로서의 정체성이 한꺼번에 무너져버리는 일이 발생한다. 가부장 사회를 다루고 있는『더블린 사람들』에서 대부분의 여성들의 활동영역은 가정이다. 예외적으로 남성의 영역을 침입한 키어니 부인에게 주어진 벌은 "숙녀"로서의 지위 상실이라는 불명예라 할 수 있다. .

피츠패트릭은 우선 캐슬린에게 4 파운드(8기니는 8파운드 8실링이므로 약속한 금액의 거의 반에 해당되는 액수)를 지불하고 나머지 반은 1부가 끝난 후 막간에 주겠다고 말한다. 그러나 1부가 끝난 후 그 동안 의논을 한 피츠패드릭과 홀로헌이 키어니 부인에게 다가와서 나머지 반은 다음 주 화요일에 열리는 위원회 모임 후에 지불할 것이고 만약 캐슬린이 2부에 반주를 하지 않는다면 계약이 파기된 것으로 보고 나머지 반을 지불하지 않겠다고 말한다. 키어니 부인은 집요하게 계약내용의 자구(字句)에 매달리며 나머지 4파운드 8실링을 받지 않으면 딸을 절대 무대에 보내지 않겠다고 맞선다. 참고로 그 당시 더블린의 음악계에서는 그 날 그 날의 음악회의 결과에 따라 계약 내용이 달라질 수 있다는 것이 불문율처럼 되어 있었다. 그러나 융통성이 없는 키어니 부인은 사회적 관행을 무시한 채 원리원칙주의에 매달림으로써 사람들의 비난을 자초하고 모든 것을 망치게 된다.

- 놀랍습니다, 키어니 부인. 난 부인이 우리를 이런 식으로 대접하리라고는 생각지 못했습니다, 홀러헌씨가 말했다.
- 당신들은 나를 어떻게 대했죠? 키어니 부인이 물었다.
그녀의 얼굴은 붉으락푸르락 했고 그녀는 마치 누군가를 손으로 칠 것 같은 기세였다.
- 난 내 권리를 요구하고 있는 겁니다, 그녀가 말했다.
- 예의 좀 갖출 수는 없습니까, 홀로헌씨가 말했다.
- 예의를 갖추라니. . . 내 딸이 언제 돈을 받게 되는지 물었을 때 상냥한 답변을 듣지도 못하는데.
그녀는 고개를 홱 돌리면서 거만한 목소리로 말했다.
- 비서한테 물어보시죠. 나하고는 상관없는 일이거든요. 나는 대단한 사람이거든 폴-더-디들-아이-두 [키어니 부인이 홀로헌의 말투를 흉내 내어 말하는 부분]

- 난 부인이 숙녀라고 생각했어요, 홀러헌이 말한 후 그녀에게서 홱 돌아서서 걸어 가버렸다.

그 후 모든 사람들이 키어니 부인의 행동을 비난했다.

반주는 캐슬린의 "민족주의자 친구"인 힐리 양(Miss Healy)이 대신 맡게 된다. 키어니 부인은 남편에게 "택시를 잡으라"고 명령하고 이 모든 상황을 곁에서 가만히 서서 지켜보고만 있던 남편은 화가 나서 굳어 있는 여가장의 명령을 수행하기 위해 "즉시" 밖으로 나간다.

프리만 저널 신문사(*Freeman's Journal*)의 기자인 헨드릭씨(Mr Hendrick)는 버크(O'Madden Burke)라는 "나이 지긋한 상냥한 사람"으로 하여금 음악회에 대한 단평(短評)을 쓰게 하겠다고 하고 떠난다. 버크는 "널리 존경받는" 사람–다시 말해, 많은 사람들과 의견을 같이 하는 사람–으로 그의 논평은 더블린의 여론을 나타낸다고 할 수 있다. 그가 우산으로 그의 몸의 "균형"을 잡는 사람이라는 것은 그가 더블린의, 편견이 아닌 전체의 "균형 잡힌" 의견을 전달하는 사람이라는 것을 암시한다. 그는 이것이 "그가 지금까지 목격한 가장 수치스러운 장면"이었다고 평가하고 "이제 더블린에서 음악인으로서의 캐슬린의 장래는 끝났다"고 단언한다. 그리고 마지막 장면에서 홀러헌이 키어니 부인에게 한 행동은 "적절한 것"이었다고 동조함으로써 분쟁에 대한 최종적인 판단을 내린다. 딸을 통해 자신의 낭만적 꿈을 이루어보고자 했던 키어니 부인의 꿈은 이제 산산조각이 난 것이다. 또 다른 여가장인 「하숙집」의 무니 부인은 딸 폴리의 장래를 위해 앞장서서 뛰어 도런과의 결혼을 성사시킴으로써 일단 목적을 달성했다고 할 수 있다. 그러나 키어니 부인의 경우에는 반대로 딸의 장래를 망쳐놓은 결과가 되었다. 캐슬린의 미래는 어떻게 될 것인가? 어머니의 운명을 이어받은 「에블린」의 여주인공이 부에노스아이레스로 탈출하지 못한 채 가부장제에 종속되어 살듯이, 모든 것을 포기한 채 어머니의 명령에 복종하며 살 것인가? 하지만 그녀가 에블린과는 다른 삶을 살 가능성에 대한 희미한 단서가 포착되는 것도 사실이다. 키어니 부인이 4 파운드를 받은 후 계약한 돈의 반이 되려면 "4 실링이 부족하다"(8기니는 8파운드 8실링이므로)며 실랑이를 벌이고 있을 때 캐슬린은 스커트를 들어 올리면서 테너인 벨(Bell)을 불러 같이 무대로 나가는데, 이 장면에서 어머니에 대한 딸의 작은 반항의 몸짓을 엿볼 수 있다. 무니 부인과 폴리 사이에 묵계가 이루어지고 '동맹 관계'에 틈새가 생기지 않았다면, 키어니 부인과 캐슬린 사이의 관계는 그만큼 확고하지 않고 앞으로 소원해질 조짐이 보이는 것이다.

이처럼 애국자를 자처하는 문화 민족주의자들이 기획한 음악회는 기획 단계에서부터 엉성했고 결국은 돈 몇 푼의 다툼으로 얼룩지고 만다. 민족주의의 이상이 세속화되고 상업화되고 희화화되고 있다. 그리고 그들이 런던에서 데려 와 무대에 세운 소프라노 글린 부인(Madam Glynn)은 「망자」에 나오는 많은 가수들처럼 묻혀 가는 가수이다. 그래서 캐슬린이 힐리 양에게 이 가수를 "어디에서 발굴해왔는지(dig her up) 궁금하다"고 할 때 이미 잊혀진/묻힌 사람을 억지로 파왔다는 의미가 숨겨져 있다. 그것은 사라져 가는 아일랜드어를 억지로 살리려 하는 문화 민족주의자들에 대한 조이스의 비난을 함축하고 있는 듯이 보인다.

14. 「은총」(Grace)

「은총」은 가장 많이 알려진 「망자」의 바로 앞 그늘 밑에 자리를 잡음으로 해서 독자들의 시선으로부터 좀 가려진 작품이라 할 수 있다. 조이스는 사실 「망자」를 나중에 따로 집필하여 추가하기 전에 「은총」이 『더블린 사람들』의 마지막을 장식하는 작품이 되도록 계획했었다. 그렇기 때문에 「은총」은 그 때까지 한 권의 책으로 묶일 예정이었던 14편의 단편들 중 가장 길고 야심 찬 작품이었다.

이 이야기가 단테(Dante)의 『신곡』(*Divine Comedy*)에 대한 패러디라는 것은 길버트(Stuart Gilbert)와 스태니스로스 조이스가 언급한 이래로 널리 알려지게 되었다. 단테의 고전이 지옥(Inferno), 연옥(Purgatorio), 천국(Paradiso) 등 세 부분으로 나뉘어져 있듯이, 이 이야기도 각각 커넌(Mr Kernan)이 굴러 떨어진 더러운 화장실 바닥(지옥), 커넌을 피정(retreat)으로 유인하여 새 사람으로 만들기 위해 4명의 친구들이 종교적 토론을 벌이는 커넌의 침실 (연옥), 그리고 그가 마침내 참석하게 되는 피정이 열리는 예수회 교회(천국) 등 셋으로 나뉜 구조를 보이고 있다.

이야기의 첫 단락은 제목인 "은총"과 연결되어 상반되는 개념인 신체적인 것과 영적인 것이 서로 얽혀있음을 보여준다. 즉 "떨어짐"(fall)은 물리적으로 신체가 굴러 떨어진 것을 말하는 것 외에 은총으로부터의 타락, 즉 인간의 영적 타락을 암시한다. 실제로 커넌이 화장실 바닥으로 굴러 떨어진 후 그를 들어 올리고 육체적 치유를 돕는 것은 그를 영적으로 회복시키려 하는 것과 연결된다(그는 개신교도였다가 결혼할 때 가톨릭으로 개종했지만 그 후 타락한 생활을 해 왔다). 또한 뒤에서 다시 논의하겠지만 "grace"라는 단어도 은총이라는 영적인 의미 외에 호감을 주는 외모와 태도 등 신체적인 것을 가리키게 된다.

> 그 때 화장실에 있던 두 신사가 그를 들어 올리려 애썼다. 하지만 그는 완전히 속수무책의 상태였다. 그는 그가 굴러 떨어졌던 계단의 아랫부분에 웅크린 채 쓰러져 있었다. 그들은 그를 돌아 눕히는데 성공했다. 얼굴은 바닥을 향한 채 모자는 몇 야드 멀리까지 굴러가 있었고 옷은 그가 쓰러져 있던 바닥의 오물과 고인 물로 더럽혀져 있었다.

그는 마치 지옥에 떨어지듯이 문자 그대로 술집의 더러운 화장실 바닥으로 굴러 떨어졌다. 이처럼 이야기는 서사시의 관례를 따라 한참 일어나고 있는 사건으로부터, 즉 사건의 한 가운데에서(in medias res)부터 갑자기 시작한다. 단테의 서사시에 나오는 지옥 대신에 지저분한 화장실을 등장시킨 것은 조이스가 호머의『오디세이』에 나오는 서사시의 영웅 오디세우스를『율리시스』에서 소시민 블룸으로 대체시킨 것과 마찬가지이다. 한술 더 떠서 서사적인 사건을 서술할 때 쓰이는 문체와 단테의 고전에서 나오는 이미지 등을 사용한 것은 이 추락 사건을 더욱 우스꽝스럽게 만든다. 커넌은 전쟁터에서 용감하게 싸운 전설적인 영웅이기는커녕 술집 계단에서 굴러 떨어진 술꾼에 불과하다. 하지만 이틀 뒤에 친구들이 그의 방에 찾아 왔을 때 그가

"노병의 자부심을 가지고(with a veteran's pride) 약간 자랑스럽게" 그들을 바라보면서 자신을 마치 전쟁터에서 돌아온 병사로 생각하는 것은 흥미롭다.

조이스의 작품에서 모자는 등장인물의 성격, 나아가서는 그의 정체성을 보여주는 역할을 한다. 예를 들면 『율리시스』의 「텔레마코스」(Telemachus)장에서 스티븐이 쓴 챙이 넓은 검은색 중절모자(Latin quarter hat)는 그의 예술가적인 면모를 보여준다. 커넌의 모자가 "몇 야드 멀리까지 굴러가" 있었다는 것은 그의 상실된 정체성을 암시하는 듯하다. 그의 더럽혀진 모자를 다른 사람이 들고 있는 동안 지배인이 그의 정체를 묻지만 아는 사람이 없다. 그리고 경찰관도 역시 "이 사람이 누구인지" 묻지만 그가 누구인지 말해주는 사람은 아무도 없다. 그가 의식을 회복했을 때 그의 머리에 "쭈그러진 모자"가 얹힌다. 경찰이 정신이 돌아온 그에게 "어디에 사느냐?"고 묻자 그는 대답하지 않는다. 그것은 과도한 음주로 인해 야기된 소란 때문에 처벌을 받을까 두려워서이기도 하겠지만, "grace"의 신체적 의미인 그럴듯한 외모로부터 추락한 자신, 즉 구겨진 자아를 드러내고 싶지 않기 때문이기도 할 것이다. 그는 한사코 "별 일 아니다"(Sha, 's nothing)며 얼버무리려 한다. 결국 사건은 그가 발을 헛디뎌 굴러 떨어진 것으로 결론 나고 마무리된다. 한편 "별 일 아니다"는 말이 보여주는 회피적인 자세는 나중에 피정에서 사업가들에게 죄를 짓고 세속적인 삶을 살아도 별 것 아니라고 설교하는 퍼돈(Purdon)신부의 메시지와 연결된다. 다시 모자로 돌아가서, 더럽혀지고 구겨진 그의 모자가 그의 아내에 의해서 "원상회복된"(rehabilitated) 것은 그가 정상적인 모습으로 돌아오는 것과 동시에 일어난다. 그리고 그가 완전히 회복된 신체로 영혼을 새롭게 하기 위해 피정에 참석했을 때 그는 완벽한 모자를 지니고 있다.

그는 평소에도 항상 그 모자, 즉 실크햇을 쓴 모습으로 남들 앞에 서고 싶어 한다.

> 그는 품위 있는 실크햇을 쓰고 각반을 차지 않고서는 결코 시내에 돌아다니지 않았다. 남자란 이 두 가지 외관(grace)만 갖추면 언제든지 검열(muster)을 통과할 수 있다고 그는 말했다.

모자와 "grace"가 같이 등장하는 부분이다. (이 두 단어가 불가분의 관계를 유지하는 것이 최근의 일이 아닌 것은 커넌 부인이 회상하는 그들의 결혼식에서도 커넌은 실크햇을 우아하게[gracefully] 들고 있었던 데에서 알 수 있다). 품위 있는 모자를 쓴 모습은 그가 자신을 다른 사람들의 시선에 드러내 보이고 싶어 하는 모습이다. 실크모자는 그에게 품위와 신분의 표식 같은 것이다. 따라서 당연히 제목의 "grace"는 상실된 은총 혹은 타락(fall from grace) 뿐만 아니라 굴러 떨어져 몰골이 말이 아닌 상태, 즉 품위의 상실의 의미도 포함하고 있다고 하겠다. 커넌은 영적인 "은총" 보다 외적인 품위에 더 큰 관심을 보이고 있다.

의식을 잃은 커넌이 제 정신을 회복하는 것은 자전거 복장(cycling suit)을 한 젊은이–나중에 커넌이 "의료업에 종사하는 사람"으로 고맙게 생각하며 회상한다–의 도움 때문이다. 그에게 처음에 나타난 경찰(constable)은 비무장한 채 더블린의 치안을 맡는 더블린시경(Dublin

Metropolitan Police) 소속의 경찰이다. 나중에 그가 의식을 회복한 후 그를 집으로 데려다 주기로 하며 인계 받은 파워(Power)는 왕립 아일랜드 경찰(Royal Irish Constabulary) 소속이다. 이 경찰은 무장을 한 채 아일랜드 전역의 치안을 맡을 뿐만 아니라 영국의 아일랜드 지배를 공고히 하기 위해 스파이 등을 이용하여 피식민지인들의 반란을 막기도 한다. 따라서 영국 지배의 총본산지라 할 수 있는 더블린 성(Dublin Castle)에서 일하고 있으며 영국으로부터 월급을 받고 있는 파워는 그의 이름만큼이나 힘이 있다. 따라서 그가 나타나서 커넌을 집에 데려다 주겠다고 하자 더블린 시경 소속의 경찰이 경례를 붙이듯 헬멧에 손을 갖다 대며 깍듯이 대하는 것을 볼 수 있다. 파워가 커넌을 보고 "어찌된 일이냐?"고 하자 커넌은 여전히 "별 일 아니다"고 대답하고, 나중에 커넌의 집으로 가는 차안에서 파워가 커넌의 혀끝이 조금 떨어져 나간 것을 발견했을 때에도 커넌은 마찬가지로 "별 일 아니다"라고 말한다. 하지만 커넌의 직업이 차(tea) 외판원이면서 혀끝으로 차 맛을 감정하는 사람이라는 점에서 혀를 다친 것이 결코 대수롭지 않은 일임을 알 수 있다. (『더블린 사람들』의 첫 이야기인 「자매」의 시작부분에 나오는 세 단어는 애초에 마지막 이야기로 계획되었던 「은총」과 연결된다. 커넌이 추락해서 "마비"(paralysis) 상태에 있었고, 혀끝이 잘려나감으로써 한쪽 끝이 떨어져 나간 평행사변형인 "노몬"(gnomon)을 상기시키며, 나중에 피정에서 영적인 것을 물질적인 것으로 환원시키는 신부의 설교는 성직매매, 즉 "사이모니"(simony)와 밀접한 관계가 있다). 커넌이 한사코 상처를 무시하려하는 것은 앞서 말한 남성성에 대한 그의 의식과도 무관하지 않을 것이다. 마치 전쟁터에서 부상을 입은 장수가 동료들의 동정을 호기롭게 물리치듯이 말이다. "훨씬 더 젊은 사람"인 파워는 사회적 성공의 상승곡선을 그리고 있고 반면에 커넌은 하강곡선을 그리고 있다. 다만 "커넌의 쇠운은 전성기 시절의 그를 기억하는 몇몇 친구들이 그를 아직도 대단한 인물로 알아줌으로 해서 피부에 와 닿지 않을 뿐이었다". 한편 파워는 성공한 사람이고 "예의바른 젊은이"이지만 "설명할 수 없는 부채"를 지고 있는 듯이 보인다. 실제로 그가 커넌에게 무슨 빚을 지고 있는 것인지 아니면 『율리시스』에서 알 수 있듯이 정부(mistress)를 두고 있는 것을 말하는 것인지, 아니면 영국을 위해 일하는 사실을 부채로 느끼는 것인지 확실치는 않다. 어쨌든 그는 성공한 사람치고는 매우 겸손하게 동정적으로 사람들을 대한다. 이같이 그가 빚 진 사람처럼 행동하기 때문에 그를 "예의바른" 사람이라고 하는지 모른다.

파워는 커넌을 집으로 데려갔을 때 그의 사업의 몰락이 아이들에게도 심각한 영향을 끼치고 있음을 발견하고 동정심을 갖는다. 아비 없이 자란 아이들처럼 발음과 예의가 엉망인 아이들이 그에게 난폭한 놀이를 시작한다. 그리고 커넌 부인은 남편이 주머니에 돈만 있으면 집에 들어오지 않고 술집에 있는 사람이라는 것을 밝힌다. 커넌은 「에블린」과 「대응」에 나오는 아버지들처럼 가족 특히 아이들은 아랑곳하지 않고 밤늦게까지 술을 마시는, 더블린에서 흔히 볼 수 있는 아버지이다. 커넌 부인은 집에 파워에게 대접할 음식도 없어서 포가티(Fogarty)의 식료품점에 (아직 갚지 못한 외상 빚이 있는데 아마 또 외상으로) 무얼 사러 보내겠다고 말하기도 한다. 커넌의 가족은 가장이 "돈을 가지고 집에 돌아오기를 기다렸다. 하지만 그는 가정이 있는 몸이라는 것조차도 생각하지 않는 듯하다". 이러한 형편에 동정심을 품은 파워가 영국총독부에서 같이 근무하는 변호사 마틴 커닝햄(Martin Cunningham)에게 말해서 커넌을 "새 사람으로 만들어 보겠다"고 그의 부인에게 말하는 것이다.

커넌 부인은 남편을 새로운 사람으로 만들어 보겠다는 파워의 말에 금세 희망을 걸지는 않는다. 그녀는 "어리둥절한 시선으로" 파워의 차가 사라진 것을 지켜본 후 집에 들어와서 남편의 호주머니를 털 정도로 "현실적인" 중년여성이다. 그녀는 이런 말에 희망을 걸기에는 그동안 너무나 힘든 세월을 살아왔다. 그리고 이러한 그녀의 판단은 어느 정도 옳은 것이라고 할 수 있을 것이다. 커넌은 (영적으로 육체적으로) 추락해서 회복한 뒤 또 다시 추락하는 반복의 삶을 살 가능성이 많기 때문이다. 이제 25년의 결혼생활을 보낸 후 그녀에게 "환상이라고는 거의 남아 있지 않았다. 종교는 그녀에게 일종의 습관이었고 남편 나이 또래의 남자가 죽기 전에 크게 변하지 않을 거라는 추측을 하고 있었다". 그녀는 광기로 삶을 마감한 「에블린」의 어머니라든지, 성당에서 피난처와 위로를 발견하는 「대응」의 어머니, 그리고 남편을 몰아내고 여가장이 된 「하숙집」의 대쪽 같은 어머니와는 약간 다르게 극단을 피하고 현실에 순응하며 그것을 운명으로 받아들인다.

> 그녀는 그의 빈번한 폭음을 기후의 일부분이나 되는 양 받아들였고 그가 술로 몸이 좋지 않을 때마다 충실하게 간호하였으며 그가 거르지 않고 아침식사를 하게 하려고 애썼다. 세상에는 더 나쁜 남편들도 많지 않은가. 그는 아

이들이 큰 뒤로는 폭력을 행사한 적이 없었다. 그리고 소량의 주문이라도 받으려고 토마스 가의 끝까지라도 걸어갔다 올 것이라는 것을 알고 있었다.

그녀는 남편의 폭음이 불가항력적인 기후 현상인 양 수용했다. 그리고 "나쁜" 남편이지만 "더 나쁜" 남편들도 많다는 생각으로 자신의 처지를 자기 합리화하였다. 폭음을 일삼는 남편을 기후의 일부분쯤으로, 종교를 습관쯤으로 받아들이며 그의 변화의 가능성에 대해서는 절망적인 그녀는 마비된 더블린의 어머니들을 나타내는 듯이 보인다. 아마 더블린의 다른 여인들도 그녀처럼 결혼 후 "3주 후에 아내로서의 삶이 넌더리났고 나중에 그 삶이 참을 수 없게 되었을 때 이미 어머니가 되어 있었다"는 것을 발견했을 것이다. 그녀가 빠져 나올 수 없는 마비의 덫에 서서히 걸려드는 것을 유머러스하게 보여주는 대목이다.

이틀 후 커닝햄과 파워, 그리고 머코이(M'Coy)가 커넌을 피정으로 유인하겠다는 숨은 계획을 품고 병문안을 핑계 삼아 커넌의 방으로 온다. 이 계획은 파워가 고안해냈지만 "이런 일을 떠맡는데 적임자"인 커닝햄이 주도하여 실천에 옮긴다. 커닝햄은 파워의 회사 선배 동료였다. 그 자신의 가정생활은 불행했는데 그것은 그가 "남 앞에 내놓을 수도 없는 구제불능의 알콜올 중독자와 결혼했기" 때문이다. "그는 여섯 번이나 그녀[아내]를 위해 새로 살림을 장만해 주었으나 그 때마다 그녀는 남편이름으로 가구를 저당 잡히곤 했다". 그가 술에 절어 사는 아내와 살아 왔으니 누구보다도 술주정뱅이들의 사정을 잘 알 수 있다는 점에서 폭음을 일삼는 커넌을 돕는 일에 적임자

일 수도 있을 것이다. 그의 불행한 가정 형편을 제외하면 그에 대한 묘사는 이상화된 것처럼 보인다.

> 모든 사람이 불쌍한 마틴 커닝햄을 존경했다. 그는 완벽하게 사리분별력이 있고, 영향력이 있으며 지적인 사람이었다. 인간성에 대한 그의 지식의 칼날은 그의 천성적인 예민함에 경찰법원에서 맡은 여러 사건들의 실제적 경험이 축적되어 생긴 것으로 보편 철학의 바다에 잠시 몸을 담금으로써 담금질되었다. 그는 아는 것이 많은 사람이었다. 그의 친구들은 그의 의견을 받아들였으며 그의 얼굴이 세익스피어의 얼굴과 같다고 생각했다.

피상적으로 보면 커닝햄은 이론과 실제를 겸비한 지식인일 것이다. 하지만 철학을 "잠시" 공부했다는 부분에서 사실은 그가 수박 겉핥기식의 지식을 소유하고 있을 수 있다는 추측을 하게 된다. 이런 점에서 아이러니를 보여주는 부분이라 할 수 있다. 또한 지식의 "칼날"이 "담금질되었다"고 하는 비유적 표현은 서사시에서 전쟁에 나가기 전 영웅들이 칼날을 벼리고 담금질하여 전투에 대비하는 것을 암시하는 것인데, 서사시를 패러디하는 이 이야기에서 커닝햄이 임무를 맡을 준비가 되어 있다는 것을 보여준다. 그의 공격 대상인 커넌은 스스로를 전쟁터에 다녀온 병사로 생각하지만 그의 전쟁터란 술집 화장실에 불과하고 그의 전투란 계단에서 굴러 떨어진 것이 전부이다. 한편 준비를 갖추었다고 생각하는 커닝햄은 자신이 항상 옳다는 생각을 견지한 사람으로 자주 단정적인 어조로 말을 한다. 하지만 그의 주장은 자주 잘못된 정보와 지식에 근거하고 있다.

친구를 새 사람으로 만들기 위한 계략에 공조한 머코이도 그럴 자격과 능력이 있는지 의심되는 인물이다. 그는 많은 직업을 전전했으며 한 때는 "짧은 기간이나마 잔꾀로 이럭저럭 살지 않으면 안 된 적도 있었다". 최근에는 시 검시관의 비서가 되었다. 파워는 특히 머코이를 싫어한다. 머코이가 커넌이 경찰로부터 아무 탈 없이 풀려난 것에 대해 "잭, 자네가 그 경찰을 매수한 것(square) 이로군"이라고 농담을 하자 파워는 언짢은 기분이 되며 그가 친밀한 관계인 양 자신의 이름("잭")을 부른 것에 대해서도 분개한다. 총독부에 근무하는 자신이 하급기관의 경찰에게 읍소했다는 식의 표현에도 화가 나지만, 무엇보다도 얼마 전에 머코이에게 당한 "잊을 수 없는" 어처구니없는 일 때문에 더욱 기분이 좋지 않다. 머코이는 부인이 "있지도 않은 지방공연"을 한다고 파워에게 가방을 빌리는 등 수선을 피웠으나 빌린 가방을 돌려주지 않았다. 추측컨대 그는 그 가방을 전당포에 잡혔을 것이다. 파워는 자신이 머코이의 농간에 "희생자가 되었다"는 사실보다도 그의 "저급한 장난질"에 더 화가 난다. 그래서 그는 방금 말을 한 머코이에게 반응을 보이는 대신에 커넌을 향해 대답을 하게 된다. (대답 내용은 텍스트에 나와 있지 않지만 아마 지방 악센트를 쓰는 그 더블린 경찰의 바보스러움에 관한 것일 것이다).

친구들은 서서히 작전을 수행해 나간다. 몇 시에 어디에서 만나는데 늦으면 안된다는 둥 자기들끼리 말을 하며 미끼를 던지자 커넌이 마침내 "무슨 일이오?"(What's in the wind?)라고 묻게 된다. 그 때 커닝햄은 "별 거 아니오"라며 회피적인 대답을 함으로써 커넌의 호기심을 더 자극한다. 이처럼 우회공격을 하다 파워가 단도직입적으로 "사실은, 우리가 피정에 참석할 겁니다"라고 함으로써 정면공격을 시도한다. 이 때 커닝햄이 공격에 합류한다.

> "맞소. 잭과 나 그리고 여기 머코이—우리 모두가 그릇을 씻을 참이요." 커닝햄씨가 말했다.
> 그는 수수하게 힘을 주어 그 은유를 말했고 자신의 목소리에 힘을 얻어 다시 말을 이었다.
> "우리는 모두 너나 할 것 없이 불한당 패거리라고 인정하는 편이 좋겠어. . . ."

여기서 커닝햄은 "너나 할 것 없이 불한당 패거리"라는 표현을 쓰는데 실제로 나중에 피정에 모인 사람들은 글자 그대로 그런 사람들로 가득 차 있다. 그들은 각각 자신의 더러운 "그릇을 씻어볼" 요량으로 종교적 집회에 모여든 것이다. 커넌은 그를 끌어드리려는 친구들에게 적의를 보이고 "자존심 때문에 저항의 목을 뻣뻣이 세우지만" 결국 그들의 공격에 손을 들고 만다.

그들이 커넌의 방/병실에서 벌이는 심포지엄은 커넌을 굴복시키려는 전쟁인 셈이다. 그런데 그들이 사용하고 있는 무기인 지식은 거의 부정확한 사실에 근거하고 있음에도 결과적으로는 효과를 발휘한다. 교황 레오 13세에 대한 그들의 대화 부분부터는 잘못된 정보로 가득 차 있다. 예를 들면, 교황들은 모토(motto)를 가지고 있지 않은데도 그들은 레오 13세의 모토가 "빛 위의 빛"이라느니 "어둠 속의 빛"이라느니 하면서 논쟁을 한다. 그들이 말하고 있는 것은 교황의 모토가 아니고 20세기 아일랜드의 성인 말라기(Malachy of Armagh)가 미래의 교황을 한 구절로 요약해 놓은 "예언"에서 나온 것으로 말라기는 레오 13세에 대해 "천국의 빛"이라고 표현했다. 어쨌든 모두들 맞지도 않은 사실을 진지하게 논의하고 있는 병실의 세미나는 우스꽝스럽기까지 하다. 이어서 커닝햄은 "교황 레오가 위대한 학자이자 시인이었다"라고 주장하고 커넌도 거들어서 그가 "강렬한 인상"의 소유자이었다고 말하는데 이 또한 모두가 사실무근이다.

그들의 실수는 교황의 선포에는 오류가 없다는 "교황무오설"(敎皇無誤說, Papal Infallibility)에 관한 대화에서도 계속된다. 커닝햄에게는 이것이 그의 주요한 무기인 듯하다. 그래서 그는 "교황무오설이야말로 교회 전 역사에서 가장 위대한 장면이었다"고 선포한다. 그런데 이와 관련하여 그가 말하는 것 중에는 사실과 다른 것이 많다. 예를 들면 교황무오설에 반대한 두 사람이 독일인 추기경과 아일랜드의 민족주의자인 투엄의 대주교(Archibishop of Tuam) 죤 맥헤일(John MacHale)이라는 것은 사실이 아니다. 이름도 불명확하게 언급되는 독일인 추기경의 이름은 될링거로 "추기경"이 아니고 "신부"였다. 또한 그가 반대한 후 스스로 "교회를 떠났다"고 하는데 "파문되었다"고 하는 것이 더 정확한 표현이다. 맥헤일은 예비투표에서는 반대했지만 최종적인 서명자 명단에는 가부간에 빠져 있었다(Beck 292). 최종적으로 반대했다가 결정된 후 즉시 복종한 두 주교는 미국인 핏제랄드(Fitzgerald)와 나폴리 왕국의 리치오(Riccio)이었으므로 오히려 포가티의 주장이 거의 맞는 셈이다. 그러나 이러한 실수와 오류에도 불구하고 커닝햄의 공격은 효과를 얻는다. 그의 말은 "듣는 사람들의 마음에 교회에 대한 거대한 이미지를 심어주었다. 그의 깊고 거친 목소리가 믿음과 복종의 말을 전할 때 그들은 전율을 느꼈다". 커넌은 이처럼 단편적이고 부정확한 지식, 그리고 감상적인 교회에 대한 이미지 혹은 그것의 피상적인 명성 때문에 조금씩 설득 당하게 된다.

결국 커넌은 네 친구들의 공격에 굴복하여 피정에 가게 된다. 그를 새 사람으로 만들겠다는 생각은 파워에게서 나왔으나 친구들 덕택에 그가 군사적 전술을 써 볼 겨를도 없이 작전은 성공을 거두게 된다. 그래서 만족한 파워는 자신이 "완전히 전술에 진 것 같은 느낌을 받는다"(He felt completely out-generalled). 일이 순조롭게 풀렸기 때문에 친구들의 전술이 대단해 보였을 것이다. 어쨌든 커넌은 피정에 가서 설교를 듣기로 하는데 끝까지 완전히 백기를 들지는 않는다. 그는 "피정 같은 것(retreat business)과 고해 성사, 그리고 . . . 모든 그런 일(all that business)은 할 수 있지만 . .촛불은 싫어!"라고 말한다. 이처럼 그가 영적인 일을 "business"로 전락시키는 것은 나중에 피정에서 퍼던 신부가 사업가(businessmen)들을 대상으로 사업 식(business-like way)으로 말하겠다는 것과 연결된다. 또한 커넌이 촛불을 "마술 램프"인양 상징화하는 것은 싫다고 하는 것은 개신교 집안 태생이었고 결혼하기 전까지 개신교였던 그가 아직도 가톨릭교회의 상징에 거부감을 느끼고 있음을 보여준다. 그가 결혼을 위해서 편의상 개종한 것일 뿐 겉으로만 가톨릭신자라는 것은 퍼던 신부를 "설교자"라고 지칭한 데에서도 알 수 있다. 가톨릭교회의 아웃사이더로서 그는 개신교의 용어를 쓰고 있는 것이다. 그리고 그가 촛불 사용을 거부하는 것은 피정에 마지못해 가기는 하지만 실크햇과 각반의 착용이 연상시키는 자존심을 끝까지 유지하고 싶어 하는 그의 마음을 반영한다.

피정은 가디너 가의 예수회 교회에서 열린다. 그 곳에 모인 사람들은 모두 "잘 차려입고 예의바른" "신사들"(gentlemen)이었다. 하지만 그들은 성경에서 말하는 회칠한 무덤 같은 바리새인들과 별로 다를 바 없는 존재들이었다. 설교단 가까이에 나란히 앉아 있던 커닝햄이 커넌에게 그가 알 만한 사람들이 왔다는 것을 소곤소곤 이야기하며 알려준다. 커넌이 계단에서 떨어지기 전에 같이 술을 마시다가 사고가 나자 슬쩍 도망가 버렸던 사채업자 하포드씨(Mr Harford)가 "약간 멀리 떨어져서" 앉아 있고, 「파넬 추모일의 선거사무실」에 등장했던 정치꾼인 패닝(Mr Fanning)도 무슨 꿍꿍이 속인지 새로 선출된 구의원과 자리를 같이 하고 있으며, 세 개의 전당포를 소유하고 있는 마이클 그라임스(Michael Grimes) 또한 버젓이 앉아 있다. 커넌이 "낯익은 얼굴들을 알아보면서 점차 편안해지기 시작"하는 이유는 아는 사람들이 있다는 것뿐만 아니라 이곳도 속세와 별 다를 바 없다는 인식 때문일 것이다. 커넌 자신도 술집 계단에서 굴러 떨어질 정도로 타락한 술고래이지만 이곳에서는 "원상회복된" 실크햇을 곱게 무릎 위에 간직한 "신사"의 모습을 가장하고 있다.

설교를 맡은 신부의 이름 퍼돈(Purdon)은 악명 높은 더블린 사창가의 옛 이름 퍼돈가(Purdon Street)를 상기시킨다. 육체를 매매하는 거리의 여자들처럼 성스러운 것을 매매하는 세속적인 신부를 암시하는 듯하다. 또 "Purdon"은 "pardon"과 유사해서 그가 중세시대의 신부들이 면죄부를 팔았던 것처럼 너무 쉽게 죄인들을 "용서"해 주는 존재임을 가리킬 수도 있을 것이다. 그가 "안간힘을 써서 설교단으로 올라가는" 모습에서는 「자매」의 플린 신부만큼은 아니더라도 어느 정도 (육체적으로 영적으로) 마비된 존재임을 암시한다. 커넌의 친구들이 역사적 사실에 대한 잘못된 정보로 커넌을 설득하듯이 퍼돈 신부는 성경에 대한 잘못된 해석으로 그곳에 모인 청중들의 마음을 끌려고 한다. 그는 먼저 대부분의 사람들은 "세상에서 그리고 어느 정도 세상을 위해서" 살지 않으면 안 된다며 세속적으로 사는 사람들을 안심시킨다. 그는 그가 인용한 누가복음 16장 8-9절이 "사업가들을 위한 텍스트"로서 "모든 남자들 중에서 종교적인 일에 가장 덜 열심인 재물신의 숭배자들을 종교적인 삶의 모범자들로서 보여주기 위한" 것이라고 말한다. 그렇게 함으로써 신부는 재물신과의 세속적인 타협을 합리화한다. 그것은 거기에 모인 사람들이 듣고 싶어 했던 바로 그 메시지였다. 그는 종교적 삶의 수준을 청중(과 그리고 아마 자신)의 수준으로 하향 조정한 것이다.

그는 사업적인 회계의 은유를 사용하여 영적인 삶을 설명함으로써 그것을 장부정리의 계산거리로 전락시킨다. 그것은 사업가, 전당포 주인, 고리대금업자들이 가장 이해하기 쉬운 용어일 것이다.

> 그는 청중에게 그 날 저녁 그가 거기에 선 것은 그들을 겁주거나 다른 엄청난 목적을 위해서가 아니라 세상 속의 사람으로서 같은 세상 속의 사람들에게 말을 건네기 위해서라고 말했다. 그는 사업가들에게 말하기 위해서 왔고 사업가 식으로 말할 것이라고 했다. 은유를 사용한다면 그는 그들의 영적인 회계사라고 했다. 그는 모든 사람 각자가 자신의 장부, 영적인 삶의 장부를 열어보고 그 장부가 양심과 정확하게 들어맞는지를 살펴보기를 원했다.

그의 결론은 회계장부를 들여다보는 사업가의 것처럼 매우 단순하다. 장부가 양심과 잘 부합한다면 좋은 것이지만, 만약 들어맞지 않는다면 "이것과 이것이 잘못 되었습니다. 하지만 하느님의 은총으로 이것과 이것을 고치겠습니다. 제 회계장부를 바로 잡겠습니다"고 하면 해결된다는 것이다. 회계장부에서 차변과 대변이 일치하기만 하면 영적으로 아무 문제가 없다는 말이다. 이것은 파워가 앞에서 반복한 "끝이 좋으면 다 좋다"(all's well that ends well)는 말과 일치하는 것이다. 고리대금업과 전당포를 해서 돈을 벌더라도 이런 부채를 다른 일로 갚으면 문제가 없다는 뜻일 것이다. 그렇다면 파워가 지고 있는 "설명할 수 없는 부채"–아마 술집 여급을 정부로 두고 있는 것–도 커넌을 도와준다든지 하는 일로 갚으면 된다는 논리일 것이다. 하지만 신학적으로 보았을 때 "은총"이란 신(하나님)이 무료로(계산하지 않고) 내려주는 선물(은혜)인데 퍼돈 신부는 그것을 정확한 회계(계산)에 토대를 둔 사업의 관점에서 정의하는 오류를 범하고 있다.

결국 커넌의 부인이 예상했듯이 커넌이 이 종교적 행사에 참여함으로써 새 사람이 된다는 것은 불가능할 것이다. 그는 술집과 피정, 그리고 그의 구겨진 모자와 원상회복된 모자가 각각 나타내는 추락과 회복의 삶을 반복하며 살 것이다. 그리고 이러한 반복은 더블린의 마비를 보여주는 것이 아니고 무엇이겠는가?

15. 「망자」(亡者, The Dead)

「망자」는 『더블린 사람들』의 마지막 작품이자 가장 긴 이야기로서 이 책 전체의 종결부분으로 간주되기도 한다. 이 작품은 길이로 보나 내용으로 보나 사실상 중편소설에 해당된다. 조이스는 1906년 로마로 이주한 후에 이 작품을 구상하기 시작하였지만 출판하기까지 긴 시간을 필요로 했다. 조이스는 임신한 아내 노라, 아들 죠지오(Giorgio)와 함께 다음 해 3월 트리에스트(Trieste)로 돌아와서 작품을 쓰기 시작하였다. 그러나 7월 중순 심한 류머티즘 열(rheumatic fever) 때문에 병원에 입원하게 되었고 그 병원에서 며칠 뒤에 노라가 두 번째 아이인 루시아(Lucia)를 낳게 되었다. 이처럼 새로운 생명이 탄생할 즈음에 자신의 죽음의 가능성을 경험한 후에 그는 자신이 쓸 작품에 대한 계획을 바꾸게 되었다. 그는 『스티븐 히로』(*Stephen Hero*)를 버리고 그 대신 나중에 『젊은 예술가의 초상』이 될 새로운 자서전적 소설을 쓰기로 결정했다. 조이스는 자신은 "아프고, 스태니스로스는 기분이 언짢으며, 노라는 몸이 약한 상태에서 수유(授乳)하고 있고, 루시아는 울어 대고, 죠지오는 제멋대로 뛰어 노는" 어수선한 집안 분위기에서 1907년 9월 20일 「망자」라는 걸작을 완성했다(Ellmann 262).

조이스의 동생 스태니스로스 조이스(Stanislaus Joyce)는 "「망자」의 배경"이라는 글에서 이 작품이 생겨나게 된 과정을 다음과 같이 쓰고 있다.

「망자」에 대한 구상은 형[제임스 조이스]이 이미 트리에스트에 있을 때 내가 그에게 보낸 편지로 시작된 것이었다. 그것은 이렇게 일어난 것이었다. 더블린에서 열린 무어(Moore) 백주년 음악회의 주(主)가수는 . . . 런던에 살고 있는, 가장 유명한 아일랜드 출신 바리톤, 플런켇 그린(Plinket Green)이었다. 아버님이 젊은 시절에 음악회에서 이 사람과 함께 노래하셨고 이 분에 대해서 자주 말씀하셨으므로, 나는 그의 노래를 들으러 갔다. 그의 목소리는 다소 거친 듯했지만, 그는 그 목소리로 자신이 좋아하는 일을 할 수 있었다. 무어의 아일랜드 곡들 중에 "망자"(The Dead[아마 스태니스로스가 "Oh, Ye Dead"라는 곡을 가리킨 듯함])라는 곡이 있었다. 2절에서 망자들이 말하는 대목에서 플런켇 그린은 무덤의 목소리로 노래하지 않고 구슬픈 피아니시모(매우 부드럽게)를 사용했다. 효과는 전율적인 것이었다. 그것은 나에게 예이츠의 다음과 같은 자장가를 생각나게 했다.

> 천사들이 내려와 아가의 하얀 침대 위에서
> 내려다보고 있네;
> 흐느껴 우는 망자들과 함께 어울리는데
> 지쳤나 봐.

마치 망자들이 살아 있는 사람들의 행복에 대해서 흐느끼며 불평하고 질투하는 것처럼 들렸다. 형은 이 아이디어를 좋아했고 나에게 이 노래를 보내달라고 부탁했다. 나는 그렇게 했지만, 그가 약 6, 7년 후에–아이디어가 작품으로 성숙하기까지는 그렇게 많은 시간이 걸렸다–작품을 쓸 때, 그는 [이 노래 대신] 아일랜드의 서부 발라드를 노래로 사용하게 되었고, 이 노래는 작품의 전환점이 되었다("Background" 526-27).

즉, 조이스는 "오 그대 죽은 자들이여"(Oh, Ye Dead) 대신에 "오그림의 아가씨"(The Lass of Aughrim)를 그의 작품에 사용했던 것이다. 하지만 비록 노래는 바뀌었지만 망자들과 살아 있는 사람들 간의 관계에 대한 생각은 처음부터 조이스의 작품구상 속에 변함없이 존재하고 있었다고 할 수 있다.

참고로, "오 그대 죽은 자들이여"라는 노래의 1절은 망자들에게 왜 무덤을 떠나 친구들이 죽어 묻혀있는 들판을 자꾸 찾아오느냐고 묻는다. 그리고 제2절은 다음과 같이 이어진다.

> 맞아-맞아-우리는 차갑고 창백한 망령들이야.
> 맞아-맞아-우리가 사랑했던 모든 친구들은 저승으로 가버렸지.
> 　　하지만 아! 이렇게 죽은 후에도
> 젊어서 우리가 자주 가까이했던 들판과 꽃들의
> 　　냄새가 아직도 너무 감미로워
> 　　우리가 저주받아
> 　헤클라[아이슬란드에 있는 화산]의 눈 속에 얼어붙기 전에
> 다시 그 냄새를 맡고 싶고 한 번 더 우리가 살아 있는 것을 꿈꾸고 싶어.

이와 관련하여 「망자」의 시간적 배경을 1월 6일, 즉 에피퍼니 축일(The Feast of Epiphany)로 보는 비평가들이 있는 것은 흥미롭다. 게이브리엘이 마지막 부분에서 에피퍼니를 통해 자기 인식에 이른다는 점에서도 그렇지만, 또한 이 날 밤에는 귀신들 혹은 망령들에 대한 이야기를 하게 된다고 하는 점에서도 그렇다. 이 이야기에는 얼마나 많은 망자들에 대한 이야기가 나오는가? 그러나 "살아 있는" 사람들이 죽은 사람들과 비교해서 얼마나 "살아 있는가"를 살피는 것도 중

요할 것이다.

또 다른 작품배경을 살펴보면, 그레타(Gretta)의 고백 내용이 조이스의 아내 노라(Nora Barnacle)의 전기적 사실과 많이 유사하다. 노라의 고향은 그레타의 고향과 마찬가지로 서부의 골웨이(Galway)이다. 그곳에서 노라를 좋아했던 마이클(Michael ["Sonny"] Bodkin)이라는 대학생이 결핵에 걸려 집에 꼼짝없이 갇혀있어야 했다. 어느 날 노라가 더블린으로 갈 것이라는 것을 알게 되자, 그는 그녀의 창 밖에서 그녀에게 작별의 노래를 불러주기 위해 비가 내리고 있는데도 불구하고 병실에서 몰래 빠져 나왔다. 노라는 더블린에서 그가 죽었다는 소식을 듣게 되었다고 한다.

이야기는 크게 세 부분으로 이루어져 있다. 첫째 부분은 파티에 손님들이 도착해서 인사하고 소개하는 등 파티에 들어가기 전에 준비하는 단계이다. 둘째 부분은 파티가 시작되고 무도회가 열리는 부분이다. 그리고 마지막 부분은 파티가 끝나고 게이브리엘과 그레타가 호텔로 돌아와 마이클에 대해서 이야기하는 부분이다. 이야기가 진행되면서 초점이 점점 좁혀지는 것은 흥미롭다. 첫 부분에서는 많은 손님들에 대한 전체적인 소개가 있다. 그러나 다음 부분에서 초점은 만찬 테이블과 거기에 앉은 몇 사람으로 모아지고, 마지막 부분에 이르면 게이브리엘 부부로 좁혀지며, 작품이 끝날 때에는 게이브리엘만 홀로 창가에서 온 세상을 덮은 눈을 바라보며 서 있다.

죽음은 이 작품의 중요한 모티프 중의 하나이다. 작중인물 중 브라운씨(Mr Browne [갈색은 마비와 죽음의 이미지])가 "어디에나 있듯이", 죽음은 있지 않은 곳이 없다. 그러나 마찬가지로 죽음을 다루고 있는

「자매」와 달리 이 작품은 외견상으로는 활기 넘치는 잔치의 분위기로 시작되고 진행된다. 예수의 탄생을 축하하는 크리스마스 시즌에 열린 무도회라는 점, 당연히 노래와 음식 등이 있다는 점, 그리고 사람들 간에 유쾌한 대화가 있다는 점 등에서 이곳이 죽음과는 거리가 먼 곳처럼 보일 수 있다. 그러나 버지니아 울프(Virginia Woolf)의 『댈러웨이 부인』(*Mrs Dalloway)*에서 파티가 한창 열리고 있는 중에 죽음(자살)의 소식이 도착하듯이 더블린 사람들의 춤, 웃음, 노래에는 죽음의 그림자가 짙게 깔려 있다. 표면적으로는 탄생을 축하하는 잔치임에도 불구하고 참석자들은 점점 더 과거와 죽은 사람들에 관한 대화 속으로 빠져들다가, 죽음, 승려들, 관 같은 것에 대한 토론을 하게 됨으로써 잔치는 거의 장례식의 우울한 분위기를 자아낸다. 텍스트에서 "mortal", "perished", "coffins", "buried", "shadow", "gloom"처럼 죽음을 암시하는 단어들이 지속적으로 나타나서 이러한 분위기를 강조해 준다. 또한 망자들 중 몇 명은 특별하게 기억되고 언급된다. 예를 들면, 아들이 "시골 처녀"인 그레타와 결혼하는 것에 반대했던 게이브리엘의 어머니는 죽기 전 오래 동안 병석에 누워있었다. 그리고 게이브리엘의 사촌 메리(Mary Jane)의 아버지의 죽음은 재정적인 문제를 야기해 그의 자매들이 스토니 배터(Stoney Batter)에 있던 저택에서 살지 못하고 현재의 세든 집에서 살게 된 배경과 더불어 기억된다. 또한 게이브리엘의 외할아버지인 패트릭 모컨(Patrick Morkan)은 어느 날 그가 군인들의 열병을 구경하고자 외출하였으나 그의 말이 빌리 왕의 동상 주위만을 마비된 듯 빙빙 돌고 말았다는 일화와 함께 소개된다. 그러나 무엇보다도 이 작품을 지배하고 있는 인물은 그레타의 의식 속에 아직도 생생히 살아있는 죽은 마이클(Michael Furey)이다. 뿐만 아니라, 사람들은 만찬 중에 이미 사라진 과거의 유명한 오페라 가수들에 대한 이야기로 꽃을 피우기도 한다.

또한 현재 잔치를 주관하고 있는 두 자매, 케이트(Aunt Kate)와 줄리아 뿐만 아니라 멀린스 부인(Mrs Malins)은 죽음을 지척에 두고 있는 사람들이다. 그들을 묘사하고 있는 구절과 문장을 세밀하게 살펴보면 그것은 분명해진다. 예를 들면, 줄리아 이모는 "자신이 어디에 있는지 혹은 어디로 가고 있는지를 모르는 여자"처럼 보이고, 케이트 이모는 "말라비틀어진 붉은 사과" 같은 얼굴을 하고 "너무 허약해서 많이 돌아다니지 못한다". 그러나 이들만이 죽음에 가까이 있는 것은 아니다. 그 외에도 현재 생생하게 살아 있지만 죽은 것이나 다름없는 사람들이 많다. 예를 들면, 결혼하기도 전에 남자들에 대해서 환멸을 느끼고 벌써 세상살이에 지쳐버린 하녀 릴리, 마찬가지로 결혼도 못하고 인정받지 못한 피아노 실력으로 늙은 두 이모를 부양하고 있는 메리, 가수에게는 절망적인 거친 목소리를 가진 테너 가수 다아시(D'Arcy), 항상 술 취해 있는 프레디 멀린스(Freddy Malins) 등이 그런 부류에 속한다. 또한 그레타는 가부장적이고 보수적인 남편 게이브리엘의 밑에서 숨 막힐 정도로 단조로운 삶을 살아 왔음이 암시되어 있다. 그러나 무엇보다도, (특히 그레타의 마음 속에서) 마이클이 죽었으나 살아 있는 사람처럼 그려지고 있다면 대조적으로 게이브리엘은 살아 있으나 죽은 사람으로 묘사된다.

게이브리엘은 대학을 나온 후 교사(혹은 교수)로서 자리를 잡았고 또한 신문에 서평을 쓰고 있는 중류층 신사로서 나름대로 경제적인 여유도 있는 편이지만, 그의 "불안한 시선"이 암시하듯이 자신의 정체성에 대한 확고한 믿음이 없다. 그는 열등의식과 우월감의 양극단을 왕래한다. 그가 외모에 유난히 신경 쓰는 것(예를 들면, 그의 고급 가죽 신발, 최신 유행의 헤어스타일, 금테 안경, 고무 덧신 등이 이를 증명해 준다)은 자신의 위치를 드러내고 싶어 하는 우월감의 표시로 볼 수도 있겠지만, 다른 한편으로는 자신의 열등의식을 숨기려는 데에서 나온 것으로 볼 수도 있을 것이다. 그렇기 때문에 그는 다른 사람들이 자신의 언어, 행동에 대해서 어떻게 생각할 것인지에 대해 항상 예민하다. 따라서 이 작품에서 그가 겪는 소위 "정체성의 위기"는 어쩌면 예상된 것이었는지 모른다. 그의 위기는 특히 세 명의 여자들과의 대화를 통해 점점 더 고조된다. 그는 먼저 이모 집에 들어서면서 만난 하녀 릴리에게 흔히 어린 아이티를 벗은 소녀에게 하듯이 이제 처녀가 다 되었으니 얼마 있지 않으면 시집가겠구나라는 취지의 말을 한다. 그러나 뜻밖에도 릴리는 "요즈음 남자들은 감언이설이나 하고 이익만 챙기려 한다"고 대꾸한다. 게이브리엘은 자신이 무슨 실수나 한 것처럼 얼굴을 붉힌다. 그녀의 말은 게이브리엘이 당연하게 생각해 왔던 것, 즉 가부장 사회에서의 남자들의 위치, 나아가서는 결혼제도에까지 의문을 던지는 것으로도 볼 수 있을 것이다. 여기서 남자로서의 그의 정체성이 흔들리기 시작한다. 사회적 계층의 관점에서 보았을 때 그는 고등교육을 받은, 부유한, 기혼의 전문직 남자로서 거의 계층 사다리의 꼭대기에 있고 릴리는 맨 바닥에 위치해 있다. 「대응」에서 사무실 직원들이 정치적 경제적 사다리의 정점을 나타내는 사장을 알레인씨로 부르고 "sir"라는 단어를 통해 계급의 차이를 드러내듯이, 릴리는 게이브리엘을 "콘로이씨"(Mr Conroy)라 부르고 "sir"를 붙이는 것을 잊어버리지 않는다. 그녀가 "콘-로이"라는 이음절어를 "코-노-로이"처럼 3음절로 발음하는 것과 "요즈음 남자들은. . ."(The men that is. . .)에서 표준영어에서 벗어난 문장을 사용하는 것은 그녀가 아일랜드 서부의 시골 출신일 가능성을 암시한다. "palaver"(감언이설)은 "말"을 뜻하는 포르투갈어의 "palabra"에서 온 단어이다. "감언이설"이나 하는 남자란 말 뿐인 남자(man of words)를 말하고, 곧 가르치고 글을 쓰는 게이브리엘을 가리킨다면 이와 반대로 실천/행동하는 남자(man of action)는 애인을 위해 목숨을 내놓는 마이클 퓨어리를 가리킬 수 있을 것이다. 어쨌든 현재의 모든 남자들에 대한 그녀의 비판이 게이브리엘의 마음의 평정을 잃게 한다. 그는 자신의 실수를 돈으로 보상하기 위해서 인 듯 릴리의 손에 억지로 맡기다시피 동전을 밀어 넣어준다. 돈을 통해서 그는 릴리를 모욕했을 뿐만 아니라 그 자신은 억지로나마 다시 우월성의 자리에 서게 된다. 그는 신부가 영적인 것을 금전적으로 매매하여 성직매매(simony)의 죄를 짓듯이 돈으로 그의 난처한 형편을 벗어나려 한 것이다.

그녀가 저학력자라는 것은 첫 문장에서 드러난다. 이야기는 "관리인의 딸 릴리는 문자 그대로 발이 땅에 닿을 새가 없었다"(Lily, the caretaker's daughter, was literally run off her feet)로 시작한다. 케너(Hugh Kenner)는 조이스의 작품에서 서술자가 중립적인 언어 대신 등장인물이 사용했을 법한 언어를 자주 사용하는 것을 발견하고 이를 "찰스 할아버지의 원리"(Uncle Charles Principle)라 이름 지었는데, 위 문장에서 서술자가 범한 문법적인 실수, 즉 "figuratively" 대신 "literally"를 사용한 것은 서술자가 묘사하는 대상인 릴리가 저질렀을 법한 것이었다. 다시 설명하자면, "발이 땅에 닳을 새가 없다"는 비유적으로 말한 것인데 릴리는 "문자 그대로"라고 잘못 말했을 것이 뻔하고 서술자도 그 영향을 받아 문법적 오류가 있는 첫 문장을 사용한 것이다.

얼마 후에 열린 무도회에서 게이브리엘은 아이버스양(Miss Ivors)과 파트너가 된다. 그녀는 대학을 나왔고 게이브리엘처럼 교편을 잡고 있는 독립적인 미혼여성 (혹은 신여성)으로 열렬한 아일랜드 민족주의자이다. 릴리와 달리 그녀를 아이버스 양이라고 성(Last Name) 앞에 경칭을 붙여 부르는 것에서 그녀의 사회적 위치가 상대적으로 높다는 것을 알 수 있다. 그녀는 다른 여성들과 달리 가슴이 깊이 팬 코르셋을 입은 대신에 "아일랜드의 도안과 제명이 들어있는 큰 브로치"를 차고 있었다. 그 브로치는 그녀가 민족주의자임을 보여주는 것으로, 그녀는 전통적인 여성성을 보여주는 의상 대신에 도전적인 정치적 상징물을 보여줌으로써 가부장적인 게이브리엘을 불편하게 한다. 그런 그녀가 대뜸 그에게 "따져야 할 일이 있다"며 보수 진영의 신문인 『데일리 익스프레스』(*Daily Express*)에 서평을 쓴 그를 노골적으로 "친영파"(West Briton)라고 부른다. 여기서 "West Britain"이라는 용어는 문화적 정체성이 매우 영국적이거나 영국사회에 속하기를 원하는 것처럼 보이는 사람을 가리킨다. 민족주의자의 입장에서 그는 배신자, 매국노 혹은 제국과의 공모자가 된다. 그녀의 입장은 문학가가 되기 위해서는 먼저 민족주의자가 되어야 한다는 그 당시의 민족주의자들의 주장과 크게 다르지 않다. 게이브리엘은 이에 "문학은 정치를 초월한다"는 말로 대꾸하고 싶지만 결국 하지 못한다. 어쨌든 "당황한 기색이 게이브리엘의 얼굴에 나타났다". 왜냐하면 이러한 비난은 아일랜드인으로서의 게이브리엘의 정체성에 대한 심각한 도전이기 때문이다. 이러한 그녀의 비난은 그녀가 게이브리엘의 오랜 친구 때문일 뿐만 아니라 동등한 교육을 받고 동등한 일을 하고 있기 때문에 가능하다.

게이브리엘은 유럽대륙 지향적이다. 그가 그레타에게 눈 오는 날 고무덧신(goloshes) 신기를 강요하는 이유는 "유럽대륙 사람들이 신기 때문이다". 그가 동경하는 유럽대륙은 문명화 된 곳이지만 그레타의 고향이 있고 마이클이 묻혀 있는 서부는 문명의 영향을 적게 받은 가장 아일랜드적인 곳이다. 게이브리엘이 여름휴가를 유럽대륙으로 가겠다고 하자 아이버스양은 그에게 아일랜드의 토속문화가 가장 많이 남아 있는 서부의 애란 섬(Aran Island)으로 가기를 권한다. 서부는 아일랜드 문예부흥운동이 시작되면서 이상화된 순종 아일랜드인 농부가 살고 있는 곳으로 민족주의자들이 추천하는 곳이었다.

– 우리나라가 아니고 왜 프랑스와 벨기에를 여행하려고 하는 거예요?, 아이버스 양이 말했다

– 글쎄, 외국어를 접하기도 하고 기분전환도 될 것 같아서 말이죠, 게이브리엘이 말했다.

– 당신나라의 언어도 접해 보아야 하지 않나요? 게일어(아일랜드어) 말이죠, 아이버스 양이 말했다.

– 그 얘기라면, 게일어는 내 나라말이 아니오. . . .

– 그리고 당신이 아무것도 모르고 있지만 가 보아야 할 우리의 땅, 우리나라 사람들, 우리나라가 있잖아요? 아이버스 양이 계속 말했다.

– 솔직히 말해서, 난 우리나라에 넌더리가 나요, 넌더리가! 게이브리엘이 갑자기 응수했다.

게이브리엘이 "당신나라의 언어"와 "우리의 땅"이라는 말 앞에 당황하는 것은 이러한 어귀가 그 당시에 민족의 정통성과 불가분의 관계로 얽혀있었기 때문이다. 하지만 그는 유럽으로 가야 한다고 잘라 말하며 심지어는 "우리나라에 넌더리가 난다"고 말하기까지 한다. 게이브리엘은 민족주의자들이 아일랜드인의 정통성과 관련하여 "우리의 땅"에 대해 신물 날 정도로 들어왔음을 불평하고 있다. 뿐만 아니라 그 당시 세계주의적인 것과 지방적인 것이 정체성과 관련하여 논쟁거리였음을 상기시켜주는 대목이기도 하다. 문예부흥운동에 비판적이었으며 주로 외국도시에서 작가생활을 한 조이스는 세계주의를 선호하는 편이었다.

게이브리엘은 "아이버스양과의 사이에 있었던 불쾌했던 일에 대한 모든 기억을 털어내려 애쓴다". 그 때 아내가 와서 서부에 있는 그녀의 고향 골웨이로 휴가를 가고 싶다며 아이버스양과 같은 입장을 취한다. 이는 게이브리엘이 나중에 아내로부터 받게 될 마지막 도전을 미리 보여주는 것이라 할 수 있을 것이다.

파티가 끝난 후 호텔로 돌아온 게이브리엘은 아내로부터 그녀에 대한 사랑을 위하여 17세의 나이에 목숨을 내던진 마이클에 대한 고백을 듣는다. 그는 오랜 결혼 생활동안 아내와의 관계에서 자신에게는 그러한 열정이 없었음을 깨닫고 자신이 남편으로서 얼마나 허수아비 같은 역할을 해왔는지를 깨닫는다. 게이브리엘의 자신에 대한 신랄한 평가는 「애러비」의 말미에서 소년이 자신에 대해 하는 평가("허영에 이끌리고 조롱받는 놈")보다 깊이가 있다.

> 그가 그들 단둘만의 삶에 대한 추억에 젖어 있을 때, 애정과 쾌락과 욕정으로 가득 차 있을 때, 그녀는 마음속으로 그를 다른 남자와 비교하고 있었던 것이다. 그 자신에 대한 수치스러운 의식이 그에게 몰려왔다. 그는 자신이 이모들을 위해 잔심부름이나 하는 우스꽝스러운 인물로, 천박한 사람들에게 연설이나 하고 자신의 조야한 욕정을 이상화하는 소심한 선의의 감상주의자로, 그리고 거울에서 흘끔 보았던 가련한 얼빠진 놈으로 보았다. 본능적으로 그는 좀 더 빛을 등지고 섰다. 그의 이마에서 타오르고 있는 수치를 그녀가 보지 않도록.

죽은 마이클은 석탄으로부터 난방과 조명을 위한 가스를 만들어내는 공장에서 일한 노동자였다. 이 공장이 공기를 오염시키는 물질을 배출하였고 또한 이곳에서 일하는 사람들의 건강을 위협하였다. 따라서 엄밀히 말하면 마이클은 그레타에 대한 사랑 때문이라기보다는 폐결핵 때문에 죽은 것이었다. 어쨌든 이 정도로 천한 마이클의 직업은 게이브리엘의 것과 비교될 수 없는 것이었다. 더구나 마이클은 17세의 소년이었기에 잠시나마 그에 대해서 질투심을 느끼며 그를 적수로 대했던 자신에 대해 "수치"를 느끼는 것이다. 마이클은 선명하게 아내의 의식에 살아 있었지만 게이브리엘 자신은 오히려 허깨비 혹은 망령(shade)에 불과한 양 가부장제가 부과하는 남편의 역할을 열정이 결핍된 채 맡아 온 것이었다. 남편으로서의 그의 정체성조차도 의문시되는 순간이다.

한편 그레타는 가부장적인 남편 게이브리엘의 지나친 보호와 간섭 밑에서 통제되는 삶을 살아왔다. 그 삶은 그레타가 케이트 이모에게 불쑥 던진 말에서 감지할 수 있듯이, 무엇을 신을지, 무엇을 먹을지까지도 통제되는 삶이었다.

> 저 이는 정말 골치 아픈 사람이에요. 밤에 탐의 눈을 위해서 전등에 녹색 갓을 씌워야 한다느니 아령을 하게 해야 한다느니 야단이고 에바에게는 억지로 오트밀 죽을 먹이려 한다니까요. 얘가 불쌍하지 뭐예요! 그 얘는 그 죽을 보는 것도 싫어하는데 말이에요! . . . 아 하지만 저이가 저에게 무엇을 신게 했는지 추측도 못하실 거예요.

그녀는 남편이 유럽으로 여행하는 동안 더블린의 다른 여인들과 마찬가지로 집안일에 갇혀 있었다. 아이버스 양이 게이브리엘에게 그레타의 고향이 있는 아일랜드의 서부로 휴가를 떠날 것을 권하자, 그는 유럽으로 친구들과 여행을 떠나게 될 것이라고 말함으로써 사실상 여행은 여성에게 제외된 영역임을 암시하고 있다. 그리고 그레타가 그에게 서부, 특히 그녀의 고향인 골웨이로 "제발 가자"고 간청했을 때 그가 그것을 묵살하는 것은 그녀의 욕망, 나아가서는 주체로서의 여성(사족: 여성의 고향, 여성의 어린 시절이 여성의 주체성과 어떤 관계가 있을까?)을 존중하지 않는다고도 볼 수 있을 것이다.

게이브리엘이 아내를 대상화하고 객체화하는 것은 그가 층계에서 음악을 듣고 있는 그녀의 모습을 보고 있는 장면에서 단적으로 나타난다. 그는 "그늘진 층계에 서서 희미한 음악에 귀를 기울이고 있는 여성은 무엇일까, 무엇의 상징일까"하고 자문해 본다. 마치 로버트 브라우닝(Robert Browning)의 시 「나의 전처」(My Last Duchess)에서 자기중심적이고 가부장적인 백작이 아내를 죽여(침묵시켜) 초상화로 만든 후 만족스러워하듯이, 피와 살을 가진 개체인 아내를 추상적인 상징으로 전락시키고 싶어 하는 게이브리엘은 그렇게 함으로써 아내를 소유 혹은 통제하고 싶어 하는 욕망을 드러낸다.

또한 그레타가 서부 출신이라는 점도 주목할 만한 가치가 있다. 서부는 동쪽에 있는 영국의 지배로부터 가장 먼 지역으로서 아일랜드의 고유한 문화를 보존하고 있는 '원시적인' 아일랜드, 혹은 '식민화될 수 없는' 아일랜드를 가리킨다고 볼 수 있다. 따라서 이 날 아이버스양의 게이브리엘에 대한 도전뿐만 아니라 그레타의 마이클에 대한 고백은 영국화된(혹은 세계주의에 경도된) 게이브리엘, 혹은 식민지화된 아일랜드에 대한 아일랜드적 요소의 반란 혹은 도전으로 볼 수도 있다. (아이버스 양은 "서부"로의 여행을 권장하고, 게이브리엘을 위협하는 그레타와 마이클의 사랑 이야기도 "서부"를 배경으로 일어났다는 점을 주목할 필요가 있다). 더블린은 도시화, 문명화, 식민지화되어 있고 죽음이 덮고 있는 반면, 서부는 아일랜드의 토착적인 곳으로 정열과 생명이 있다. 게이브리엘은 고향인 서부의 골웨이에 가보고 싶어 하는 아내의 욕망을 묵살할 뿐만 아니라 그녀가 서부 출신이라는 것 자체에 대해서도 창피하게 생각한다. 그는 오히려 유럽에서 유행하는 고무 덧신 신는 것을 강요하고 그곳으로 휴가 가는 것을 선호함으로써 민족주의자들과는 반대되는 세계주의(cosmopolitanism)의 경향을 드러낸다. (하지만 엄밀히 말해서 게이브리엘은 세계주의를 자전거 여행과 불어회화의 학습으로 전락시키는 사람에 불과하고 끝내 아일랜드의 "땅"을 벗어나지 못함으로써 세련된 지식인과 세계주의자로서 허세를 부리는데 그쳤다고 볼 수 있다).[3] 그레타가 층계에서 듣고 있던 "오그림의 처녀"도 시골 처녀를 유혹한 문명화된 유혹자의 이야기를 다루고 있다는 점은 흥미롭다. 오그림 역시 서부의 골웨이 근처에 있는 작은 마을이기 때문이다.

오그림은 게이브리엘이 들려주는 할아버지와 그의 말 죠니(Johnny)의 이야기에 등장하는 빌리 왕(King Billy)과도 관련이 있다. 죠니는 할아버지의 방앗간에서 맷돌을 돌리기 위해 원을 그리며 뱅뱅 도는 일에 익숙해져 있었다. 어느 날 공원에서 열리는 영국군의 열병식을 상류인사들과 함께 구경하기 위해 할아버지는 멋있게 차려입고 죠니를 타고 집을 나섰다. 그런데 죠니가 빌리 왕 동상 앞에 이르자 방앗간에서 했던 것처럼 동상 주위를 뱅뱅 돌기 시작했다. 말이 더 이상 앞으로 가지 못하고 같은 곳을 맴도는 것은 조이스가 더블린의 증상으로 진단한 "마비"를 잘 예시해 주는 것이다. 그런데 더 중요한 것은 빌리 왕, 즉 오렌지 공 윌리암 3세는 오그림, 보인(Boyne) 등에서 승리함으로써 아일랜드에 대한 영국지배의 상징이 되었다는 것이다. 7000여명의 사상자를 낸 아일랜드는 대패했고 따라서 "견딜만한 불행"을 두고 "오그림의 패배/손실(loss)은 아니다"고 말할 정도이다.

3 엘만에 의하면, 게이브리엘은 조이스의 아버지인 죤 조이스, 작가인 조이스 자신, 그리고 조이스의 친구였던 큐런(Constantine Curran)을 합성해 놓은 것이다(246-47). 또한 해리 레빈(Harry Levin)이래로 많은 비평가들은 게이브리엘이 조이스가 망명하지 않고 더블린에 남아 있었다면 될 수 있는 존재, 조이스가 가장 되기 싫어하는 존재, 즉 학교선생을 하면서 서평을 하며 사는 중산층 보수주의자라고 말한다.

이 노래의 가사에서 귀족인 그레고리경(Lord Gregory)은 시골처녀를 유혹해서 임신을 시켰고 비가 몰아치는 추운 날 그녀가 아기를 안고 성을 찾아왔을 때 귀족은 그녀를 성에 들어오지 못하게 한다. 여자는 차갑게 죽어가는 아기를 안고 빗속에 서서 들여보내달라는 애원을 하고 있다. 귀족과 시골처녀의 관계는 영국과 아일랜드, 개신교와 가톨릭, 제국과 식민지의 관계와 유사하다. 이 노래의 희생자는 대기근 동안 영국으로부터 이렇다 할 도움을 받지 못한 아일랜드를 상기시킨다. 특히 레이디 그레고리(Lady Gregory)의 남편이자 당시 보수당 국회의원이었으며 노래의 귀족과 같은 이름을 가진 그레고리경(William Gregory)은 대기근 때에 1/4 에이커 이상의 토지를 가지고 있는 사람은 구제를 받지 못하게 하는 법조항을 만들어서 아일랜드에서 소농작인들이 사라지게 한 장본인이다. 그래서 그레고리의 법조항은 학살되고 국외로 추방된 아일랜드 농민들의 모든 후손들이 영원히 잊지 못할 조항이 되었다. 빗속에 떨며 서 있던 오그림의 처녀는 그레타의 정원에서 비를 맞으면서 떨며 서 있던 퓨어리와 오버랩된다. 예이츠의 『캐슬린 니 훌리한』(*Cathleen ni Houlihan*)에서 아일랜드를 상징하는 노파가 나라를 위해 목숨을 바친 젊은이를 두고 "그 젊은이가 나에 대한 사랑때문에 죽었다"고 하는데, 그레타에 의하면 퓨어리 또한 그녀에 대한 사랑 때문에 죽었다. 그렇다면 이 둘, 농촌처녀와 시골 노동자는 문명화되지 않은 고유의 아일랜드를 가리키는 것일까? 비를 맞는 퓨어리, 비와 눈을 막아주는 고무덧신(goloshes)을 조롱하는 그레타, 그리고 빗속에 서 있는 오그림의 처녀가 유럽대륙의 문화를 가리키는 고무덧신을 중요시하는 게브리엘과 대조되는 것은 의미심장하다.

그 동안 "서부"(The West)는 아일랜드의 서부를 가리키는 것으로 보아 온 비평가들이 있는가 하면 또한 (해가 서쪽으로 지므로) 죽음을 상징하는 것으로 보아 온 비평가들도 있었다. 따라서 작품의 끝에서 게이브리엘이 "서부로의 여행"을 떠날 때가 왔다고 했을 때, 그것은 마이클의 열정과 생명력이 묻혀있고, 그레타가 가고 싶어 했던 골웨이와 아이버스 양이 권장했던 애란 섬으로의 여행일 수도 있고, 게브리엘의 (이기적인 자아의) 죽음을 의미할 수도 있으며 둘 다 일수도 있다. 흥미로운 것은 지금 게이브리엘이 그레샴 호텔의 방 창문을 통해 밖을 보고 있는데 그 창문이 서쪽을 향해 있다는 것이다.

여기서 온 세상을 덮는 눈의 의미에 대해서 간략하게 살펴볼 필요가 있다. 먼저『더블린 사람들』에 나오는 모든 이야기들을 하나로 묶어주는 "마비"의 주제와 관련시켜 생각해 볼 때 무차별적으로 아일랜드 전역을 덮는 눈은 아일랜드 전체를 덮고 있는 죽음이자 마비를 가리킬 수 있다. 또한 그것은 게이브리엘이 자기중심주의에서 나와 "살아 있는 모든 사람들과 죽은 모든 사람들"을 포용하는 것을 상징한다고 할 수 있다. 그는 "관대한 눈물"(Generous tears)을 흘리며 눈물때문에 흐릿해진 눈으로 "빗물이 떨어지고 있는 나무 아래에 한 젊은이의 모습이 서 있는 것을 상상했다". 이처럼 게이브리엘이 포용할 수 있는 사람들 중에는 아이버스 양뿐만 아니라 죽은 마이클도 포함될 것이다. (그리고 이 둘은 서부와 관련이 있다. 따라서 게이브리엘이 서부가 의미하는 것을 수용한다는 것을 뜻할 수 있을 것이다). 게이브리엘은 눈 덮인 세상을 바라보면서 모든 인간에게 다가오는 보편적인 죽음을 생각하고 이 보편성이 그를 다른 인간들(살아 있는 자들과 죽은 자들)과 하나로 묶어 준다. "그 자신의 정체성이 만질 수 없는 잿빛의 영역 속으로 자취를 감추고 있었다"고 한 대목은 현실적으로는 그가 잠 속으로 빠져들려고 하는 것을 묘사하는 것이겠지만 더 확대해서 해석해 보면 그의 닫힌 자아가 사라지고 있다는 것을 암시할 수도 있을 것이다. 20세기 영문학의 가장 아름다운 단락으로 평가받기도 하는 이야기의 마지막 단락이 보여주는 눈 덮인 우주는 이 모든 것을 요약해서 보여준다고 할 수 있다.

> 가볍게 창 두드리는 소리에 그는 유리창 쪽으로 몸을 돌렸다. 다시 눈이 오기 시작했나 보다. 그는 졸리는 눈으로 램프 빛 속에 비스듬히 떨어지고 있는 은빛의 어두운 눈송이를 지켜보았다. 그가 서쪽으로 여행해야 할 때가 왔다. 그래 신문이 맞아. 눈이 아일랜드 전국에 내리고 있는 거야. 눈은 중앙 평원의 모든 부분에 내리고 있었다. . . . 눈은 마이클 퓨어리가 묻혀 있는 언덕 위의 외로운 교회 마당에도 사방에 내리고 있었다. 눈은 비뚤어진 십자가들과 묘표들 위에, 조그만 출입문 위의 창(槍) 모양 위에, 불모의 가시(나무)들 위에 두껍게 쌓여 있었다. 눈이 온 우주에 살며시 떨어지는 소리를, 모든 산 자와 죽은 자 위에 종말이 도래함 같이 살며시 떨어지는 소리를 들으면서 그의 영혼은 천천히 [잠 속으로] 의식을 잃었다.

「마주침」과 「애러비」처럼 이 이야기도 '후회'의 어조로 끝난다. 하지만 앞 두 이야기는 1인칭 시점이어서 서술자와 주인공 사이에 거리가 없지만 「망자」는 3인칭 시점이어서 둘 사이에 좁혀지지 않은 거리가 있다. 서술자는 주로 엘리트 의식에 빠져 있는 게이브리엘을 비꼬는 시선으로 거리를 두고 보지만, 이야기가 게이브리엘이 "관대한 눈물"을 흘리며 후회하는 마무리 대목에 이르러서는 둘 간의 구분이 거의 불분명해진다. 게이브리엘이 다른 사람들에 대한 동정심을 느끼듯이 서술자도 주인공과 생각 및 느낌에 있어서 하나가 되는 듯이 보인다. 마지막에 나오는 "십자가", "창", 그리고 "가시" 등의 이미지는 갈보리(Calvary)산에서의 죽음을 딛고 부활한 예수를 암시한다. 게이브리엘도 그의 정신적인 죽음을 딛고 새롭게 태어날 수 있을 것임을 보여주는 것일까? 좌절된 성욕과 질투심으로 싸여있던 그는 자기중심주의적이고 독선적인 자신에 대해 수치심을 느끼고, 타자에 대한 그의 공감대의 영역은 온 세상을 덮고 있는 눈처럼 확장되고 있는 듯이 보인다.

II

주제별 읽기

1. 라캉과 타자(他者)[4]

라캉(Jacques Lacan)은 그의 많은 세미나를 통해 여러 번 "인간의 욕망은 타자(他者)의 욕망이다"는 말을 반복하고 있다. 이 구절은 특히 "타자"가 여러 가지 의미를 함축함으로 인해서 다양하게 해석되어 왔다. "타자"는 법을 나타내는 아버지, 어린이가 상징적 질서 안으로 들어올 때부터 분리되어 존재하는 어머니를 가리킨다.[5] 뿐만 아니라 "타자"는 언어(따라서 상징적 질서)를 가리키기도 한다. 라캉에 의하면, 인간은 그 자신의 욕망대로 행동할 수 있는 공간이 없을 정도로 그 존재의 깊숙이까지 철저하게 상징적, 문화적, 사회적 질서에 의해서 통제 받고 있다. 라캉의 이러한 이론에 대해서 윌던(Anthony Wilden)은 좋은 예를 제시한다. 영국, 프랑스, 혹은 미국에 살고 있는 소수 민족들에게, 그들의 모든 욕망은 타자인 "백인의" 것으로 암호화되어 있다는 것이다 (22). 마찬가지로 더블린 사람들에게 모든 욕망은 "영국의" 것으로 암호화되어 있다고 할 수 있을 것이다.

뿐만 아니라, 인간은 또 다른 방법으로 타자의 지배를 받는다고 할 수 있다. 인간은 타자의 응시에 민감하기 때문에 자기의 욕망대로

4 「『더블린 사람들』과 타자」, *Phoenix* vol 32 (1994), 67-84에서 발췌 및 수정.

5 라캉이 구분한 유아기의 발달단계에서 상상적 질서(Imaginary Order)와 상징적 질서(Symbolic Order)는 가장 근본적인 개념이다. 상상적 질서의 단계는 언어습득 이전의 단계로서 유아가 어머니와 자신을 분리되지 않은 동일체로 여기는 단계이다.

행동하지 못하게 된다. 라캉이 지적하듯이 “우리 [인간]는 응시의 대상이 되는 존재들이다”(F 75). 또한 “나는 단지 한 지점에서 볼 수 있을 뿐이지만, 나의 삶 속에서 나는 사방으로부터 보이고 있는 것”(72)이다. 우리는 다른 사람들에게 보이고 있고, 바로 이것 때문에 다른 사람들의 인정을 받고 싶어 한다. 인간의 거의 모든 행동의 동기는 다른 사람들에 의해서 인정받고 싶다는 욕망에서 나온 것일 것이다. 이런 점에서 앞서 말한 “타자의 욕망”이라는 구절은 더 다양하게 해석될 수 있다. 데니프(Leigh Deneef)가 언급하듯이, 타자의 욕망은 “타자의 인정을 받고 싶은 욕망, 타자의 욕망의 대상이 되고 싶은 욕망, 타자의 마음에 드는(desirable) 사람이 되고 싶은 욕망, 그리고 타자를 욕망하는 욕망”(118)이다.

* * *

어린이는 말을 배우기 시작할 때부터, 즉 그가 상징적 질서 안으로 들어오면서부터, 이미 존재하고 있던 문법을 지켜야 한다는 것을 알게 된다. 다시 말해서 어린이는 언어를 법으로 따라야 하고 자신은 언어라는 군주의 신하(subject)임을 발견하게 된다. 이와 관련하여 프레드릭 제임슨(Fredric Jameson)은 인간은 사실상 그 존재가 파괴될 정도로까지 상징적 질서 혹은 언어의 영역에 종속되어 있다고 말한다(364). 탤리스(Ramond Tallis)는 더 극단적으로 인간이 아예 “언어 속으로 소멸된다”고 표현하고 있다(139).

『더블린 사람들』의 독자는 첫 이야기인 「자매」의 시작 부분에서부터 언어가 인간에게 발휘하는 위력을 감지하게 된다.

> 매일 밤 그 창문을 바라볼 때마다 나는 마비라는 단어를 조용히 중얼거렸다. 그 낱말은 항상 유클리드 기하학에 나오는 노몬(gnomon)과 교리문답서에 나오는 사이모니(simony)라는 단어처럼 내 귀에 이상하게 들렸다. 그러나 이제 이 단어는 어떤 해롭고 죄 많은 존재의 이름처럼 들렸다. 이 단어는 나를 공포로 가득 채웠지만, 나는 그 낱말에 더욱 가까이 다가가서 그것의 치명적인 위력을 보고 싶었다.

소년은 플린 신부의 임박한 죽음을 감지하고 그 신부의 집 창문을 바라볼 때마다 "마비"라는 단어를 중얼거린다. 그는 그 단어, 아니 더 정확하게 말하면, 그 단어의 소리(시니피앙)에 사로잡혀 있다.[6] 그 단어는 그의 "귀에 이상하게 들렸던 것이다". 다른 두 낱말 "노몬"과 "사이모니"가 "마비"와 함께 연상되는 이유는 단지 이들의 이상한 발음 때문이다. 필립 헤링(Philip Herring)이 지적하듯이, 주인공의 귀에 이상하게 들리는 소리를 뺀다면 이 세 단어를 한꺼번에 묶을 논리란 없다(10). 소년에게 시니피앙의 위력은 압도적이어서 그 낱말이 악한 존재로 연상될 정도이다. 여기서 언어는 더 이상 인간의 종이나 도구가 아니라 오히려 인간을 지배하고 두려움으로 가득 채우는 존재가 된다. 더구나 플린 신부는 어떤 병으로 죽어가고 있는 것이 아니

6 라캉은 소쉬르(Saussure)와 마찬가지로 시니피앙(글자 혹은 소리)과 시니피에(의미 혹은 개념적인 실체)를 구분하지만, 소쉬르가 시니피에를 중시하였던 것과는 달리 시니피앙의 중요성을 강조한다. 그에 의하면 시니피앙은 신과 같은 힘을 가지고 있는데 반해, 인간의 주체성(subjectivity)은 시니피앙의 유희에 의해서 결정된다.

라 "마비"라는 시니피앙의 "치명적인 위력"으로 죽어가고 있는 듯이 보인다. 시니피앙은 소년뿐만 아니라 텍스트 자체를 지배한다. 식수(Hélèn Cixous)는 "마비"라는 시니피앙이 텍스트를 정지시키고 점령하고 있다고 말하고 있다(1984, 23).

그런데 소년은 "마비"라는 시니피앙의 지시적 의미를 알 수가 없다. 라캉은 시니피앙과 시니피에(의미) 사이에는 완전히 건널 수 없는 장애물이 가로막고 있다고 말한다. 시니피앙은 다른 시니피앙을 가리키고 그 다른 시니피앙은 또 다른 시니피앙을 가리키는 식으로 무한히 이어지는 사슬이 계속되기 때문에 시니피에는 인간에게 영원히 붙잡히지 않는다. 소년은 "마비"라는 존재에 가까이 가서 그 의미를 포착하기를 원한지만, 그 단어는 소년에게 뿐만 아니라 독자들에게도 그 의미를 내주지 않는다. 독자들이 할 수 있는 일은 기껏 의미를 추측해 보는 것뿐이다. paralysis는 의학적으로 general paresis라 불리는 매독을 가리키는 것인가? 아니면, 신부가 성배(聖杯)를 깨뜨린 사건과 관련된 종교적 의미를 띄고 있는 것인가? 소년은 이 불길한 낱말 뒤에 숨겨진 의미를 알지 못해 불안해하고 있다.

*　　*　　*

「마주침」에서 노인의 두드러진 특징이 있다면, 그의 의식이 그가 읽은 글에 의해서 형성된 순회로라는 것이다. 따라서 커쉬너(Kershner)가 그를 그가 읽은 책의 내용에 의해서 만들어진 피조물로 보는 것은 지나치지 않을 것이다(44). 그 노인은 소년에게 "그가 암기한 내용을 반복하고 있다는 인상, 혹은 그의 마음이 그 자신의 말에 이끌려서 동일한 궤도를 천천히 순회하고 있다는 인상"을 준다. 식수(Hélèn Cixous)가 주장하듯이, 이 노인에게는 "언어가 그 언어를 말하는 사람보다도 강하다"(1972, 389). 다시 말해서, 그가 언어를 말하고 있다기 보다는 언어가 그를 말하고 있는 것이다. 그리고 그는 그가 종속되어 있는 언어로부터 빠져나올 수 없다.

*　　　*　　　*

첫 두 이야기처럼 「애러비」도 도피에 대한 한 소년의 소원이 좌절되는 이야기이다. 「자매」에서 더블린 밖의 영역인 페르시아가 꿈속에서만 존재하고, 「마주침」에서 소년들의 당초 목적지인 피전 하우스가 도달할 수 없는 목표이었듯이, 이 이야기의 소년이 꿈꾸어온 애러비는 정작 그가 벗어나고 싶어 한 곳이나 별다름 없는 곳임이 판명된다.

주인공이 애러비에 가기로 결정하게 된 동기는 타자의 욕망 때문이었다. 맹건의 누이를 사랑하고 있는 소년은 그녀의 마음에 드는(desirable) 사람이 되고 싶다는 욕망에서 그녀가 욕망하는 것(즉 애러비에 가는 것)을 욕망한다. 그러나 시간이 흐름에 따라서 그는 자신이 "애러비"라는 단어 자체에 사로잡혀 있음을 발견하게 된다. 「자매」의 주인공이 시니피앙 "마비"에 종속되어 있었듯이, 이 이야기의 주인공은 "애러비"라는 낱말에 압도되어 있는 것이다. 따라서 주인공은 "애러비라는 낱말의 음절이 나의 영혼이 즐기는 침묵을 통해서 나에게 나타났고 나에게 동방의 마술을 거는 것 같았다"고 말한다. 하지만 그가 정작 사람들이 "애러비"라고 부르는 곳에 도착했을 때, 그는 그 곳이 그 자신이 마음속으로 꿈꿔 온 "애러비"와 전혀 다르다는 것을 발견하고 절망한다. 다시 말해서, 그는 타자(다른 사람들, 사회, 혹은 상징적 질서)의 상징적 "애러비"와 그의 사적인 상상적 "애러비"와의 사이의 불일치를 발견한 것이다. 그가 목격한 "애러비"는 단순히 "큰 건물"에 불과했다. 그러나 그에게 "애러비"는 이상적인, 낭만적인, 그리고 아마도 종교적인 다양한 의미를 함축하고 있는, 따라서 단지 몇 마디 말로 설명해 버릴 수 있는 종류의 것이 아니었다. 이러한 괴리를 통해 우리는 상징적 질서, 곧 공적인 질서의 세계에서는 소년이 사적으로 꿈꾸어 온 "애러비"가 영원히 도달할 수 없는 곳임을 알게 된다. 아니 「자매」의 "페르시아", "애러비", 그리고 「에블린」의 "부에노스아이레스"는 사실상 존재하지 않는다고 할 수 있을 것이다. 이것들은 단지 공허한 단어들에 불과할 뿐이지만, 더블린 사람들은 그들의 존재의 공허를 메워 줄 단어들이 필요했던 것이다.

「에블린」에서 "아버지의 이름"은 위협적인 존재가 된다. 에블린의 아버지는 「대응」의 패링튼처럼 폭력적이어서, 심지어 그의 딸이 때때로 "아버지의 폭력에 대한 위협"을 느낄 정도이다. 따라서 그가 들고 다니는 인목 지팡이는 언제든지 "위협적인 체벌의 도구"(브랜더버 63)가 될 수 있다.[7] 이와 같이 가정의 독재자인 아버지의 권위 밑에서 에블린은 복종의 삶을 살고 있다. 아버지의 법은 그녀의 생활을 지배

7 브랜더버는 지팡이가 또한 근친상간적인 욕망의 상징이 될 수 있다고도 보고 있다 (63).

해 왔고, 아버지의 명령은 그녀의 의식 속에 내면화되어서 그녀의 태도의 일부가 되었다. 따라서 그녀의 인생의 가장 중요한 순간에 타자(아버지)의 욕망은 그녀로 하여금 자신의 욕망대로 행동하지 못하게 한다. 에블린은 프랭크와 함께 부에노스아이레스로 가기를 바랐고 또 그렇게 하기로 동의했다. 그러나 그곳으로 떠나는 항구에서 그녀는 자신이 아버지의 법을 어기고 그를 따를 수 없다는 것을 발견한다. 그녀는 "어찌할 바 모르는 동물처럼 수동적으로" 앞을 바라보고 있을 뿐이었다. 매케이브(Colin McCabe)는 아버지의 요구가 에블린의 욕망을 마비시켰다는 점을 강조한다.

> 에블린은 아버지에게 종속된 생활로부터 도피할 수 없다. 왜냐하면 그녀의 존재는 아버지가 그녀에게 한 요구들에 의해서만 정의될 수 있는 사람이었기 때문이다. 그러나 그녀가 이러한 요구들에 의해서만 정의되는 한, 그리고 이러한 요구들만이 그녀의 경험을 유일하게 표현해주는 것들인 한, 그녀는 자신의 욕망이 표출될 수 있는 공간을 발견할 수 없을 것이다. (32)

이처럼 그녀는 부에노스아이레스로의 도피보다는 아버지에 대한 종속을 선택한다. 그러나 더 정확하게 말하면, 그녀가 그러한 선택을 했다기 보다는 그녀는 그녀의 의식 속에 깊이 심어져 있는 아버지의 욕망대로 행동한 것이다. 이와 유사하게 「파넬 추모일의 선거사무실」에 나오는 헨치씨는 아일랜드에 영국의 에드워드 왕을 받아들일 것을 주장한다. 그러나 이것은 그가 외국의 권위에 대한 복종을 자발적으로 선택한 것이라기보다는 제국주의와 자본주의의 이데올로기에 의해 그가 사회화(socialization)된 결과로 보아야 할 것이다. 헨치씨는 "이 나라에서 우리가 원하는 것은. . . 자본 입니다. 왕이 여기에 오시는 것은 우리나라로 돈이 유입된다는 것을 의미합니다"고 주장한다(필자의 생략). 그는 자본주의 이데올로기, 즉 그의 나라를 식민지화한 바로 그 이데올로기를 사용함으로써 그의 (혹은 아일랜드 국민의) 왕에 대한 종속을 정당화하려고 한다. 이러한 태도를 통해 그는 그가 타자(여기서는 영국 문화)의 질서 안에 들어가 있음을 증거하고 있을 뿐이다. 그가 영국 왕(Subject)의 신하(subject)가 됨으로써 "파넬 추모일"이 기념하고 있는 파넬의 민족주의는 무너지고 있다.[8]

또한 우리는 에블린이 타자의 마음에 들게 보이려는(desirable) 욕망 때문에 타자의 시선에 얽매어 있음을 알 수 있다. 브랜더버가 시사하듯이, 이블린의 자기인식은 상당 부분 "다른 사람들이 그녀를 어떻게 생각할 것인가에 대한 그녀의 생각"에 달려있다 (59). 그녀는 다른 사람들의 눈에 비친 자신의 이미지를 그려본다. 그래서 "다른 사람들이 그녀가 한 놈팡이와 줄행랑 했다는 것을 알았을 때 그들이 그녀에 대해서 뭐라고 할 것인가"가 그녀의 관심사가 되는 것이다. 그녀의 자아는 자신의 이상적인 이미지를 찾으려는 소망에서 타자의 응시에 묶여 있다고 하겠다.

타자에 의해서 인정을 받으려는 이러한 욕망은 모든 인간에게 보

8 알튀서(Althusser)에 의하면 모든 이데올로기는 거울의 구조를 가지고 있다. 소문자 s의 subject(신하 혹은 종)와 대문자 S의 Subject(이데올로기, 문화)는 거울에서 서로를 비추어주고 서로를 인정해 준다. 그리고 subject는 이러한 관계에서 형성되는 것이다. 다시 말해서 종속자인 subject는 주인 Subject의 거울에서 자신을 인식하는 것이다. 라캉의 이론에서 subject가 상징적 질서에 복종함으로써 그 종이 된 것처럼, 알튀서의 subject는 Subject에의 이데올로기적인 종속을 통해서 그 종이 된다고 할 수 있다.

편적인 것이다(Lemaire 180). 특히 조이스는 다른 사람의 시선을 예민하게 의식하고 또 그것에 민감한 사람들을 그의 작품에 많이 등장시켰다. 「두 한량」에서 콜리는 다른 사람의 시선 앞에서 한 하녀를 "용감하게" 유혹하는 행위를 보여준다. 『율리시스』의 「나우시카」장에서 거티 맥도웰(Gerty McDowell)이 다른 사람 (즉 블룸)의 시선 앞에서 유혹적인 자세를 취하듯이, 콜리는 그의 제자격인 레너헌(Lenehan)이 지켜보는 가운데 이 행동을 수행한다. 『더블린 사람들』에서 다른 사람들에 의해서 인정받으려는 이러한 욕망은 다른 사람들의 무관심을 두려워하거나 자기중심적인 사람들에게서 강하다. 예컨대, "자기 친구들의 말에는 귀 기울이지 않고" 자기 말만 하는 콜리는 후자의 범주에 속할 것이다. 반면에 「진흙」에 나오는 마리아는 전자의 범주에 속한다고 할 수 있는데, 그것은 그녀가 타자의 무관심을 두려워하고 있기 때문이다. 노리스(Margot Norris)가 그녀의 논문 "Narration under a Blindfold: Reading Joyce's 'Clay'"에서 지적하듯이, 마리아에게는 가족, 아름다움, 사회적 신분 등 사회적으로 귀중한 모든 것이 결핍되어 있으므로 "타자의 승인을 얻음으로써 의미를 획득할" 필요가 절실하다 (207). 「망자」에 나오는 게이브리얼(Gabriel)도 그가 다른 사람들에게 보일 모습, 즉 그의 공적인 이미지에 마음을 빼앗기고 있다. 그러나 타자의 인정을 받으려는 그의 욕망은 릴리, 몰리 아이버즈, 그리고 그의 아내 그레타와 같은 여인들에 의해서 차례로 좌절된다. 예를 들면, 몰리 아이버즈가 그를 "친영파"(親英派)라고 부르자 그는 당황한다. 그는 "그녀가 사람들 앞에서 농담으로라도 자신을 친영파라고 부를 권리가 없다"(필자의 밑줄)고 생각한다. 「경주가 끝난 뒤」에서 지미 도일은 외국인 친구들과 어울림으로써 다른 사람들의 눈에 띄어 인정을 받으려한다. 「하숙집」에서 밥 도런도 타자의 시선에 민감하다. 그는 무니 모녀가 쳐놓은 결혼의 덫으로부터 빠져나갈 궁리를 하지만 그가 다른 사람들에게 어떻게 보일까에 대한 염려 때문에 도피를 포기한다. "이 일은 분명히 소문이 날 것이고 그의 고용주도 분명히 듣게 될 것이다. 더블린은 누가 무슨 일을 했는지 다 알고 있는 좁은 도시가 아닌가" 라고 그는 걱정한다.

「하숙집」에서 이에 못지않게 중요한 것은 도런과 교회의 관계이다. 그는 한때 교회를 부인하고 그의 자유로운 사상을 자랑스럽게 생각했었다. 그러나 신앙의 부인에도 불구하고 그는 교회에 대한 의무를 충실히 수행해 왔다. 그리고 이러한 문제가 생기자 그는 교회의 신부에게 도움을 청하러 간다. 여기서 우리는 또 다른 아버지상인 신부가 도런의 죄의식을 일깨우는데 얼마나 중요한 역할을 하는지 주목할 필요가 있다. 고해성사에서 "신부는 우스꽝스러울 정도로 시시한 일까지 다 말하게 하여 그의 죄를 크게 확대시키는 바람에 그는 보상이라는 빠져나갈 구멍이 주어진데 대하여 거의 감사할 정도였다". 도런은 그가 금지된 열매의 맛을 보았음을, 그래서 아버지의 법을 어겼음을 인정하게 된다.[9] 그리고 마침내 결혼을 결정하게 됨으로써 타자의 욕망, 즉 교회와 사회의 압력에 굴복하게 된다. 이러한 맥락에서 식수는 도런의 죄의식이 교회에 의해서 "날조된" 것이라고까지 말하고 있다 (1972, 59). 그의 죄는 교회라는 타자의 질서 안에서만 존재하고

9 밥 도런이 하숙집 딸인 폴리의 유혹에 성적으로 반응한 것은 사실이지만, 그들 간에 성적 접촉이 있었는지는 분명하게 드러나 있지 않다.

그 안에서만 정의되는 것이다.

이것은 「진흙」의 마리아에게도 사실이다. 언뜻 마리아는 사회에 의해서 인정을 받은 것처럼 보일 수 있다. 서술자는 "모든 사람이 그녀를 좋아하고 있었다"라고 말하고 있기 때문이다. 그러나 서술자의 이러한 찬사와 그녀의 실제 형편은 대조가 된다. 가족이 없는 그녀는 교화된 윤락여성들을 위한 세탁소에서 일하고 있다. 또한 그녀는 계속 미혼의 상태로 가난하게 살 운명에 처해 있다. 뿐만 아니라 마귀처럼 "대단히 긴 코와 매우 긴 턱"을 가지고 있는 그녀의 외모는 다른 결핍을 보상해주지 못한다. 그러나 노리스의 주장대로, "진흙"이 주로 "마리아의 욕망의 언어"로 서술되어 있다면(1987, 207), 그녀에 대한 서술자의 미화(예컨대 성모 마리아의 이미지로의 미화)가 이해될 수 있다. 다시 말해서 타자에 의해서 인정받고 싶은 마리아의 욕망이 그녀 자신의 서술을 통해서 드러나고 있는 것이다. 그녀는 거울의 단계에서[10] 자신의 이상적인 거울 이미지를 발견하는 아이처럼 그녀의 이상적인 자아를 보여주고 싶어 한다. 실제로 그녀는 거울 앞에서 약간은 이상화된 자신의 이미지, 즉 "비록 나이를 먹었지만 예쁘고 말쑥한 자신의 몸"을 보게 된다.

마리아가 다른 사람들에게 그녀가 원하는 모습으로 자신을 보이고 싶은 욕망은 그녀의 박탈감에서 나온 것이다. 앞에서 말했듯이, 마리아는 사회적으로 가치 있는 그 어떤 것도 가지고 있지 않다. 도

10 라캉에 의하면, 어린이가 상징적 질서 안으로 들어가기 전에 일어나는 거울의 단계에서 어린이는 거울에서 자신의 이상적인 자아 이미지를 보게 된다. 라캉은 이러한 나르시스트적인 자아(moi)를 어린이가 상징적 질서 안에 들어간 후 형성되는 말하는 주체(je)와 구분하고 있다.

린의 죄가 그랬듯이, 그녀의 결핍은 상징적 질서 안에서만 존재하는 것이다. 노리스의 주장대로 마리아의 결핍에 대한 의식은 사회적 질서의 산물로서, "그녀는 삶에 충분한 모든 것을 가지고 있고, 그녀에게 결핍되어 있는 것 (결혼, 부, 사회적 신분, 아름다움)은 단지 상징적으로만 존재한다. 즉 그러한 것들이 그녀에게 주는 의미로서만 존재하는데, 이 의미는 그러한 것들이 다른 사람들에게 얼마나 소중한(desirable)가에 그 토대를 두고 있다"(1987, 207). 결국 마리아의 욕망은 타자의 욕망이다. 그녀는 타자 (그녀의 사회)가 원하는 것을 원하고 있는 것이다.

「가슴 아픈 사건」에 나오는 제임스 더피도 마리아와 마찬가지로 가족 없이 사는 사람이지만, 그는 타자의 시선을 피하려고 애쓴다. 그는 사람들과 어울리지 않고 또한 사회적 관습에 순응하기도 거부한다. "그는 크리스마스 때에 친척을 방문하고 그들이 죽었을 때 묘지까지 같이 가주는 것을 체면 때문에 했을 뿐, 시민 생활을 규제하는 관습은 더 이상 따르지 않았다". 그는 타자로부터 자유스러워지는 만큼 그 자신 안으로 침잠해 들어갔다. 그의 유일한 친구는 그가 음악회에서 우연히 만난 시니코 부인 뿐이었다. 그러나 이 부인과 같이 있을 때에도 그는 그녀의 존재를 개의치 않은 채 자기 자신에게 말하곤 한다. 당연히 그에게는 "그의 감정을 다른 사람과 나눌 수 있는 언어"가 없다(Parrinder 61). 타자로부터의 분리는 그가 사회적 질서로부터 제외되어 있다는 것을 의미하고, 따라서 이야기의 끝 부분에서 그는 자신이 "삶의 향연으로부터 추방된 사람"이라는 것을 깨닫게 된다. 이와 관련하여 그가 그의 서재에 『짜라투스트라는 이렇게 말했다』라는 책을 가지고 있는 것은 주목할 가치가 있다. 왜냐하면 이 책에 나오는 "초인"(superman)은 사회적 가치로부터 자유롭고 사회의 필요성을 무시한다는 점에서 어느 정도 제임스 더피와 유사하기 때문이다.

시니코 부인의 죽음은 더피에게 전환점이 되어 그로 하여금 주위를 둘러보아 다른 사람들의 존재를 의식하게 하는 계기가 된다. 그는 그녀를 동정할 뿐만 아니라 이 사건과 관련하여 죄의식을 느낀다. 그리하여 더피씨는 이제 타자가 그의 닫힌 세계 안으로 들어오도록 허용한다. 이러한 타자의 세력은 작품에서 신문으로 상징된다. 커쉬너는 신문이 더피씨가 지금까지 접촉하기를 거부해 온 공중(the public)을 대변하는 목소리라고 지적한다(114). 또한 커쉬너는 이 목소리가 『젊은 예술가의 초상』의 제3장에서 스티븐의 "거의 독백적인 환상의 세계"에 침투해 들어오는 "설교라는 다른 세계의 목소리"와 유사한 것으로 보고 있다(114). 이야기에서 글자 그대로 인용되고 있는 그 신문기사는 사실상 더피씨의 닫힌 영역을 침범해 들어오고 있다. 이러한 외부세계의 언어는 지옥에 관한 설교가 스티븐에게 준 영향 못지않게 더피씨에게 깊은 영향을 미친다. 그리하여 더피씨는 자신이 시니코 부인의 죽음에 어느 정도 책임이 있음을 깨닫게 된다. 또한 그는 이제 타자, 즉 다른 사람들의 시선을 느끼게 된다. 그는 그를 지켜보고 있는 연인들의 은밀한 시선을 보고 그들이 그가 떠나기를 바란다는 것을 눈치 챈다. 그리고 이 이야기는 그가 외롭다는 것을 의식하는 것으로 끝난다. 이 의식은 그가 그의 삶에서 다른 사람들이 필요하다는 것을 깨닫는 것을 보여주는 것이다.

더피씨와 대조적으로 「대응」의 패링턴은 다른 사람들에 둘러싸여 있을 뿐만 아니라 사회적 질서 안에서 그가 차지한 위치에 의해서 조건화된 삶을 살고 있다. 사무실에서 근무하는 그는 자신의 욕망을 억제하고 상관들의 욕망에 따라 행동해야 한다. 다시 말해서, 그는 사회적 질서의 법칙을 따라야 하는데, 이러한 법칙을 무시했을 때에는 해고의 위협이 따르게 된다.

사무실 안에 있는 동안 그는 "sir"라는 시니피앙의 지배를 받는다. 그는 그가 알레인씨에게 공손하게 말하고 싶든 그렇지 않든 간에 항상 "sir"라는 낱말을 써야 한다. 예를 들면, 알레인씨가 그에게 경멸조로 "날 바보로 아는 거요?"라고 묻자, 패링튼은 "그건 적절한 질문이 아닙니다"라고 분노에 차서 대답하면서도 "sir"라는 단어를 빠뜨리지 않는다. "sir"라는 이 시니피앙은 외부적으로 권위에 대한 화자의 복종을 암시한다. 그런데 그는 사무실 밖에서 똑같은 문장을 반복할 때 이 시니피앙을 생략함으로써 권위에 대한 노골적인 반항을 강조하고 싶어 한다. 그럼에도 불구하고, 사무실 안에서 그는 알레인씨에게 항상 이 시니피앙을 사용해왔던 것은 사실이다. 결국 시니피앙 "sir"는 이 사회적 질서 안에서 패링튼의 위치를 정의해준다고 하겠다.

흥미롭게도 패링튼의 직업은 글자를 베끼는 것이다. 그에게는 시니피앙들(글자들)만 존재하고 시니피에(의미)는 그다지 중요하지 않다. 시니피앙에만 매달려 있는 그는 그것의 지배를 받고 있다고 할 수 있다. 시니피앙은 그의 존재를 희미하게 만들 정도로 그의 세계에서 압도적이다. 이런 점에서 서술자가 그가 사무실에서 나올 때까지 계속 그를 "그 사람"(the man)이라고 부르고 있는 것은 주목할 만하다. 그는 거기에서 단지 "그 사람"으로 추상적으로만 존재하고 있기 때문이다.

교회는 모든 더블린 사람들의 의식을 형성하는데 강력한 힘을 발휘하는 기관으로 나온다. 「은총」에서 커넌씨는 화장실의 계단에서 떨어져 다치게 되는데 교회는 "교정(矯正)의 장소"(식수 1972, 39)로서 그를 기다리고 있다. 그의 친구들은 "그를 새 사람으로 만들" 계획을 세우고 그의 아내도 기꺼이 그들을 지원하려한다. 커넌씨가 그의 방에 누워 있을 때 그의 종교적 구원을 계획하고 온 친구들은 의도적으로 종교에 관한 이야기를 한다. 커넌씨의 방에 모인 모든 사람들은 교황의 불과오설(不過誤說)을 의심의 여지가 없는 것으로 간주한다. 헐(Cheryl Herr)이 시사하듯이, 이것은 그들이 종교 문화적으로 조건화되어 있다는 것을 보여준다. 왜냐하면 "그들은 신학에 관한 그들의 지식에 거의 상관없이 강력한 교회의 이미지를 받아들이고 있기 때문이다"(238). 좀 더 중요한 것은 교회가 더블린 사람들을 교육하고 있다는 점이다. 지배적인 경제 이데올로기의 수호자라고 할 수 있는 퍼던 신부(Father Purdon)는 설교를 통해 경제적 이익에 대한 세속적인 태도를 정당한 것으로 확인시켜준다. 그는 "영적인 회계사"로서 사업가들에게 "사업가처럼" 말하고, 신과 돈을 동시에 섬기는 일의 불가능성을 무시하려고 애쓴다. 더 나아가서 그는 신의 은총을 단순히 수입과 지출의 회계장부로 전락시켜버린다. 설상가상으로, 퍼던 신부의 청중은 주로 정치적, 경제적 세력을 나타내는 사람들로 이루어져 있다. 그들은 사회의 "아버지"(신부)로부터, 그리고 그들에게 가치관을 가르쳐주는 권위로부터, 그들에게 낯익은 용어를 듣게 되어서 반가울 것이다.

「망자」에서 게이브리엘도 타자의 욕망에 묶여 있음을 보여준다. 그는 파티 중에 그가 읊기로 되어 있는 시행을 다른 사람들이 이해하지 못할 것 같아 걱정한다.

> 그는 청중이 이해하지 못할까 두려웠기 때문에 로버트 브라우닝의 시행을 읊을지 정할 수 없었다. 그들이 알아들을 수 있도록 셰익스피어나 아일랜드의 서정시집에서 몇 줄을 인용하는 것이 나을지 모를 일이다. 남자들의 뒤꿈치가 거칠게 다닥다닥 내는 소리와 그들의 신바닥이 질질 끌리는 소리는 그에게 그들의 문화 수준이 그의 수준과 다르다는 것을 상기시켜 주었다.

그는 타자의 욕망, 즉 그가 몸담고 있는 문화의 수준에 자신을 맞추지 않으면 안 된다는 것을 깨닫는다. 그는 다른 사람들이 이해할 수 있는 것만을 언어로 표현할 수 있는 것이다. 상징적 질서, 즉 타자의 질서에서는 순수하게 개인적인 모든 것은 억압되어야 한다. 라캉이 주장하듯이, 언어는 복종을 강요하고 "집단적인 것과 개인적인 것이 동일한 것이 될" 정도로 개인성을 몰아낸다 (배넷 Bannet 20에서 재인용). 『젊은 예술가의 초상』에서 스티븐은 그 자신의 개인적인 언어를 빚어내고 집단적인 기존의 질서로부터 벗어나기 위해서 문화적 질서에 대한 복종을 거부한다. 반면에 게이브리엘은 타자의 욕망에 복종한다. 이것이 둘을 구분해주는 것인데, 한 사람은 그 자신의 예술 세계를 창조해 내려 하고 또 다른 사람은 단지 신문 서평을 쓰고 있을 뿐이다. 마찬가지로 「작은 구름」(A Little Cloud)에서 리틀 챈들러도 예술가의 꿈을 간직하고 있지만, "서평자의 용어"(Kenner 1958, 9)를 쓰고 있음을 알 수 있다.

지금까지 살펴보았듯이, 더블린 사람들은 그들의 삶을 제한하고 그들을 억압의 거미줄로부터 도피할 수 없도록 만드는 문화적 질서에 의해서 조건화되어 있다. 학교, 교회, 그리고 가정에서 아버지 이미지의 권위는 그들로 하여금 문화적 질서의 압력에 굴복하게 한다. 따라서 그들은 자신들이 단지 아버지, 문화, 사회, 그리고 다른 사람들의 요구에 맞추어서 반응하고 있음을 발견하게 된다. 그들에게는 그들 자신의 욕망을 위한 공간이 남아 있지 않을 정도로 그들의 행동은 제한을 받는다. 그 결과 그들은 살아 있지만 "죽은 사람들"이다. 타자의 이러한 경직성은 그들을 마비시켜 절망적인 무기력 상태로 몰아넣는다. 더블린의 삶을 둘러싸고 있는, 숨 막히게 하는 세력에 압도되어서 각 더블린 사람은 에블린이 그렇듯이 "어찌할 바 모르는 동물처럼 수동적으로" 살고 있을 뿐이다.

2. (탈)식민적 남성학적 관점[11]

주지하다시피 프로이트(Freud)는 남아가 어머니와의 완전한 분리를 이룩함으로써 어엿한 남성이 된다는 주장을 편다. 그럼에도 불구하고 남성성은 이미 완성된 존재라기보다는 되고 있는 '과정'의 존재이다. 그렇기 때문에 모든 남성은, 키멜(Kimmel)의 주장대로, 평생에 걸쳐 어머니의 특성을 소유하고 있지 않다는 것을 증명하려 안간힘을 쓴다(127). 이처럼 남성성은 "지속적으로 불안정한 것"(constant insecurity)으로 경험된다고 할 수 있다(Flannigan-Saint-Aubin 245). 이러한 현상은 제임스 조이스의 등장인물들에게서 더욱 뚜렷하게 드러난다. 그들에게 남성성은 모순이고 문제가 된다. 그들이 남성으로서의 자신들의 정체성에 대해 매우 불안하게 생각하기 때문인데, 그것은 무엇보다도 그들이 남성일 뿐만 아니라 동시에 피지배자라는 점에 기인한다. 그들은 제국의 식민지인으로서 "항상 이미" '여성화' 되어 있다고 할 수 있다. 19세기에 르낭(Ernest Renan)과 아놀드(Matthew Arnold)는 아일랜드 민족을 남성적인 앵글로 색슨 족과 대조하여 여성적인 존재로 특징지었다. 더욱이, 아일랜드가 고대로부터 항상 '여성'으로 상징되어 왔고, '불쌍한 노파'(Poor Old Woman, 아일랜드어로는 Shan Van Vocht)의 경우에서 볼 수 있듯이 아일랜드의 민간설화에 나

11 「탈식민적 남성학적 관점에서 『더블린 사람들』 읽기」, 『제임스 조이스 저널』 제13권1호 (2007), 73-94에서 발췌 및 수정.

오는 여성은 자주 뛰어난 능력을 가지고 있는 것으로 묘사되어 왔다는 것도 아일랜드 남성들의 정체성에 혼돈을 주는 요소이다.[12] 왜냐하면 이것은 남성적 원리에 토대를 두고 있는 서구의 가부장 사회의 관점과 정반대가 되는 것이기 때문이다. 어쨌든 아일랜드 남성은 끊임없이 자신의 남성성, 다시 말해서 자신이 여성적이지 않음을 증명해야 하는 압박감을 느끼고 있었다.

조이스의 『더블린 사람들』은 이처럼 제국주의 지배 하에서 자신의 남성성을 증명해 보이려고 애쓰는 아일랜드의 남성들로 가득 차 있다. 그들은 자신들에게서 여성적 요소들, 예컨대 동정심이라든지 부드러움 같은 것을 제거하려고 애쓴다. 대신에 남성들 사이에서 "남성성의 중요한 시니피앙"이라 간주되는 술과 폭력(Canaan 114), 그리고 여성의 비하 등을 통해 남성성을 과시해 보이려 한다. 그렇게 함으로써 그들은 다른 남성들에 의해서 남성으로서 높은 평가를 받기를 기대한다.

앞에서도 언급했지만, 아일랜드의 민담에서 자주 아일랜드는 집단적 자아상을 여성, 특히 '노파'로 상정(想定)해 왔다. 그것은 예이츠(W. B. Yeats)의 희곡 『캐슬린 니 훌리한』(*Cathleen ni Houlihan*)에까지 이어져, 노파로 등장하는 캐슬린이 아일랜드의 젊은 남성들에게 자신 즉

---

12 아일랜드는 처녀 혹은 어머니의 이미지로 상징되는데, 전자의 전형은 시인 맹건(James Clarence Mangan)의 시에 나오는 "My Dark Rosaleen"이고 후자의 전형은 아일랜드 민담과 발라드에 나오는 "불쌍한 노파"라 할 수 있다. 더 자세한 논의는 C. L. Innes의 *Woman and Nation in Irish Literature and Society, 1880-1935* (1993), pp. 15-17을 참조할 것. 또한 아일랜드의 전설과 문학 등에서 여성이 어떻게 묘사되었는지에 대한 광범위한 설명은 Lorna Reynolds, "Irish Women in Legend, Literature and Life"(1983)를 참조할 것.

아일랜드를 위해 목숨을 바칠 것을 요구하는 것에서도 확인된다. 또한 영국은 역사적으로 오랫동안 아일랜드인들의 여성성을 지적하며 아일랜드를 여성화해왔고 그것은 19세기에 더욱 심했다(Lamos & Van Boheemen-Saaf 9). 또한 16세기 초 이래로 영국 작가들은 대부분의 식민담론이 그렇듯이 아일랜드를 "남성적인 탐험가의 침투를 고대하는(혹은 탐험가를 유혹하는) 처녀"로 비유해 왔다(Jones 164). 아일랜드인들에 대한 영국의 여성화가 영국의 제국주의적 사고방식과 궤를 같이 한다는 것을 익히 확인할 수 있는 대목이다. 또한 제국주의와 가부장제가 밀접하게 연결되어 있음도 알 수 있다.[13] 아일랜드는 여성적인 성품을, 영국은 남성적인 특징을 가지고 있고 그렇기 때문에 가부장제의 관점에서 남성이 여성을, 즉 영국이 아일랜드를 식민지로 통치하는 것이 정당하다는 논리가 나온다. 커티스(Curtis)는 이 둘의 연관성을 다음과 같이 지적하고 있다.

> 여성의 참정권 요구가 압도적인 다수 의원들의 반대에 부딪치고 있고, 여성해방론이 남성들에게 깊은 두려움을 자아내고 있는 시점에서, 여러 인종과 민족을 남성 여성으로 나누는 경향은. . . 아일랜드인들과 같은 민족에게 여성적인 특징을 부여하는 경향은 아일랜드 자치(Home Rule)에 내재되어 있는 정치적 해방에 대한 그들의 요구에 힘을 실어주지 못했다. . .스스로 의식하기에 성숙하고 남성적인 앵글로 색슨 족은 자신의 복잡한 제도를 유아적이고 여성적인 아일랜드 켈트족에게 넘겨줄 의도가 없었다. 그것은 여성들이나 어린이들에게 그것을 넘겨줄 의도가 없는 것과 같은 이치였다. (61-62)

13 제국과 성의 식민화의 밀접한 연관성과 관련하여, 스피박(Fayatri Spivak)은 "남성주의적-제국주의적 이데올로기 구조"(296)라는 표현을 사용한 바 있다.

여기서 커티스는 여성해방을 두려워하는 남성들과 아일랜드의 정치적 해방을 허용하지 않는 영국을 교묘하게 교차시키고 있다. 영국은 감상적인 여성 혹은 미성숙한 유아가 남성적 덕목을 필요로 하듯이 아일랜드가 앵글로 색슨의 통치를 필요로 한다는 생각을 전제하고 있었다. 이너스(Innes)의 표현을 빌어보면, 여성 아일랜드는 영국이라는 남편과 결혼을 하여 자애로운 가부장적 통치를 받아야 자신의 본질적인 자아를 완성할 수 있고 계속 여성적이고 켈트적인 본성을 유지할 수 있다는 것이다(15).

뿐만 아니라, 아일랜드의 식민화는 근대화의 과정과 맞물려 있었고 그 과정에서 아일랜드인 노동자는 영국계 지배계층에 의해 소외되고 그의 남성성은 억압받지 않을 수 없었다. 효율성을 중시하는 근대의 회사나 공장은 근무 중 음주를 금지했을 뿐만 아니라 다른 규정들을 통해 고용인을 통제하였다.[14] 「대응」의 패링튼은 그러한 상황에 처해 있는 아일랜드의 남성을 대표하는 인물이라고 할 수 있다. 그의 사장은 얼스터 사람(Ulsterman) 혹은 북아일랜드인으로 영국계라 할 수 있는 알레인씨이다. 그가 더블린에서 회사를 운영하고 있다는 사실은 영국의 아일랜드 지배 하에서 주로 영국 출신들이 살고 있는 북아일랜드의 벨파스트와 더블린 간의 경제적 격차가 얼마나 벌어졌나를 말해줄 뿐만 아니라 더블린이 벨파스트의 경제에 의존하고 있음을 암시한다. 영국 제국주의의 권력을 나타낸다고 할 수 있는 알

14 참고로 Roy Rosenzweig는 「술집의 기원」(The Rise of Saloon)에서 19세기에 주로 미국 등의 공장에서 음주가 금지된 후 생겨난 술집이 자본주의 사회에서 어떤 의미를 지니게 되었는지를 자세히 논의한다.

레인의 위세는 이야기의 서두부터 분명하게 드러난다.

> 벨이 사납게 울렸고, 파커양이 인터콤으로 갔을 때 격노한 목소리가 째는 듯한 북아일랜드의 억양으로 외쳤다.
> "패링튼을 올려 보내!"
> 파커양이 타자기 앞으로 돌아가서 앉으며 책상 앞에서 필경을 하고 있는 남자에게 말했다.
> "알레인씨가 위로 올라오래요."
> 그 남자는 "빌어먹을"이라고 조그마한 목소리로 중얼거리며 의자를 뒤로 밀고 일어섰다. 일어서니 그는 키가 크고 등치가 매우 큰 사람이었다. 그는 진한 포도주색의 늘어진 얼굴을 하고 있었고 금발의 눈썹과 콧수염을 지니고 있었다. 약간 퉁방울인 그의 눈의 흰자위는 지저분했다. 그는 카운터를 들어 올리고 손님들 곁을 지나 무거운 걸음으로 사무실에서 나갔다.

한 쪽은 "격노한" 목소리로 명령하는 지위에 있고 다른 한쪽은 "조그마한" 목소리로 불평하면서도 복종해야 하는 위치에 있다. 그들의 상하관계는 위아래에서 각자 일하고 있는 장소만큼이나 분명해 보인다. 알레인의 목소리를 묘사하는 "piercing"이라는 단어는 "꿰찌르다"라는 의미로 침략적인 제국주의의 확장, 근대화의 침범, 혹은 남성의 공격성 등을 넌지시 알려준다. 그는 이질적인 외부세력으로서 더블린을 지배하고 있다. 그는 "말끔하게 면도한 얼굴에 금테 안경을 두른 자그마한 사람"으로 효율적인 시간사용을 강조하는 근대화 혹은 자본주의의 화신처럼 보인다. 이를 단적으로 증명이라도 하듯이, 그가 패링튼의 안전에서 주먹을 휘두를 때 그는 마치 "전자 기계"(electric machine)인 것처럼 보인다.

반면에 패링튼은 “키가 크고 등치가 매우 큰 사람”으로 말끔하지 않은 시골사람의 인상을 주며 “무거운 걸음”으로 걷는다. “약간 진한 포도주색의 늘어진 얼굴”이라든지 지저분한 흰자위는 근대화되지 않은, 진보가 뒤쳐진 인종을 암시한다. 진한 얼굴색은 음주의 영향으로 볼 수도 있지만 열등한 유색인종을 가리킬 수도 있을 것이다. 그 당시에 영국인들은 반복적으로 아일랜드인들을 인종적으로 낮은 서열에 자리매김 되었던 흑인과 동일하게 취급했다는 점을 상기할 필요가 있다(Cheng 26). 영국인들에 의하면, 패디(Paddy), 즉 정형화된 아일랜드 남자는 “어린애 같고, 감정적으로 불안하고, 무지하고, 게으르고, 미신적이고, 원시적이거나 반개화되었고(semi-civilized), 지저분하고, 복수심이 있고, 난폭한” 반면, 앵글로 색슨 족은 “아일랜드인들로 하여금 자치를 감당하지 못하게 하는 성질과 정확하게 정반대되는 성질”들을 소유하고 있었다(Curtis 53). 물론 이러한 정형화는 제국주의자의 인종차별적 시선에서 나온 것이지만 패링튼은 이 전형적인 아일랜드 남자의 특징들을 많이 공유하고 있는 것으로 묘사되어 있다. 우선 제 시간 안에 맡겨진 일을 제대로 끝내지 못하고 근무 중에도 몰래 술집을 찾는 그는 게으르다는 비난을 피하기 어렵다. 또한 그는 근무 중 실수를 하자 “밖으로 뛰쳐나가 폭력을 휘두르고 싶은” 욕망을 품을 정도로 난폭한 모습을 보인다. 더욱이 그는 하루 동안 경험한 분노와 좌절로 인해 “복수심”을 품으며 마침내 어린 아들에게 그것을 발산하게 된다. 그가 무지하다는 것은 구경꾼들이 그가 영국인 웨더스와 겨루는 팔씨름을 “민족적 명예”를 건 경기로 보는 반면 그는 이러한 역사적 지식을 결여하고 있는 듯이 보인다는 점에서도 알 수 있다(Potts 70).

그가 자부심을 가지고 있는 것은 오로지 자신의 큰 신체이고 힘이기 때문에 알레인을 "난쟁이"로 멸시하고 웨더스를 "애송이"로 평가절하할 수 있다. 여기서 흥미로운 것은 패링튼이 억압구조 하에서 여성화되었음에도 불구하고 그에게는 그의 남성성을 부각시켜줄 수 있는 육체적 힘과 신체적인 우람함이 있다는 것이다. 그의 장대한 신체는 『율리시스』의 「키클롭스」(Cyclops) 장에 나오는 시민(the citizen)을 상기시킨다. 시민은 신화 속의 영웅들의 특징을 합성해 놓은, 순수한 아일랜드 혈통의 남성성을 이상화한 표본이라고 할 수 있다. 시민은 "넓은 어깨의, 두툼한 가슴의, 강한 팔다리의, 솔직한 시선의, 붉은 머리털의, 주근깨가 많은, 텁수룩한 수염의, 큰 입의, 큰 코의, 긴 두상의, 깊은 목소리의. . . 영웅"(*U*12.152-56)이다. 물론 이는 문예부흥 당시 문화민족주의자들이 아일랜드의 전통적인 영웅들을 이상화한 것에 대한 작가의 풍자의 일환으로, 이상적인 아일랜드 남자의 허구성을 노정하기 위한 것이다. 어쨌든 패링튼의 체격은 최소한 기골이 장대한 이상적인 아일랜드의 남성의 기준에서 그다지 멀리 떨어져 있지 않은 듯이 보인다. 다만 그에게는 시민에게 있는 국수주의적인 민족관 같은 것이 결여되어 있을 뿐이다. 그리고 시민이 등장하는 무대가 전적으로 바니 커넌 주점(Barney Kiernan's)인데 반해 패링튼의 경우 사무실에서 주점, 그리고 가정으로 이동한다는 점이 다르다. 시민은 게일 운동 경기 협회(Gaelic Athletic Association)를 세운 민족주의 운동가 마이클 쿠색(Michael Cusack)을 모델로 해서 창조된 인물이므로 드러내놓고 민족주의를 표방하며 반영(反英)의 기치를 든 국수주의적

인물이라면, 패링튼은 식민지인으로서 일상생활을 해야 하는 좀 더 평범한 더블린의 남자라 할 수 있을 것이다.

지금까지 살펴본 바와 같이, 패링튼은 여러 면에서 식민지 아일랜드를 가리킨다고 할 수 있는 남성이다. 그런 그가 제국주의적 패권을 대표하는 알레인(Cheng 120)의 사무실 공간에서 회사의 규율에 따라 움직여야 하는 이름 없는 부속품으로 전락하였다. 그는 사무실에 머무르는 내내 개체성을 나타내는 이름을 부여받지 못하고 익명의 "그 남자"(the man)로 남아 있다. 그의 굼뜬 움직임과 기죽은 목소리 등은 그가 '거세'되었다는 것을 암시한다고 하겠다. 알레인과 함께 있던, 유대인의 외모를 지닌 중년의 여인 델라코어 양(Miss Delacour)이 일시적으로 그의 억눌러진 남성성을 일깨우는 역할을 한다. 그래서 알레인씨가 그녀 앞에서 없어진 편지 두 장과 관련하여 패링튼에게 심한 욕을 퍼붓자 패링튼은 알레인에게 잠시 대들 듯 대꾸한다. 하지만 그는 사과하지 않을 경우 해고라는 처벌에 직면해야 한다. 그리고 이 처벌은 피지배자를 향한 지배자의 강력한 '거세'의 수단, 그리고 결과적으로는 여성화의 방책에 다름 아니다. 이와 같은 억압 구조에서 그가 자신의 남성성을 일시적이나마 확인할 수 있는 길은 근력을 보여주는 것뿐인데 웨더스와의 팔씨름에서 두 번이나 패배함으로써 이것은 수포로 돌아간다. 웨더스는 영국식 이름을 지닌 영국인이라는 점에서 패링튼이 그에게 졌다는 것은 아일랜드가 힘의 대결에서 영국을 이길 수 없다는 의미도 있지만, 이름의 어원이 "거세된 숫양"으로 거세된 남자를 가리킨다는 점(Jackson 82)에서 그가 거세된 남자보다 약한 여성화된 남자임을 암시한다고 할 수 있을 것이다. 영국인에 대한 패배는 「경주가 끝난 뒤」의 지미가 카드 게임에서 영국인 라우쓰에게 진 것을 상기시킨다. 한편, 패링튼을 분노하게 하는 또 다른 사람은 "런던 억양"을 쓰는 영국 여인으로 그는 그녀와 자신 사이의 낭만적인 이성애적 관계를 꿈꾸지만 그녀는 그에게 눈길 한 번 주지 않고 떠나버린다. 나갈 때 그의 의자에 가볍게 부딪치자 "실례합니다!"라는 의례적인 말을 던질 뿐이다. 그것은 「애러비」(Araby)의 주인공 소년이 낭만적 감정으로 충만하여 애러비에 갔지만 영국식 억양을 쓰는 여자 상인의 의례적인 말을 들었을 때 느꼈을 절망적인 현실과 비슷할 것이다. 소년이 짝사랑하는 연상의 여인과의 관계가 환상에 불과하다는 것을 깨달은 것과 마찬가지로 패링튼은 자신이 그 여인의 관심을 끌만한 '남성'이 아님을 절망적으로 인식했을 것이다. 애러비라는 바자가 영국 상인들의 지배를 받는 것, 패링튼이 영국계 사장의 지배하에 있는 것 모두 아일랜드가 경제적으로 영국에 종속되어 있는 것을 말해 주는 것이다.

알레인이 북아일랜드 출신이지만 궁극적으로는 영국을 가리키는 것과 마찬가지로 「작은 구름 한 조각」의 갤러허도 더블린 출신이지만 친영파로서 그가 매고 있는 오렌지색 넥타이는 그가 영국에 충성하는 사람이라는 것을 상징적으로 보여준다. 쳉(Cheng)에 의하면, 갤러허는 챈들러의 마음속에서 영국에 대한 환유로 존재할 뿐만 아니라(118), "억압자의 가치관"을 소유하고 있는 사람이다(119). 알레인이 패링튼에게 권력을 가진 자의 입장에서 큰소리치는 것과 마찬가지로 갤러허는 영국에서 성공하여 꿈을 이룬 자로서 시인의 꿈이 좌절된, 더블린의 실패자 챈들러 앞에서 당당하고 의기양양하다. 한 쪽이

제국/남성을 가리킨다면 다른 한 쪽은 식민지/여성을 나타낸다. 다만 차이가 있다면 패링튼과 달리 챈들러는 체격이 왜소하고 소심하여 여성적 성향을 가지고 있는 사람이라는 것이다. 대담하게 술을 마시는 갤러허와 대조적으로 챈들러는 홀짝거린다. 한편, 스콜스(Robert Scholes)는 갤러허를 알레인 보다는 웨더스에 비교하기도 하는데, 별 차이가 없는 것은 둘 다 더블린에 도전해서 어떤 의미에서 더블린을 물리치는 외국세력 런던을 나타내기 때문이다(379). 어쨌든 갤러허가 영국의 지배세력 혹은 우월한 문화를 나타낸다는 것을 부인하기 어렵다. 그의 가부장적/제국주의적 면모는 여성을 보는 그의 시각에서 드러난다. 제국이 경제적 이득을 위해서 식민지를 개척하듯이 그는 금전적 이익을 얻기 위해서 여성과 결혼하겠다고 말한다. "내가 말만 꺼내면 당장 내일이라도 현금 싸들고 찾아올 여자가 있어. . . .돈을 주체하지 못하는, 수백 명의, 아니 수천 명의 독일 여자들과 유대인 여자들이 있어. 얼마든지 기꺼이 결혼하겠다고 나설. . . "이라고 큰소리친다. 영토 확장을 좋아하는 게걸스러운 제국주의자처럼 그는 결혼함으로써 "한 여자에게만 묶이는 것"을 좋아하지 않는다고 말한다. 이처럼 남성적인 갤러허와 달리 챈들러는 "섬세하고 금욕적인 사람"이다. 조금 단순화시켜서 말해보자면, 유럽의 대도시 나이트클럽 등을 다니면서 자유를 누리는 갤러허가 그곳의 가치관을 지지한다면, 챈들러는 강한 가톨릭 국가로 성에 대해서 억압적인 아일랜드의 가치관을 나타내는 사람으로 볼 수도 있을 것이다. 챈들러 자신도 본인이 시인이 된다면 켈트적인 "우울한 어조"를 보이는 아일랜드 시인으로 받아들여지기를 바란다. 심지어 그는 자신의 이름이 좀 더 아일랜드적인 "T. Malone Chandler"이면 더 좋지 않을까 생각하기도 한다. 이는 「어떤 어머니」에서 키어니 부인이 캐슬린이라는 딸의 아일랜드적 이름을 한참 유행을 타고 있는 아일랜드 문예부흥 운동에 이용하려 한 것과 일맥상통하다는 점에서, 조이스가 그 운동을 풍자하고 있다고 볼 수도 있을 것이다. 그런데 여기서 주목할 만한 가치가 있는 것은 챈들러가 자신의 이러한 아일랜드적인("켈트파의") 특성을 "영국 비평가"들이 인정해 주기를 바란다는 것이다. 이것은 그가 은연중 영국의 문화의 우월성을 인정한다는 것이고 아일랜드의 영국문화에 대한 의존을 의미하는 것이다. 또한 "작은" 챈들러가 어린이의 이미지로 묘사되는 것 또한 아일랜드가 영국에 의해서 독립할 수 없는 여성 혹은 미성숙한 유아로 간주된 점과 무관하지 않을 것이다.

갤러허 못지않게 제국주의적 요소와 가부장적 요소를 두루 갖추고 있는 인물이 있다면 「두 한량」의 콜리일 것이다. 그는 갤러허처럼 으스대며 장광설을 늘어놓는 남자일 뿐만 아니라, 그의 걸음걸이가 알려주듯이, 거친 성격의 소유자이다. 또한 갤러허와 다르지 않게 그는 남자다움을 과시하는 남자(macho)로서 여성을 착취와 정복의 대상으로 본다. 그가 전에 사귀었던 여자는 창녀가 되었고 지금 만나는 하녀도 그에게 돈을 빼앗긴 후 버림받을 것으로 추측된다. 그의 아버지가 경찰이었고 그도 사복을 입은 경찰과 자주 만난다는 점에서 그가 경찰과 밀착되어 있는 밀고자임을 알 수 있다. 그런 점에서 그는 영국 편에 서 있다. 그는 "아버지의 체격과 걸음걸이"를 그대로 물려받았는데, "그의 거대한 체구, 여유 있는 걸음걸이, 그리고 힘찬 구두 소리에는 정복자다운 데가 있었다". 이에 반해 "정복자"의 희생물인 하녀는 그에게 농락당하고도 돈을 가져다 바쳐야 한다. 이와 같은 여성의 착취는 "잔인한 영국의 아일랜드 정복에 대한 성적 비유"로서 (Ehrlich 90), 좀 더 구체적으로 말하자면, 윌리암스(Trevor L. Williams)의 표현대로, "제국주의의 권력과 식민지의 의존 관계"(1997, 81)를 말해준다. 영국에 의해서 원하지도 않은 식민 관계를 강요당하고도 세금과 관세를 지불해야 하는 아일랜드가 하녀의 입장과 유사하기 때문이다(Willams 81). 그리고 콜리가 전에 사귀었던 여자와 마찬가지로 이 하녀도 같은 운명을 맞아 창녀로 전락할 가능성이 많다. 그가 그녀에게 주인의 시가를 훔쳐오게 하는데, 그 당시에 하녀가 절도죄로 잡힌 경우에 즉시 해고되었을 뿐만 아니라 다른 재산이나 의지할 사람이 없는 경우에 창녀로 전락하기가 쉬웠기 때문이다.

더 중요한 것은 실제로 아일랜드가 이 하녀처럼 창녀로 그려져 있다는 것이다. 킬데어 거리는 주로 개신교도들, 혹은 영국계 아일랜드인들이 많이 다니는 지역으로 거기에는 명예와 부를 상징하는 킬데어 거리 클럽이 있다. 콜리와 레너헌은 이곳으로 걸어가 클럽의 정문으로부터 멀지 않은 곳에서 한 연주자가 하프를 연주하고 있는 것을 보게 된다. 연주하는 시의 내용 중에는 다음과 같은 구절이 들어 있다.

> 아직도 에린(Erin)은 어두움 속에서 잠들어 있네.
> 아직 창백한 빛이 새벽을 늦추고 있네
> 언제 햇빛이 상냥하게 떠올라
> 우리 섬을 평화와 사랑으로 따뜻하게 비추어 줄 것인가?

여기서 여성 "에린"은 아일랜드를 가리키고, 하프는 "옷을 반쯤 걸친 여인의 모습"으로 또 다른 아일랜드의 상징인 '불쌍한 노파'를 나타낸다(Gifford 58). "애처롭게" 연주하도록 되어 있는 이 곡(Jackson 46)이 백조로 변해버린 한 소녀의 곤경을 노래한다는 점에서, 그리고 어두움 속에 잠들어 있는 아일랜드를 그리고 있다는 점에서 아일랜드의 암울한 정치적 현실을 상징적으로 노래하고 있다고 하겠다. 지친 여인으로 의인화된 하프는 "자신의 덮개가 악기의 무릎 아래로 흘러내리는 것에 무신경한 채 낯선 사람들의 시선과 주인의 손에 지친 듯이 보인다". 여기서 아일랜드를 상징하는 하프는 낯선 이방인들과 주인의 어루만지는 손에 지친 창녀의 모습으로 그려져 있다. 또한 "낯선 사람들"(strangers)은 예이츠(W. B. Yeats)의 희곡에서 "우리 집에는 너무 많은 이방인들(strangers)이 있다"(7)고 한 캐슬린 니 훌리한(Cathleen ni Houlihan)의 발언을 상기시킨다. 이 희곡에서 캐슬린은 아일랜드를 상징하는 '불쌍한 노파'이고 낯선 사람들은 아일랜드를 식민화한 영국인들이다. 하프의 "주인"(master) 또한 스티븐(Stephen Daedalus)이 『율리시스』에서 종으로 섬기고 있다고 말한 "두 주인"(*U*1.638 masters) 중 하나, 즉 영국이다. 또한 낯선 사람/주인의 손에 농락당하는 여성은 콜리가 유혹하여 경제적 이득을 얻는 하녀에 다름 아니고, 결국 영국에 의해 정복당한 아일랜드를 암시하고 있다고 하겠다. 흥미롭게도 당시 영국을 대표하는 왕인 에드워드 7세(King Edward VII)는 「파넬추모일의 선거사무실」에서 여성편력이 있는 "약간 난봉꾼"으로 묘사된다.

「경주가 끝난 뒤」의 시작부분도 남성적인 제국과 여성적인 식민지의 대조를 분명하게 보여준다.

> 자동차들이 네이스로(路)의 바퀴자국을 따라 총알처럼 일직선으로 달리며 더블린을 향하여 질주하여 왔다. 인치코어에 있는 언덕 마루에는 차들이 빠른 속도로 들어오고 있는 것을 지켜보기 위해 구경꾼들이 무리를 지어 모여 있었고, 가난과 마비의 이 도로를 통해 유럽대륙이 자신의 부와 산업에 속도를 더하고 있었다. 모여 있는 무리들은 때때로 기꺼이 억압받는 자들의 환호를 올리고 있었다.

유럽대륙의 "부와 산업"을 상징하는 쾌속의 자동차가 달려온다는 데에서 유럽대륙이 동적이고 남성적이라는 것을 감지할 수 있는 반면, "가난과 마비"를 나타내는 도로에서 옹기종기 모여 있는 아일랜드인 관중들은 정적이고 여성적임을 알 수 있다. "총알처럼" 더블린을 향하여 돌진해 오는 자동차의 모습은 마치 「에블린」의 "속수무책인 동물"(helpless animal)인 여주인공만큼이나 수동적인 더블린 사람들을 향해 침략해오는 정복자의 모습이다. 반면에 더블린 사람들은 "기꺼이 억압받는 자들"(the gratefully oppressed)의 입장에 서 있을 정도로 외부의 지배에 익숙해져 있다.

피식민지인으로서 여성화된 아일랜드 남자들 중 한 명인 지미는 유럽대륙인들, 특히 남성적인 스포츠맨들과 한패가 됨으로써 자신도 남성으로서 인정받고 싶어 한다. 세지윅(Eve Kosofsky Sedgwick)의 주장대로, 남성의 자격은 "강력한 남성적 유대"관계를 통해서 주어지는 것이다(185). 그는 더블린 사람들을 특징짓는 마비와 대조되는 쾌속도(快速度)를 누림으로써 자신이 동족들과는 다른 제국주의자/남성의 범주에 속해있는 것처럼 생각하고 득의만면의 흥분 속에 빠져있다. 한때 "진보적인 민족주의자"이었지만 경찰에 고기를 납품하기 시작함으로써 영국의 협력자가 된 그의 아버지가 아들을 영국의 학교에 유학 보낸 것도 아들이 유럽대륙인들 틈에 끼기를 원했기 때문이었을 것이다. 하지만 노리스(Margot Norris)가 지적하듯이, 남성적인 어울림으로 여겨졌던 것은 지미의 여성화를 잠시 드러나지 않게 하는 속임수에 불과했다(2001, 28). 그들은 지미로부터 돈을 빼앗을 뿐만 아니라 그가 남성으로 인정받는 데 필요한 남성사회의 회원자격마저 박탈한 것이라고 할 수 있다(28). 노리스는 더 나아가 지미를 "강간의 희생자"(26)로 비유하기까지 한다. 팔리의 요트는 지미의 도망을 불가능하게 할 만큼 외떨어진 곳에 정박해 있고 그는 마취상태가 될 정도로 많은 술을 마셨다. 그는 "끔찍한 게임"(terrible game)에서 뭔가 잘못되어 가고 있는 것을 느끼고 "이제 그만 두었으면"하고 바라지만 이미 때는 늦었고, 지미는 본인의 의지와 상관없이 게임 판에서 많은 돈을 잃을 때까지 남아있어야 했다. 그는 그들과의 유대관계를 통해 남성들의 영역에 편입되기를 원했지만 그는 여전히 그들의 영역으로부터 배제되고 주변화 되어 공격과 착취의 대상이 되는 여성적 존재로 남아있었던 것이다.

부유한 지미가 미국인, 유럽대륙인들과 함께 개인 소유의 요트에서 호화롭게 술을 마신다면, 「대응」의 패링튼은, 말콤(Malcolm)이 그 당시 상황에 대하여 설명하듯이, 임금 노동자들의 유일한 안식처라 할 수 있는 술집(public house)을 찾는다(94). 알레인이 얼스터(Ulster) 출신의 고용주라는 점은 음주와 관련하여 몇 가지 주목할 만한 점들을 상기시킨다. 19세기에 아일랜드에서 활발했던 민족주의운동과 금주운동(temperance movement)은 상호간의 화해를 위한 많은 시도에도 불구하고 근본적으로 적지 않은 차이점들을 노정하는 두 흐름이었다. 금주운동은 애초에 중산층의 개신교도 친영파의 배타적 영역으로 시작되었고 또 오랫동안 그러한 영역으로 남아 있었다(Malcolm 112).[15] 당연히 이 운동은 친영파들의 본거지라 할 수 있는 얼스터주에서 가장 활발했다. 이들 친영파 금주 운동가들은 사회적으로 하층민인 아일랜드의 가톨릭 신자들의 지나친 음주 관습을 멸시함으로써 자신들의 우월성을 확인했을 뿐만 아니라 자신들의 지배를 정당화하였다. 알레인은 이 얼스터 출신일 뿐만 아니라 그가 운영하는 회사는 근대화/식민화의 전초기지라 할 수 있는 곳으로 "인간을 소외시키는 노동의 리듬이나 위계질서의 규범"이 지배하는 곳인 반면, 술집은 이러한 규범의 외부에서 작동하는 대안의 공간이었다(Lloyd 143). 혹은 그 곳은 "지배적인 가치관의 외부에 존재하는" 곳이었다(Lin 47). 그렇다면 패링튼이 일터로부터 나와 "본질적으로 남성의 피난처"인 술집(Rosenzweig 147)에 있고 싶어 하는 것은 "여성화시키는 식민주의와 근대화의 담론에 대한 불순종"(Lin 48)을 암시하는 것이라고 볼 수 있을 것이다.

---

15 금주운동은 개신교도들에 의해서 시작되었지만 나중에 매튜(Mathew) 신부 등 카톨릭 신부들의 지지를 받기도 했다. 또한 대부분의 민족주의자들은 금주운동가들과는 반대편에 서 있었다. 왜냐하면 금주운동가들은 민족주의자들과 달리 친영적인 정부에 충성적이었고 아일랜드의 우월성과 장점을 부각시키려 하는 민족주의자들과 달리 아일랜드의 심각한 음주 문제를 민족적인 문제로 단정하고 이를 가차 없이 비판하였기 때문이다. 그럼에도 불구하고 오코넬(O'Connell)이나 데이비스(Thomas Davis) 같은 민족주의자들은 금주운동의 필요성을 인정하였다. 민족주의 지도자인 파넬(Parnell)도 이 문제에 대해서 확실한 태도를 취하지 못했다. 더 자세한 것은 Elizabeth Malcolm의 "Temperance and Irish nationalism"을 참고할 것.

패링튼은 인간을 상품화, 기계화하는 자본주의, 근대화의 세력에 의해 일터에 있는 동안 익명으로 남아 있지만 술집에서 비로소 자신의 이름을 부여받는다. 술집은 "노동자들이 직면한 자본주의 질서에 대한 저항"의 장소가 되는 셈이다(Rosenzweig 148). 혹은 "반근대성의 중대한 장소"(Lloyd 139)가 되는 곳이라 할 수 있다. 또한 그곳은 남성성의 분위기가 지배하는 곳으로 술을 많이 마시는 것은 "환대와 남성성의 표현"(147)으로 여겨졌다. 따라서 제국주의에 의해 여성화되고 있는 패링튼에게 술집은 남성성의 회복을 시도할 수 있는 공간이 되는 것이다. 마샬 (Marshall)에 의하면, 술을 내는 것(standing)은 "남성성의 소생의 의식"인데(Rosenzweig 147에서 재인용), 패링튼은 이 날 다른 남성들에게 술을 냄으로써 남성성을 회복하는 의식을 치룬 셈이다. 아일랜드에서 술을 함께 마신다는 것은 "결속력과 평등성"을 재확인해 주는 것이기 때문에(Rosenzweig 143), 술집에서는 위계질서의 벽이 무너지고 모두가 평등해진다. 따라서 술집은 식민주의적 계층제가 사라지고 여성화된 아일랜드인이 남성성을 회복하게 되는 영역이라 생각할 수 있다. 하지만 그가 그러한 공간에서조차도 영국인 웨더스와의 팔씨름에서 치욕적으로 패했다는 것은 남성성을 회복할 수 있는 영역이 영국의 세력에 의해 점점 잠식당하고 있음을 암시한다. 그것은 피식민지인의 여성화 과정이 더욱 철저하게 진행되어 남성성의 회복의 여지가 더욱 어려워짐을 시사하기도 한다. 「경주가 끝난 뒤」의 지미도 자신이 술을 마시는 장소가 남성들 간의 결속력과 평등성을 강화시켜주는 곳으로 생각했지만 영국인 등의 식민주의적 지배를 재확인하는 곳에 불과함을 희미하게 인식하게 된다.

이처럼 제국의 통제 하에서 여성화의 과정을 겪어야 하는 아일랜드의 남성들은 남성성의 일시적인 회복을 위해 술집을 자주 찾는다. 술집은 일터에서 가정으로 돌아가는 남성들을 중간에서 가로챔으로써 가정과 경쟁상대가 된다. 「애러비」에서 아버지 역할을 하고 있는 삼촌이 만취해 늦게 귀가하는 바람에 바자에 갈 계획을 세워두었던 소년의 애를 태우지만 삼촌은 아랑곳하지 않는다. 「은총」의 커넌씨는 아내가 "그의 빈번한 폭음을 기후의 일부분이나 되는 양 받아들일" 정도로 과음을 일삼는 남편이다. 그는 여느 더블린 남자들과 마찬가지로 아이들의 교육이나 가정의 경제적 형편에 거의 마음을 쓰지 않는다. 난폭한 술꾼인 「에블린」의 아버지는 한술 더 뜨는 편이다. 그의 아내는 광기로 생을 마감했고 딸은 폭력의 위험을 느끼며 살고 있을 정도이다. 「하숙집」의 무니씨도 술과 폭력으로 인해 가정을 풍비박산으로 만든 장본인이다. 하지만 에블린의 어머니와 달리 무니 부인은 결단력 있게 남편과 갈라서고 나서 하숙집을 운영하는 여가장이 된다. 그럼에도 불구하고 무니 부인의 사위가 될 도런은 나중에 (『율리시스』에서 이어진 이야기를 보면) 장인의 뒤를 이어 더블린에서 둘째가라면 서러워할 술꾼이 된다. 그가 폴리(Polly)와 결혼해서 꾸리게 될 가정은 술집과의 경쟁에서 계속 밀리게 될 것이다.

공적인 장소에서 남성적 권위가 박탈당한 더블린의 남자들에게 술집이 일시적이나마 남성성을 회복할 수 있는 장소가 되었다면 가정은 그들이 제국주의/근대화에 의해서 받은 억압을 앙갚음할 수 있는 유일한 장소가 된다. 「에블린」과 「대응」, 그리고 「작은 구름」에 나오는 아버지들은 자녀와의 관계에서 식민주의가 가부장적 관계를 강화시킨다는 것을 보여준다. 에블린의 아버지, 패링튼, 그리고 리틀 챈들러는 밖에서 정치적 경제적으로 박탈당한 가부장적 헤게모니를 집안에서 찾으려 한다. 그리하여 그것은 폭력의 악순환으로 연결된다. 특히 패링튼의 경우에 회사에서 알레인으로부터 당한 지배와 억압을 가정에서 재현함으로써 지배자의 "이데올로기의 재생산"을 하고 있다(Williams 1997, 74). 기본스(Luke Gibbons)는『젊은 예술가의 초상』에서 스티븐이 아일랜드인으로서 "가정"(home), "에일 맥주"(ale), "주인"(master)을 발음할 때 영국인이 그 단어들을 발음할 때와 다르게 들린다고 한 것을 주목한다. 기본스는 뒤의 두 단어들이 각각 가리키는 술과 영국의 식민지배가 아일랜드의 "가정"에 영향을 미쳤을 가능성을 예리하게 지적한다(166). 식민주의에 의한 남성의 여성화와 그에 따른 남성성의 회복에 대한 욕구가 남성을 사이에 두고 술집과 가정이 경쟁하게 만드는 것이다.

언뜻「망자」의 게이브리엘은 이들 더블린 남자들과 매우 다른 인물처럼 보일 수 있다. 그의 높은 학력과 비교적 여유로운 경제적 형편, 그리고 안정된 직장과 가정 등은 우선 그를 대부분의 더블린 남자들과는 다른 범주로 분류하게 할 수 있다. 굳이 찾아본다면「경주가 끝난 뒤」의 지미 정도가 그와 대등한 '부르주아' 계층에 속할 수 있겠지만(Williams 1997, 91), 지미는 아직 확실한 직업을 가지고 있지 않고 가정도 꾸리지 않았으며 미성숙한 편이고 자기성찰이 없다는 점에서 게이브리엘과는 많은 차이를 보인다. 그럼에도 불구하고 지미가 유럽 강국 출신의 친구들과 어울리고 싶어 하는 것과 마찬가지로 게이브리엘도 제국주의적 야망이 강한 유럽의 나라들, 예컨대 영국, 프랑스, 벨기에 등으로 휴가를 떠나고 싶어 한다는 점에서는 유사성을 보인다. 하지만 게이브리엘은 제국주의자들 집단의 일원이 되고 싶어 하는 지미와 달리 이미 제국의 가치관을 대변하는 자가 되었다고 해도 과언이 아닐 것이다. 그가 당시 유럽에서 유행하던 고무덧신(goloshes) 신기를 아내에게 강요하는 예에서 볼 수 있듯이 그는 이미 '문명'의 가치관을 내재화하여 그것을 전파하는 역할을 하고 있는 것이다. 그런 점에서 그는 오히려 런던과 파리 등 넓은 세상을 보아왔고 그 곳의 가치관을 받아들인「작은 구름」의 갤러허와 유사성을 보인다. 피상적으로 보았을 때 갤러허는 거칠고 외향적인 반면 게이브리엘은 자의식이 강하고 섬세한 측면이 있어서 서로 매우 다를 것처럼 보이지만 둘 다 친영파이고 유럽중심적 가치관을 보이고 있다는 점에서 유사하다고 할 수 있다. 물론 갤러허의 경우, 그의 노골적인 넥타이 색이 보여주듯이 좀 더 공개적인 공모자라면 게이브리엘의 경우 "제국주의와의 무의식적인 공모[자]"(Cheng 138)라 할 수 있을 것이다. 열렬한 민족주의자이자 게이브리엘의 동료인 아이버스 양은 보수 진영의 신문인『데일리 익스프레스』(*Daily Express*)에 서평을 쓴 게이브리엘을 노골적으로 "친영파"(West Briton)라고 낙인찍고 비난한다. 이런 게이브리엘을 두고 쳉은 "제국주의자 주인들과의 협력자"(collaborator with the imperial masters, 138)라 부른다.

게이브리엘의 여성관은 "돈과 결혼하겠다"고 한「작은 구름」의 갤러허나 하녀를 농락해서 재물을 착취하는「두 한량」의 콜리에 비하면 훨씬 더 나은 편이라고 할 수 있을지 모른다. 하지만 아내 그레타는 그녀를 지나치게 간섭하고 통제하는 남편 게이브리엘의 압제 하에 살아왔음을 폭로한다. 그는 "선의의 가정 폭군"(Cheng 136)이라 지칭될 수 있을 정도로 억압적인 남편이다. 아이버스 양이 게이브리엘에게 그레타의 고향이 있는 아일랜드의 서부로의 휴가를 추천한 것을 나중에 알게 된 그레타가 남편에게 그곳으로 "제발 가자"고 간청했을 때 그는 그것을 단번에 묵살함으로써 그의 가부장적인 지배력의 면모를 보여준다. 그는 마치 영국이 남성으로서 어리고 약한 여성 아일랜드를 돌보아주고 선심 쓰는 체하는 것과 유사한 방법으로 하녀 릴리와 아내 그레타를 대한다. 하지만 그가 결혼에 대해서 가볍게 말을 꺼내자 릴리는 "요즘 남자들이란 말만 번드러지게 해서 여자들을 농락하기만 한다"는 신랄한 대꾸로 남성으로서의 게이브리엘을 당황하게 한다. 여기서 하녀인 릴리는 콜리처럼 자신을 착취하려고만 했던 "잔인하고 무자비한 남자들"(Ehrlich 95)을 떠올리고 모든 남자들을 일반화하고 있는지 모른다. 하지만 "palaver"란 단어가 행동보다는 말로 표현하는 남자를 가리킨다고 볼 때 언어를 분석하는 문학비평가인 게이브리엘도 이 '말'을 번지르르하게 하는 남자들의 범주에 속한다고 할 수 있을 것이다. 이와 대조적으로 그레타를 위해 목숨을 내 던질 준비가 되어 있던 그녀의 첫 사랑 마이클 퓨리는 말보다는 행동으로 표현하는 남자였다는 점을 고려할 때, 릴리의 공격은 의도되지 않았다 하더라도 게이브리엘에게 향해 있다고 할 수 있다. 더구나 그가 호텔에서 아내를 욕정과 농락의 대상으로만 바라본다는 점에서 정도의 차이는 있지만 그와 콜리의 유사성은 더욱 뚜렷해진다. 하지만 콜리의 경우와 달리, 게이브리엘은 하녀인 릴리로부터 도전을 받고 불안해하며 이것이 계기가 되어 자신의 남성성에 대해 성찰하게 된다. 「망자」가 『더블린 사람들』의 다른 이야기들과 다른 점이 바로 여기에 있다. 제국주의와 연결된 남성성이 요지부동의 본질처럼 보이지만 사실은 얼마나 불안정한 것인지를 드러내기 때문이다.

게이브리엘과 그레타의 관계는 남녀 그리고 남편과 아내라는 것 외에 여러 면에서 상호대조적인 것이다. 특히 그레타는 마이클과 함께 영국의 식민화 정책의 입김으로부터 가장 먼 곳에 위치해 있고 아직도 아일랜드 고유의, 덜 문명화된 영역인 서부, 그리고 문화민족주의자들에 의해서 문화적, 언어적 정통성을 지닌 거의 신화적인 영역으로 간주된, 골웨이(Galway) 태생이라는 점 때문에 상징적 의미를 지닌다. 그녀는 게이브리엘이 "두려워하고 있으며, 억압했고, 부인했으며 팔아넘긴(배신한) 것", 즉 그의 아일랜드인으로서의 정체성을 나타낸다고 할 수 있다(Cheng 138). 또한 게이브리엘이 어린이/여성으로 다루고 있는 그레타는 영국이 여성화하고 억압하는 아일랜드를 암시한다고 할 수 있다. 이와 관련하여 그레타가 마이클이 불렀던 노래 "오그림의 처녀"를 들으며 죽은 애인을 생각하는 것은 주목할 만한 가치가 있다. 이 노래는 귀족인 그레고리 경(Lord Gregory)의 강압에 의해 아이를 임신하게 된 시골 처녀가 빗속에서 죽어가는 아이를 안고 그 귀족의 성안에 들여보내주기를 간청하나 거절당하는 이야기를 담고 있다. 톰슨(Spurgeon Thompson)에 의하면, 여기서 그녀가 당한 무관심은 아일랜드의 대기근(Great Famine)때 아일랜드가 영국으로부터 받았던 대우를 상기시킨다. 아일랜드는 노래가사 내용과 유사하게 "강간당하고, 배신당했으며, 버림받았기"때문이다(189). 쳉은 그레타의 고향인 골웨이가 오그림으로부터 30마일밖에 떨어져 있지 않고 마이클도 빗속에 서 있었으며, 오그림의 전쟁이 사실상 영국의 아일랜드 지배를 확정하는 전쟁이었기 때문에 그레타를 "현대의 오그림 처녀"로 볼 수 있는 가능성을 제기한 후 그녀가 식민지배자의 희생자, 나아가서는 아일랜드를 가리킬 수 있음을 암시한다(143-44). 마이클이 그레타를 위해서 죽었다는 것은 앞서 언급한 예이츠의 희곡 『캐슬린 니 훌리한』에서 아일랜드의 상징인 캐슬린이 아일랜드의 젊은이들에게 조국을 위해서 생명을 내놓을 것을 요청한 말을 상기시키면서, 아일랜드와 그레타의 동일시를 더욱 가능하게 한다. 반면에, 호텔방에서 게이브리엘은 그레타가 그의 성적 접근에 반응을 보이지 않자 "그녀의 이상한 분위기를 마음대로 할 수 있는 정복자(master)가 되어 그녀의 몸을 내 몸에 힘 있게 껴안아(깔아뭉개/ 진압하여) 그녀을 압도하리라"(overmaster)는 생각을 한다. 그녀의 감정과 의사를 무시한 채 자신의 목적을 위하여 힘으로 지배하려 하는 이러한 태도는 "일종의 성적인 제국주의"로 영국이 아일랜드를 정복하고 진압하려 했던 것과 유사하다(Potts 93). 이 날 세 여성 즉, 릴리, 아이버스, 그리고 그레타는 게이브리엘의 남성성/아일랜드성에 의문을 제기하면서 그 동안 그가 쌓아 온 외견상 안정적인 그의 가부장적/제국주의적 성을 흔드는 역할을 한다. 그것은 "기꺼이 억압받는 자들"이 낼 수 없었던 목소리이며 반란의 몸짓이이라 할 수 있다.

지금까지 살펴보았듯이, 아일랜드와 영국의 관계에서 성과 인종(혹은 민족)간의 상호관련성은 명백하게 드러난다. "피정복자를 여성화하는 것은 정복자의 남성성을 재확인하기 위한 방법"(Jones 168)이고, 나아가서 정복을 정당화하기 위한 수단이라 볼 수 있다. 식민지 남성들은 제국주의자에 의해서 주변화 된다. 이러한 현상을 상징적으로 보여주는 예가 「대응」의 패링튼이 알레인의 회사 내에서 익명으로 존재한다는 것일 것이다. 그리고 이러한 주변화는 끊임없이 반복되고 식민지 남성들에 의해서 모방되기도 한다. 그리하여 밖에서는 주변화의 대상이었던 존재가 가정에서는 억압과 폭력의 행위자가 되기도 한다. 밖에서 여성성을 보이던 사람이 집안에서 강한 남성성을 드러내는 것이다. 그렇다면 "여성성이란 식민화된 남성에게 강요된 가면극"(Jones 168)에 불과한 것이라고 말할 수도 있을 것이다. 혹은 어떤 사람들은 더 적극적으로 정복자의 가치관을 내재화함으로써 자신이 권력의 중심부에 있는 것처럼 행세하기도 한다. 예를 들면, 제국의 수도에서 일을 하거나, 경찰 권력에 빌붙거나, 혹은 친영적인 언론과 밀착된 관계를 유지함으로써 권력을 행사하려 한다. 물론 제국주의와 가부장제 하에서 권력과 남성성의 관계는 말할 나위 없이 밀착되어 있다.

하지만 대부분의 더블린 남성들은 피정복자로서 여성화의 운명을 피해가지 못한다. 그럼에도 불구하고 작가는 「망자」의 주인공인 게이브리엘의 시선을 통해 이러한 운명에 순응하지 않는 한 명의 인물을 제시한다. 마이클은 토속적인 아일랜드를 나타내는 서부의 출신이기 때문에 친영파이자 세계주의자인 게이브리엘과는 정반대의 위치에 서 있는 사람으로 제국에 의한 여성화의 억압을 감내할 수밖에 없는 남성이다. 하지만 그는 사랑하는 여자를 위해 목숨을 내던진 남성적인 용기와 정열을 보임으로써 그러한 전형적인 패턴에 저항한다고 볼 수 있다. 어떤 의미에서 그가 그레타/아일랜드를 위해서 죽음을 선택한 것은 아일랜드 남성을 여성화시키려는 제국의 시도에 대한 저항이라고 해석한다 하더라도 지나치지 않을 것이다. 마이클의 행동은 그의 반대편에 서서 남성성과 권력을 향유하고 있는 게이브리엘에게 강한 도전이 된다. 게이브리엘은 "만질 수 없는 잿빛의 영역 속으로 자취를 감추고 있는" 정체성을 감지하면서, 자신의 남성성이 가면 속의 그것처럼 얼마나 불안정한 것인지를 깨닫는다. 그것은 단지 제국과 식민지의 관계에서 형성된 것이기 때문이다.

3. 일상 속 전쟁[16]

『더블린 사람들』은 어린이로부터 성인에 이르기까지 다양한 더블린 사람들의 일상을 꼼꼼하게 기록하고 있다. 조이스는 일상을 세밀하게 관찰하고 그것을 있는 그대로 지면에 옮겼다. 그는 극적인 효과를 위하여 "엄청난" 일을 꾸며내지 않았다. 그런데 『더블린 사람들』을 읽다 보면 흥미로운 발견을 하게 된다. 더블린의 평범한 사람들의 관습/행동/일상을 그리고 있는 작품에 교전을 상기시키는 장면이나 용어, 전쟁 및 군대와 관련된 은유나 낱말이 자주 등장하기 때문이다. 또한 플롯이 전쟁의 구도처럼 짜여 있는 경우도 적지 않다. 이것은 일상의 어떤 측면을 반영한 것일까? 이것을 통해 조이스는 더블린, 나아가서는 아일랜드의 어떤 현실을 제시하고자 한 것일까?

제목이 "교전, 전투"라는 의미를 함축하고 있는 「마주침」은 전쟁놀이에 대한 설명으로 시작된다. 미국 개척시대의 서부를 소개한 조 딜런은 인디언 전쟁놀이를 주도한다.

> 매일 저녁 학교가 파한 후 우리는 그의[조 딜런의] 정원에서 만나 인디언 전쟁놀이를 하였다. 그와 그의 뚱뚱한 동생 게으름뱅이 리오는 마구간의 건초다락에 진을 치고 있었고 우리는 그 진지를 기습 공격하여 점령하려고 애썼

16 「『더블린 사람들』에서 보이는 일상 속의 전쟁」, 『제임스 조이스 저널』 제18권1호 (2012) 23-41에서 발췌 및 수정.

다. 혹은 잔디밭에서 대접전을 벌이기도 하였다. 그러나 우리는 아무리 잘 싸워도 포위에 성공하거나 전쟁에서 승리하지 못했다. 그리고 우리의 모든 승부는 조 딜런의 전승의 춤으로 마무리되었다.

이런 "제멋대로의 거친 정신"(a spirit of unruliness)은 아이들 사이에 확산되어 있다. 아이들은 "용감하게" 혹은 "장난삼아" 인디언 전쟁에 참여하기도 하지만 이 이야기의 주인공은 "거의 두려움으로" 끼어든 경우였다. 즉 공부만 하는 모범생으로 간주되고 약골로 보이는 것이 두려워 "마지못해 된"(reluctant) 인디언에 속했다. 그렇다면 주인공 소년은 인디언 전쟁을 그다지 좋아하지 않았다는 이야기가 된다. 아마 그가 참여하게 된 것은 두 가지 이유 때문이었을 것으로 추측된다. 첫째는 위에서 언급했듯이 강한 아이로 보이지 않을 것에 대한 두려움 때문일 것이고 다른 하나는 억압적인 가톨릭 교육에 대한 반발 때문일 것이다. 어떤 면에서 인디언 전쟁과 가톨릭 교육은 양 극단이라고 할 수 있다. 전자가 야만적인 "거친 서부"(wild west)를 나타낸다면 후자는 문명과 질서를 가리킨다. 이런 구도에서 언뜻 보면 주인공은 후자를 벗어나 전자에 이르고 싶은 듯이 보인다. 쳉(Vincent Cheng)도 인디언들은 소년이 도피하고 싶은 이국적 "타자"를 가리킨다고 말한다(83). 하지만 엄밀히 따져 보면, 이 세계는 그의 일시적인 도피처에 불과하다. 왜냐하면 그는 이 양 극단 모두를 두려워하며 둘 사이에서 배회하고 있음을 알 수 있기 때문이다. 학교의 엄격한 분위기에서는 "거친 서부의 영광"이 퇴색하지만 학교의 억압적인 분위기에서 멀어지면 다시 "무질서의 이야기"(chronicles of disorder)를 갈망한다. 여기서 주목할 점은 "저녁의 모형 전쟁이 학교의 판에 박힌 일상만큼이나 싫증나게 된다"는 점이다. 둘 다를 멀리하고 싶은 그는 "진정한 모험"(real adventure)을 찾아 학교를 무단결석하게 되는 것이다.

그가 전쟁놀이가 유행하는 환경에서 성장하고 강한 남자가 되기를 갈망하며 진정한 모험을 찾아나서는 것은 그 당시의 사회 분위기와 무관하지 않다. 20세기 초반 전쟁의 위협이 유럽에서 점점 커지면서 "규율, 훈련, 무기의 숙달"에 대한 열기가 아일랜드를 비롯한 여러 나라를 휩쓸고 있었고 유사 군대조직 같은 청년/소년 단체들이 생겨났으며 이들은 소년들에게 "강하고 자립적이며" "남성적이고 독립적인" 사람이 되어야 한다고 가르쳤다(Fitzpatrick 382-83). 이와 관련하여 윈스턴(Winston)은 『더블린 사람들』 중 유년기를 다루는 이야기들은 "공식적으로 승인된 공격의 문화(culture of aggression)"가 소년들에게 주입되었음을 보여준다고 지적한다(122). 버틀러 신부는 리오 딜런이 몰래 읽다 들킨 『아파치 추장』(*Apache Chief*)이라는 책을 "쓰레기"로 비하하며 그 대신 "로마 역사"를 공부해야 한다고 외치는데, 이 역사는 정복 전쟁을 주로 다루고 있다.

한편 주인공 소년에게는 호전적인 인디언도 억압적인 신부도 피하고 싶은 양극단이다. 그런데 흥미로운 것은 인디언 전쟁놀이에서 항상 승리하던 조 딜런이 신부에 대한 소명을 받음으로써 그에게서 양극단이 만나게 된다는 것이다. 인디언 전쟁에서 가장 용감한 인디언이었던 그가 이번에는 정반대편에 서 있는 아마 버틀러 신부 같은 사람이 된다는 것은 언뜻 설득력이 없는 것처럼 보인다. 하지만 양 극단은 각각 야만과 문명을 나타내는 상반되는 것이지만 신부에게도 군인의 요소가 있다는 것을 발견하면 조 딜런의 선택이 전혀 이해되지 않은 것도 아니다. 『젊은 예술가의 초상』에서 신부에의 소명을 두고 고민하는 스티븐이 느끼듯이 성직자들의 획일성, 규율과 훈련의 삶, 그리고 버틀러 신부가 보여주듯이 권위와 위협적인 명령이 지배하는 삶은 군인의 삶과의 유사성을 보여준다. 또한 전쟁터에서 군인은 인디언처럼 야만적이 되어야 한다. 전쟁에서 항상 승리하는 조 딜런의 이야기는 버틀러 신부가 가르치는 로마 역사, 즉 수많은 전쟁에서 승리한 자의 역사와 연결된다. 무엇보다도, 가톨릭 신부는 로마의 교황청으로부터 명령을 받는다.

주인공이 버틀러 신부의 수업을 피하여 학교를 벗어난 후 만나게 된 이상한 노인에게서도 이 두 가지, 즉 군인과 신부의 상반적인 측면이 보인다. 먼저 이 노인과 「자매」에 나오는 플린 신부와의 유사성에 대해서는 일찍이 마갈래너(Marvin Magalaner)가 열거한 바 있다(76). 그도 초록색 계열의 옷을 입고 있고 누런 치아를 보이고 있으며 책을 많이 읽었다. 또한 버틀러 신부 혹은 『젊은 예술가의 초상』의 도런 신부처럼 말을 잘 듣지 않는 아이에게는 매질을 해야 한다면서 공포를 불러일으킨다. 그가 가지고 다니는 지팡이도 그가 처벌의 도구로 그것을 사용할 수 있음을 암시한다. 한편 매질에 대한 강조는 군대의 규율과 유사하다. 이와 더불어 조이스의 동생인 스태니스로스가 이 작품의 배경이 된 에피소드를 말하면서 "그가 약 50세쯤으로 보였고 군인다운 데가 있었기 때문에 나는 성경 어디에선가 본 구절을 따서 그를 오십부장(captain of fifty, 62)이라 명명했다"고 한 것은 주목할 만하다. 물론 성경에서 "오십부장"이란 오십 명을 거느린 군 지휘관을 말하지만 스태니스로스는 50세의 의미로 썼기 때문에 차이를 보이고 있기는 하지만 어쨌든 그는 이 노인을 군인 같은 사람으로 보았고 그에 걸맞게 노인은 공포를 무기삼아 어린이의 순종을 강요하고 있는 것이다.

어린이들의 전쟁놀이는「애러비」에서도 일상이 되어 있다. 저녁을 먹은 후 아이들은 어두워져 가는 마을에서 전쟁을 한다.

> 차가운 공기가 우리 몸을 감쌌고 우리는 몸이 달아오를 때까지 뛰어 놀았다. 우리의 고함은 조용한 거리를 메아리쳤다. 가옥 뒤에 놓여 있는 어둡고 질척질척한 골목길을 지날 때 우리는 오두막에서 튀어나온 거친 패거리로부터 양면공격을 받기도 했다(ran the gantlet). 우리는 잿더미에서 악취가 나는, 흠뻑 젖어있는 어두운 정원의 뒷문들을 통과하기도 했다. 그리고 마부가 말갈기를 빗질해 주거나 쇠쇠가 달린 마구를 흔들어 소리를 내는 컴컴하고 냄새가 나는 마구간에 이르렀다.

주인공 일행은 거친 패거리로부터 양면 공격을 받는데, 여기서 "ran the gantlet"은 호된 공격을 받는다는 의미의 관용적 표현이나, 원래는 군대의 처벌방법에서 나온 용어이다. 처벌받는 자는 두 줄로 서 있는 군인들 사이를 달려야 하는데 이 때 군인들은 매나 무기 등으로 양쪽에서 그를 때리게 된다. 여기에서 파생되어 양면공격이라는 의미도 지니게 된 군대용어로 이 장면에서 아이들이 단순한 장난을 하고 있는 것이 아니고 전쟁놀이를 하고 있음을 확인시켜준다. 이와 관련하여 스태니스로스는 다음과 같이 회상하고 있다.

몇 년 뒤, 아직 브레이를 이사 가기 전에, 우리는 동갑의 다른 전투적인 영웅들, 즉 마텔로 테라스 뒤편 골목길에 살고 있던 아이들과 함께 적과 교전하기 위해 같이 가곤 했다. 그것은「애러비」에서 회상되고 있듯이 거의 항상 무혈의 소규모 전투였지만, 그 나이의 아이들에게는 모험의 전율을 주기에 충분했다. (16)

이처럼 더블린 남자 아이들의 일상은 전쟁과 불가분의 관계가 있다. 이러한 현상은 심지어 사춘기 소년의 감정에도 적용된다. 소년은 친구인 맹건의 누나를 짝사랑하는데 숙모를 돕기 위해 따라나선 소란스러운 시장에서도 그는 그녀의 이미지를 놓치지 않는다. 그는 자신이 이처럼 그녀에 대한 사랑을 소중히 간직하는 것을 마치 중세시대의 기사가 성배를 호위하는 것에 비유한다. 그는 자신이 전투적인 기사가 되어 "수많은 적들 사이로 성배를 안전하게 모시고 가는 것"으로 상상함으로써 사랑도 전쟁과 연결시키고 있는 것이다.

「애러비」는 소년이 며칠 동안 그의 의식을 사로잡았던 "애러비"라는 이름의 이국적인 자선 바자에서 환멸을 느끼는 것으로 끝난다. 그가 이상화하고 낭만적으로 생각해 왔던 대상은 초라하기 이를 데 없는 상업적인 장소로 판명된다. 그 곳은 영국 상인들의 "영국 억양"이 지배하는 곳이었다. 더블린은 경제적으로 뿐만 아니라 정치적으로 영국의 지배를 받고 있었다. 그것을 가장 가시적으로 보여주는 것이 더블린에 주둔한 영국 군인들의 모습일 것이다.「에블린」의 마지막 장면에서 에블린은 프랭크를 따라 부에노스아이레스로 도피하기 위해 항구에 오게 된다. 그 곳에서 그녀는 "군용 행낭을 든 [영국] 군인들이 항만을 가득 채우고 있음"을 보게 된다. 이어서 그녀는 곧 프랭크와 함께 감행하려했던 탈출을 할 수 없음을 발견하게 된다. 그녀는 "속수무책의 짐승"처럼 수동적으로 움직이지 못하고 있을 뿐이다. 식민지인의 이 옴짝달싹 할 수 없음은 작품의 시작부분에 나오는 한 단어와 대조를 이룬다. 「에블린」은 "그녀는 저녁이 골목을 침범해 오는 것을 지켜보며 창가에 앉아 있었다"로 시작한다. 여기서 "침범하다(invade)"는 영국군의 아일랜드 침범과 그에 따른 지배가 일상화되어 있음을 보여준다고 할 수 있다. 이 이야기는 3인칭으로 되어 있지만 마지막 부분에서 에블린이 마비상태에 놓이게 되기 전까지는 그녀의 관점에서 진행된다는 점에서 각 단어는 그녀의 의식을 반영하고 있다고 볼 수 있다. 여기서 "invade"는 일상에서 시간의 흐름을 나타낼 정도로 자연스럽게 쓰이고 있지만 사실은 군사적인 의미를 내포하고 있는 단어이다. 윌리엄스(Williams)도 강조하듯이, 군사 용어가 일상생활화 되었다는 것은 "아일랜드인의 의식에 대한 영국의 구속"(1998, 104)을 암시하는 것이다. 이제 아일랜드인들에게 군사작전이라든지 군사용어가 특별한 의미가 없을 정도로 일상적인 것이 되어버린 것이다. 작품의 말미에서 에블린은 새 삶을 향해 도망가려던 애초의 계획이 이루어질 수 없음을 알게 된다. 공교롭게도 탈출 비상구는 영국 군인들로 가득 차 있다. 이것은 「마주침」의 구도를 상기시킨다. 소년은 버틀러 신부의 억압으로부터의 해방을 꿈꾸지만 군인 같은, 또 다른 억압적인 노인을 만남으로써 좌절을 맛보게 된다. 두 이야기 모두 군인 혹은 군인 같은 존재가 위협적으로 비상구를 지키면서 아일랜드인들의 좌절을 목격하고 있다.

「대응」에서 알레인씨는 북아일랜드 억양으로 명령조의 큰 목소리로 말하는 영국계 사장이다. 그의 밑에서 일하는 패링튼은 그의 억압으로부터 일시적으로나마 벗어나기 위해서 술집을 찾지만 런던 억양을 쓰는 매력적인 여자로부터 무시당하고 민족의 명예까지 내걸고 겨룬 영국인 웨더스와의 팔씨름에서 연거푸 두 번이나 패배함으로써 깊은 좌절감을 느끼게 된다. 앞의 이야기들과 마찬가지로 그도 술을 통해 도피처를 찾고자 하나 시계까지 저당 잡히며 마신 술이 그를 취하게 하지도 않는다. 축적된 분노는 그를 숨 막히게 할 정도에 이른다. 그는 영국인들로 인해 얻은 좌절감 속에서 집으로 돌아오는 전철을 탄다. 그가 전철에서 내려 집을 향해 터벅터벅 걸어오는 장면에 대한 묘사를 주목할 필요가 있다.

> 전차는 쉘본 로에서 그를 내려주었고 그는 병사(兵舍)의 벽이 드리우는 그늘 아래를 육중한 몸을 움직이며 지나가고 있었다.

작품에서 지배자/피지배자, 영국인/아일랜드인, 제국주의자/식민지인의 이분법적 구도에서 후자를 나타낸다고 할 수 있는 패링튼이 좌절감의 늪에 빠져 있는 순간에 그가 영국 군대의 그늘 아래에 있다는 것은 상징적이다. 영국군의 주둔은 아일랜드인의 삶에 그늘을 드리우고 아일랜드인의 일상의 감정도 영국/군의 영향을 받는다는 것을 암시하는 듯하다.

이처럼 그늘을 드리우며 탈출구를 가로막고 있는 것은 군인 혹은 군대이다. 「하숙집」에서도 군인 같은 인물이 이러한 역할을 맡고 있다. 무니 부인과 딸 폴리는 무언의 공조를 통해 견실한 회사에 다니고 있는 도런을 결혼하지 않으면 안 되는 상황으로 몰아넣는다. 조이스는 『피네간스 웨이크』(*Finnegans Wake*)에서 『더블린 사람들』의 이야기 제목으로 말장난(pun)을 할 때, 이 이야기를 "boardelhouse"라 부른다(*FW* 186:34). 이탈리아어로 "bordello"는 "매춘굴"(brothel)이라는 의미가 있어 비평가들 중에는 어머니와 딸을 포주와 창녀로, 그리고 아들은 돈을 지불하지 않고 도망가려는 고객을 위협하는 깡패로 보기도 한다(Halper 76). 어머니가 딸의 육체를 시장에 내놓고 적당한 고객을 유혹했다는 점과 아들의 난폭성이 그 고객에게 위협으로 작용한다는 점에서 전혀 얼토당토하지 않는 해석은 아니다. 아들 잭은 "술주정꾼 혹은 불한당"으로 악명이 높고 "군인들의 음담패설/욕설"을 즐겨 썼다. 그는 보통 새벽녘에 귀가하였고 주먹깨나 쓰는 사나이였다. 무니 부인이 도런을 불러 결혼약속을 하게 하는 날을 일요일로 잡은 것은 그 날이 가족이 모두 모이는 날로 아들 잭도 집에 있기 때문이다. 무니 부인을 만나러 층계를 내려오던 도런은 올라오던 잭과 마주치게 된다. 도런은 잭의 "두툼한 불독 같은 얼굴"과 "두툼한 짧은 팔"에 위협을 느끼는 듯이 보인다. 그 순간 도런은 한 남자가 폴리에게 말을 함부로 했다가 "잭의 폭력"에 직면하게 되었던 밤을 기억한다. 잭은 자기 누이에게 무슨 일이 생기면 그의 이를 부러뜨리겠다고 위협했었다. 그 위협은 도런에게 그대로 전달되어 무니 부인의 소환을 받고 그녀를 만나러 가는 도중에 그가 두려움 속에서 느끼게 된다. 그는 그 순간 "지붕을 뚫고 다른 나라로 날아가 버리고 싶은" 충동을 느낄 정도로 도피에 대한 욕망이 강하다. 그것은 마치 「에블린」에서 에블린이 아버지의 위협으로부터 벗어나 부에노스아이레스로 떠나고 싶은 마음, 「마주침」에서 서술자 소년이 버틀러 신부의 권위와 억압의 교실로부터 벗어나고 싶은 마음과 유사할 것이다.

하지만 앞선 두 이야기에서처럼 여기에서도 도피는 좌절된다. 흥미로운 것은 프랭크와의 임박한 결혼 앞에서 속수무책이었던 에블린과 마찬가지로 도런도 결혼 앞에서 어찌할 바를 모른다는 것이다. 에블린의 심정을 가리키기 위해 사용되었던 형용사 "helpless"가 유사한 입장에 있는 도런에 대해서도 두 번이나 사용되고 있다. 이 이야기에는 앞의 이야기와 달리 영국 군인들이 보이지 않지만 군인 같은 잭이 탈출로를 봉쇄하며 버티고 서 있다. 「마주침」에서 신부와 군인을 닮은 노인이 소년으로 하여금 도피를 불가능하게 했듯이 여기서도 같은 부류가 그의 도피를 막고 있는 것이다. 도런은 신부를 찾아가 고해를 하지만 신부는 "모든 우스꽝스러운 세부사항까지 끄집어내게 만들어 마침내 그의 죄를 확대하는 바람에 보상이라는 빠져나가는 구멍이 주어진 것에 대해 감지덕지해야 할 판이었다". 여기서 "빠져나가는 구멍(loophole)"이란 단어에는 외부의 적에게 발사하기 위해 만들어진 "성벽의 총구멍"이란 뜻이 있어서 원래 전쟁과 관련된 의미를 지니고 있었다(Halper 75). 결국 신부는 정신적으로, 군인 잭은 물리적으로 그를 결혼이라는 덫 속으로 밀어 넣었다고 볼 수 있다. 따라서 더블린 사람들을 억압하는 두 축은 신부와 군인, 더 구체적으로 말하자면, 가톨릭교회와 영국 제국이라 할 수 있을 것이다. 이것은 스티븐이 『율리시스』에서 "두 주인"(*U* 1:638)을 섬기고 있다며 종교와 정치를 가리킨 것과 일치한다. 물론 이 이야기에서 잭이 직접적으로 정치와 관련이 있다고 할 수는 없지만 영국의 아일랜드 침략과 통치가 일상생활에 스며들어 있는 군인정신에 간접적으로 관련되어 있다는 것이다.

군인 같으면서 정치와 무관하다고 할 수 없는 사람은「두 한량」의 콜리일 것이다. 그에게서는 군국주의적인 태도가 누구보다도 현저하게 나타난다. 여기서 군국주의적 자세는 자기중심적인 것으로 자신의 권력을 이용하여 약자를 착취하는 제국주의적/가부장적 자세와 연결된다. 콜리는 "우람한 체격"으로 같이 걷는 상대방을 밀어붙이듯 거칠게 걸으며, "동료들의 말에 귀를 기울이지 않고" 자신의 말만 늘어놓는다. 그는 경감인 "아버지의 체격과 걸음걸이"를 그대로 이어받았고, 마치 군인들이 열병하듯이 항상 시선을 똑바로 한 채 걷는다. 뿐만 아니라, 그가 자주 사복을 한 경찰과 함께 걷고 있는 것이 목격된다. 아마 그는 영국지배를 문자적/상징적으로 나타내는 영국총독부(Dublin Castle)의 정보제공자인 듯하다(Simmons 24). 그리고 그는 군인처럼 최종적인 판단을 내리는 것을 좋아한다. 무엇보다도, 그에게는 "정복자" 같은 모습이 있다.

> 그의 거대한 체구, 여유 있는 걸음걸이, 그리고 힘찬 구두 소리에는 정복자다운 데가 있었다. 그는 젊은 여자에게 다가가서 인사(saluting)도 하지 않고 즉시 이야기하기 시작했다. 그녀는 발뒤꿈치로 몸을 반쯤 돌렸다. 한두 번 그가 그녀에게 가까이서(at close quarters) 말하자 그녀는 웃으며 고개를 숙였다.

윌리엄스도 지적하듯이, 여기서 주목할 것은 "정복자"(conqueror)라는 단어는 말할 것도 없고 "saluting"([거수]경례하기), "execute"(실시하다)

"at close quarters"(백병전이 되어)가 모두 전쟁 혹은 군대와 관련된 용어라는 것이다(104-5). 아마 콜리의 군인 같은 모습 때문에 그가 하는 일이 군인의 일처럼 묘사되었을 수 있고 혹은 군대 및 전쟁 용어가 일상화되었다고 볼 수도 있을 것이다.[17]

한편, 콜리가 사용하는 어휘를 보면 콜리가 여성을 착취와 정복의 대상으로 여기는 것을 알 수 있다. 콜리는 그 자신의 이름조차도 알지 못하는 하녀로 하여금 주인으로부터 시가를 훔쳐오도록 시킨다. 그리고 그가 전에 "정복했던" 여성은 창녀가 되어 있고, 현재 그의 착취의 대상인 하녀는 임신을 피하려고 꾀를 내고 있는 "쓸 만한 계집"(fine tart)이다. 우선 여성을 이야기할 때 사용하는 그의 어휘들이 주로 속어들로 되어 있다는 점에서 소위 가부장적인 사내(macho)가 으스대며 여성을 비하하여 말하고 있는 것을 알 수 있다. 또한 "계집"(tart)이라는 단어에 "창녀"의 의미가 있다는 점에서 그 하녀도 창녀로 타락할 수 있는 가능성이 넌지시 암시되어 있다. 더 나아가서, 콜리와 하녀의 관계가 제국과 식민지의 정치적 관계와 유사하다(Williams 1998, 106)고 본다면, 그녀의 착취는 "영국의 식민지배"를 상징하는 것이고(남기헌 18), 그녀의 타락은 아일랜드의 전락으로 확장시켜 이해할 수 있을 것이다. 결국 콜리는 에블린이 항구에서 보았던 영국군들과 같은 부류의 "정복자"인 셈이고 에블린 같은 아일랜드 여성들을 고통 속에 밀어 넣고 있다고 할 수 있다. 이런 맥락에서 레너헌이 그

17 휴 케너(Hugh Kenner)는 조이스가 중립적인 서술 언어를 사용하지 않고 서술이 묘사하고 있는 인물이 사용했을 것 같은 언어를 사용하는 것을 "찰스 삼촌의 원리"(Uncle Charles Principle)라고 명명했다(1978, 18). 여기서 서술자는 군인다운 콜리를 묘사하면서 그가 사용했을 법한 단어를 사용했다고 볼 수도 있을 것이다.

를 "비열한 배신자"라고 부른 것은 적절하다고 하겠다. 「대응」의 패링튼이 영국군 병사의 그늘 아래에서 살아가고 있듯이 레너헌도 정복자 행세를 하는 콜리의 그늘 밑을 벗어나지 못하고 있다. 군인/정복자 콜리는 여성을 농락함으로써 그녀가 새로운 미래로 나아갈 수 있는 통로를 봉쇄해버린다.

『더블린 사람들』에서 자주 정복자/승자와 패자는 미리 정해져 있다. 「경주가 끝난 뒤」에서 지미 도일은 유럽대륙에서 온 친구들과 한 부류라는 것을 인정받고 싶어 한다. 하지만 그는 요트에서 벌어진 카드놀이에서 이미 자신이 패자가 될 것임을 예견하고 있다. 그리고 최종 승자의 영예는 당연히 영국인 라우쓰에게 돌아간다. 이 이야기의 제목에서 "After"는 "끝난 뒤"라는 뜻으로 경주는 해보나마나 승패가 이미 결정되어 있다는 것을 암시한다. 「마주침」의 조 딜런은 인디언 전쟁놀이에서 항상 승자였고 (즉 그에게 승부는 이미 정해져 있는 것이나 다름없었고) 결국은 가톨릭교회의 신부가 되어 버틀러 신부의 뒤를 잇는다. 버틀러 신부는 승자의 역사인 로마 역사가 공부할 만한 가치가 있음을 역설함으로써 승자의 편에 서 있다. 「하숙집」에서 무니 부인은 도런과의 싸움에서 "이길 것을 확신한다". 도런은 다른 이들과 달리 진지한 젊은이이므로 세간의 소문을 견딜 수 없을 것이고 사회적 여론도 그녀의 편이 될 것이기 때문이다. 시작하기도 전에 전승을 확신하는 경우이다. 「어떤 어머니」에서 키어니 부인은 아일랜드 문예부흥운동이 유행을 타기 시작할 때 딸이 아일랜드적인 이름을 가지고 있다는 사실을 이용하여 딸을 성공시키고 싶어 한다. 마침내 딸은 민족주의자들이 주최하는 음악회에 반주자로 초대를 받는다. 4회의 음악회에 반주를 하고 8기니를 받기로 계약을 했지만 3회로 줄어들었고 사례비에 대한 확실한 대답을 듣지 못하자 키어니 부인은 계약서의 자구에 매달려 절대 물러서지 않으며 계약대로 돈을 주지 않으면 딸을 무대에 내보내지 않겠다고 맞선다. 양 측의 긴장감 넘치는 대결은 마치 권투시합처럼 묘사되어 있다. "한 쪽 코너에는" 민족주의자 쪽 실무자들과 오매든 버크씨 등이 있고 "다른 쪽 코너에는" 키어니 가족과 친구들이 서 있다. 이렇게 팽팽하게 맞서 있는 상황에서 오매든 버크씨는 이것이 "그가 지금까지 목격한 가장 수치스러운 장면"이었다고 평가하고 "이제 더블린에서 음악인으로서의 캐슬린의 장래는 끝났다"고 단정적으로 선언한다. 그리고 작품의 끝부분에서 이 선언이 권위 있는 것이었음이 판명된다. 아직 싸움이 진행 중인데도 승패는 오매든 버크 편 쪽으로 이미 기울어져 있었던 것이다. 잉거솔(Earl G. Ingersoll)이 지적하듯이, 버크씨는 자신의 "서부적인 이름"이 연상시켜주는 아일랜드적인 요소를 잘 이용하면서도 균형 있게 영국의 기득권 세력에 기댈 줄 아는 "영국화된 아일랜드인"이라 볼 수도 있다. 기득권자로서 그는 이미 정해진 승리자인 것이다.

이처럼『더블린 사람들』에서 일상의 다양한 사건들은 전쟁으로 묘사되어 있다. 그것은 종교의 경우에도 예외는 아니다.「은총」에서 폭음을 일삼는 커넌 씨는 그 날도 술에 취해 술집의 계단에서 화장실 바닥으로 굴러 떨어진다. 마침 그 자리에 있었던 파워 씨는 물리적으로 굴러 떨어진 커넌 씨를 새사람으로 만들어 영적으로 회복시키려는 계획을 세운다. 그는 영국총독부인 더블린 성에서 같이 근무하는 직장선배인 커닝햄 및 머코이와 함께 커넌을 피정에 가게 하려는 계획을 세운다. 흥미로운 것은 이러한 계획이 마치 전쟁에서 공략의 대상에 대한 전략인 것처럼 군사적인 비유를 들어 표현하고 있다는 점이다. 먼저 이 일의 적임자로 생각하는 커닝햄에 대한 묘사를 살펴보자.

> 그는 완벽하게 사리분별력이 있고, 영향력이 있으며 지적인 사람이었다. 인간성에 대한 그의 지식의 칼날은 그의 천성적인 예민함에 경찰법원에서 맡은 여러 사건들의 실제적 경험이 축적되어 생긴 것으로 보편 철학의 바다에 잠시 몸을 담금으로써 담금질되었다. 그는 아는 것이 많은 사람이었다. 그의 친구들은 그의 의견을 받아들였으며 그의 얼굴이 셰익스피어의 얼굴과 같다고 생각했다.

요컨대 커닝햄은 이론과 실제를 겸비한 지식인이라는 것이다. 그의 지식의 "칼날"이 "담금질되었다"고 하는 비유적 표현은 서사시에서 전쟁에 나가기 전 영웅들이 칼날을 벼리고 담금질하여 전투에 대비하는 것을 암시하는 것인데, 여기서는 커닝햄이 임무를 맡을 준비가 되어 있다는 것을 보여준다. 그의 공격 대상인 커넌은 친구들이 그의 방에 찾아 왔을 때 "노병의 자부심을 가지고(with a veteran's pride) 약간 자랑스럽게" 그들을 바라보면서 자신을 마치 전쟁터에서 돌아온 병사로 생각한다. 그는 다른 사람들에게 군인이라는 이상적 자아상을 보여주고 싶어하는 듯이 보인다. 그것은 그의 외모에도 반영되어 있다.

> 그는 품위 있는 실크햇을 쓰고 각반(gaiters)을 차지 않고서는 결코 시내에 돌아다니지 않았다. 남자란 이 두 가지 외관(grace)만 갖추면 언제든지 검열(muster)을 통과할 수 있다고 그는 말했다.

여기서 "각반"과 "검열"은 군대의 용어로서 일상적인 의상이라든지 일반인의 시선도 군대의 관점에서 묘사되고 있음을 알 수 있다. 먼저 그가 차 감별사로 영국 회사를 위해 일하고 있다는 점과 이 일자리가 영국제국의 확장과 관련이 있다는 점(Williams 1998, 95)에서 그와 영국 군인과의 관련성이 암시되어 있다. 또한 그 당시 더블린 사회에서 술과 남성성이 밀접한 관련이 있었고 군인의 남성성이 이상화되어 있었다는 점을 고려해보면 술을 잘 마시고 군인처럼 각반을 차고 다니는 커넌 씨가 자신을 이상적인 남성으로 보이고 싶어 했다는 것을 알 수 있다. 그에게서 일상과 전쟁, 일반인과 군인이 교환 가능해진 듯하다.

커넌의 방에서 열리는 심포지엄은 그가 항복하고 피정에 가도록 하게 하려는 전쟁이다. 친구들은 호기심을 자극한 후 회피적인 대답을 함으로써 우회공격을 하다 마침내 정면 돌격을 하여 적을 무찌르게 되고 결국 커넌으로 하여금 백기를 들어 피정에 가겠다는 답을 얻어낸다. 그를 새 사람으로 만들겠다는 생각은 파워에게서 나왔으나 친구들 덕택에 그가 군사적 전술을 써 볼 겨를도 없이 작전은 성공을 거두게 된다. 그래서 만족한 파워는 자신이 "완전히 전술에 진 것 같은 느낌을 받았다"(He felt completely out-generalled). 일이 순조롭게 풀렸기 때문에 친구들의 전술이 대단해 보였을 것이다. 이 모든 과정이 전쟁과 같았음을 그가 쓴 군사용어 "out-general"에서 알 수 있다. 이 전쟁의 승리자는 영국총독부에서 근무하고 있고 이름조차 암시해주고 있는 정치적인 "권력"(power)이다.

파티에서 흔히 볼 수 있는 댄스조차도 군사적인 것과 밀접한 관련이 있다. 「망자」에서 스퀘어 댄스를 가리키는 용어인 "lancers"는 "창기병"(槍騎兵)이란 뜻도 함축하고 있어서 영어 사용자들에게 군사적인 연관성을 명확하게 해준다(Riquelme 128). 윈스턴은 "lancers"가 18, 19세기에 아일랜드에 주둔했던 정예 기병대인 "the Royal Lancers"를 떠오르게 한다고 지적하면서 이 용어가 아이버스 양과 게이브리엘의 언쟁 시작과 끝부분에 액자처럼 위치해 있음에 주의를 환기시킨다(123). 아이버스 양과 게이브리엘은 댄스의 파트너가 되지만 그들에게 댄스는 충돌의 수단이 된다. 리켈머의 비유를 빌려 오자면, 두 사람 간에는 마상 창 시합이 일어나고 게이브리엘은 낙마하여 당황하게 된다(128). 열렬한 민족주의자인 아이버스 양은 보수신문인 일간 『익스프레스 지』에 매주 칼럼을 쓰는 게이브리엘을 "친영파(West Britain)"라 부른다. 그러자 게이브리엘의 얼굴에 허를 찔리고 제대로 방어하지 못한 군인에게서 볼 수 있는 "당황한 기색"이 역력하게 보인다. 두 사람의 대결에는 정치와 젠더가 융합되어 있다(Riquelme 129). 둘 중 좀 더 전투적인 아이버스 양은 여성적이라기보다는 남성적이다. 그녀는 여성적인, "가슴이 깊이 파인 옷"을 입은 대신 민족주의 운동을 상징하는 "큰 브로우치"를 착용함으로써 공격적인 면을 보인다. 그 브로우치는 아일랜드의 문장(紋章)이 새겨진 것으로 그녀는 자신의 민족주의적 정치적 성향을 적극적으로 드러내고 있다. 여성적인 매력의 육체를 보여주고 싶어 하는 전통적인 여성과 달리 그녀는 자신의 정치적 입장을 대담하게 보여주는 상징물을 광고함으로써 좀 더 공격적이고 남성적인 면을 보이고 있다. 반면에 게이브리엘은 아이버스 양의 공격에 적절한 말로 대처하지 못함으로써 자신을 방어하는 데 실패한다. 그는 중얼거리며 당황해 할 뿐이다. 또한 아이버스 양은 마치 창으로 찌르듯이 게이브리엘을 응시하는 반면 게이브리엘은 그녀의 시선을 피하려 한다. 게이브리엘의 이마에 홍조 혹은 부끄러움이 "침입하였다"라는 표현에서 "침입하다"(invade)는 단어에 대해 두 가지 면에서 생각해 볼 수 있다. 첫째 그가 그녀의 언어의 창에 의해 공격당했다는 사실이 간접적으로 표현되어 있고, 둘째 「에블린」의 시작 문장이 그렇듯이, 일상생활 속에 군사용어가 깊숙이 들어와 있다는 것이다. 「에블린」에서는 시간의 흐름을, 여기서는 감정의 변화를 군사용어로 묘사하고 있기 때문이다.

아이버스 양에 대해서는 다양한 해석이 있지만 그 당시 문예부흥운동을 비판했던 조이스는 민족주의라는 이름을 내세우고 게일어 부활운동 등을 하는 편협한 문화민족주의자들을 비판하는 맥락에서 아이버스 양을 보았을 가능성이 크다. 포스터(John Wilson Foster)도 눈에 띄는 브로우치를 달고 다니는 아이버스양처럼 그 당시 유행하던 문화 민족주의 운동을 요란하게 광고하고 다니던 중산층 여성들을 조이스가 풍자했을 가능성을 제시하고 있다(150-51). 나아가서 포스터는 그녀를 "페미니스트와 반정부 투사(militant)"로 간주한다(150). 영국군이 주둔하고 있는 더블린에는 그에 맞서는 민족주의적 투사들이 있다는 것은 놀라운 일이 아니다. 19세기 말에서 1920년대에 이르기까지 군인은 합병주의자들과 민족주의자들 모두에게 위협이라기보다는 오히려 이상(理想)이었다는 것을 상기할 필요가 있다(Fitzpatrick 379).

조이스는 군국주의적인 성향을 지닌 인물들을 부정적으로 묘사하였다. 그가 군국적인 것을 혐오하는 사람이라는 것은 그의 편지에서도 알 수 있다. 그는 「두 한량」을 악평하고 그것의 인쇄를 거부한 인쇄업자를 가리켜 "군국주의적 가치관을 지니고 있는 사람"(militarist)이라고 몰아붙였기 때문이다(*Letters* II 132-33). 조이스가 군사적인 용어를 혐오했다는 것은 대학생 시절 그가 "문학 역사 동아리"에서 활동할 때부터 드러난다. 그는 케네디(Hugh Boyle Kennedy)라는 친구가 동아리에서 「무기, 국가의 필수품」("The War Machine, A State Necessity")이라는 글을 읽자 자리에서 일어나 아이러니하게 팔복(beatitudes)을 군사적인 용어로 바꾸어 말함으로써 그 글을 공격하였다고 한다(Ellmann 69-70). 그는 이렇게 함으로써 교묘하게 군사적인 것이 축복과는 정반대되는 것이라는 것임을 강조한 것처럼 보인다. 스태니스로스는 좀 더 직설적으로 조이스가 전쟁을 혐오했다는 것과 기독교 전설의 반군국주의적 측면이 아직도 조이스를 매혹했다는 것을 지적한다(112-13). 「은총」에서 군인처럼 각반을 차고 다니는 커넌이 화장실로 가는 계단에서 굴러 떨어져 참전용사처럼 부상을 입는 것은 군사적인 것에 대한 조이스의 희화화인지 모른다. 커넌의 전쟁터란 술집 화장실에 불과하고 그의 전투란 계단에서 굴러 떨어진 것이 전부이며 그의 부상이란 무공의 훈장이라기보다는 술고래의 실족에 의한 수치스러운 상처에 불과하기 때문이다.

『더블린 사람들』에서 실제의 전쟁은 없지만, 많은 이야기가 전쟁의 구도로 되어 있고 일상생활은 모형 전쟁과 군대의 어휘로부터 분리될 수 없다. 이러한 전쟁의 일상화는 제국의 침범과 군대의 주둔, 그리고 그에 대한 저항의 과정에서 생성된 것으로 보인다. 그리하여 군국주의는 “호전적인 시대에 보편적인 찬동을 불러일으킨 몇 안 된 아일랜드인의 정형 중의 하나”가 될 정도였다(Fitzpatrick 379). 더블린 사람들은 제국 군대의 억압적인 그늘 아래에서 종속적으로 살면서 그들의 언어를 내면화했고 그 언어는 일상생활에서 무의식적으로 사용되고 있다. 조이스는 이러한 더블린의 현실을 있는 그대로 보여줄 뿐만 아니라 군인과 관련된 대부분의 인물들이 부패, 억압, 배신, 폭력, 착취 등과 밀접한 관련이 있음을 보여줌으로써 군국주의뿐만 아니라 더블린을 지배하는 제국주의의 이데올로기에 비판의 시선을 던지고 있는 듯이 보인다.

인용문헌

남기헌. 『「더블린 사람들」: 조이스의 식민주의 비판』 『제임스 조이스 저널』 제5집 (1999), 11-31.

Arnold, Matthew. *On the Study of Celtic Literature and Other Essays*. 1910. New York: Dutton, 1910 (reprint 1976).

Bannet, Eve Tavor. *Structuralism and the Logic of Dissent: Barth, Derrida, Foucault, Lacan*. Urbana: University of Illinois Press, 1989.

Beck, Warren. *Joyce's* Dubliners*: Substance, Vision, and Art.* Duke UP, 1969.

Bowen, Zack. "After the Race." *James Joyce's Dubliners: Critical Essays.* Ed. Clive Hart. London: Faber and Faber, 1969. 53-61.

Brandabur, Edward. *A Scrupulous Meanness: A Study of Joyce's Early Works.* Urbana: U of Illinois P, 1971.

Brod, Harry & Michael Kaufman, eds. *Theorizing Masculinities*. London: Sage, 1994.

Budgen, Frank. *James Joyce and the Making of* Ulysses. Bloomington: Indiana UP, 1960.

Canaan, Joyce E. "'One thing leads to another'": drinking, fighting and working-class masculinities." Ed. Mairtin Mac an Ghaill. *Understanding Masculinities*. Buckingham: Open UP, 1996. 114-25.

Cheng, Vincent J. *Joyce, Race, and Empire*. Cambridge: Cambridge UP, 1995.

Cixous, Helene. "Joyce: The (r)use of writing." *Poststructuralist Joyce: Essays from the French*. Ed. Derek Attridge and Daniel Ferrer. Cambridge: Cambridge University Press, 1984. 15-30.

________. *The Exile of James Joyce*. Trans. Sally A. J. Purcell. New York: The Viking Press, 1972.

Connolly, Thomas E. "A Painful Case." *James Joyce's Dubliners: Critical Essays.* Ed. Clive Hart. London: Faber and Faber, 1969. 107-14.

Curtis, L. P., Jr. *Anglo-Saxons and Celts: A Study of Anti-Irish Prejudice in Victorian England*. Bridgeport, CT: U of Bridgeport, 1968.

Deneef, A. Leigh. *Traherne in Dialogue: Heidegger, Lacan, and Derrida*. Durham: Duke University Press, 1988.

Ehrlich, Heyward. "Socialism, Gender, and Imaginary in *Dubliners*." *Gender in Joyce*. Eds.

Jolanta W. Wawrzycka and Marlena G. Corcoran. Gainesville: UP of Florida, 1997.
Ellmann, Richard. *James Joyce*. New and Revised Ed. Oxford: Oxford UP, 1982.
Fitzpatrick, David. "Militarism in Ireland, 1900-1922." Eds. Bartlett, Thomas and Keith Jeffery. *A Military History of Ireland*. Cambridge: Cambridge UP, 1966. 379-406.
Flannigan-Saint-Aubin, Arthur. "The Male Body and Literary Metaphors for Masculinity." *Theorizing Masculinities*, 239-58.
Foster, John Wilson. *Fictions of the Irish Literary Revival: A Challenging Art*. Syracuse: Syracuse UP, 1987.
Gibbons, Luke. "'Have you no homes to go to?': James Joyce and the politics of paralysis." *Semicolonial Joyce*, 150-171.
Giffird, Don. *Joyce Annotated: Notes for* Dubliners *and* A Portrait of the Artist as a Young Man. Berkeley: U of California P, 1982.
Halper, Nathan. "The Boarding House." Ed. Hart, Clive. *James Joyce's Dubliners: Critical Essays*. London: Faber and Faber, 1969. 72-83.
Hart, Clive, ed. *James Joyce's Dubliners: Critical Essays.* London: Faber and Faber, 1969.
Henke, Suzette A. *James Joyce and the Politics of Desire*. New York: Routledge, 1990.
Herr, Cheryl. *Joyce's Anatomy of Culture*. Urbana: University of Illinois Press, 1986.
Herring, Phillip F. *Joyce's Uncertainty Principles*. Princeton: Princeton University Press, 1987.
Ingersoll, Earl G. *Engendered Trope in Joyce's* Dubliners. Carbondale: Southern Illinois UP, 1996.
Innes, C. L. *Woman and Nation in Irish Literature and Society, 1880-1935*. New York: Harvester Wheatsheaf, 1993.
Jameson, Fredric. "Imaginary and Symbolic in Lacan: Marxism, Psychoanalytic Criticism, and the Problem of Subject." *Yale French Studies* 55/56 (1977) 338-395.
Joyce, James. *Letters of James Joyce*, Vol Ⅰ. Ed. Stuart Gilbert. New York: Viking Press, 1957. Vols Ⅱ and Ⅲ, Ed. Richard Ellmann. New York: Viking Press, 1966.
__________. *The Critical Writings of James Joyce,* eds. Ellsworth Mason and Richard Ellmann. New York: Viking Press, 1964.
__________. *Stephen Hero*. New York: New Directions, 1944.
Joyce, Stanislaus. *My Brother's Keeper: James Joyce's Early Years*. Ed. Richard Ellmann.

New York: The Viking Press, 1958.

________. "The Background to *Dubliners*," *Listener* 51 (March 1954) 526-27.

Jackson, John Wyse & Bernard McGinley. eds. *James Joyce's* Dubliners*: An Annotated Edition*. London: Sinclair-Stevenson, 1993.

Jones, Ann Rosalind and Peter Stallybrass. "Dismantling Irena: The Sexualizing of Ireland in Early Modern England." Eds. Andrew Parker, Mary Russo, Doris Sommer, and Patricia Yaeger. *Nationalisms & Sexualities*. New York: Routledge, 1922.

Joyce, James. *Ulysses*. Eds. Hans Walter Gabler, Wolfhard Steppe and Claus Melchior. New York: Vantage-Random House, 1984.

Kaye, Julian B. "The Wings of Daedalus." *James Joyce's "Dubliners": A Critical Handbook*. Ed. James R. Baker and Thomas F. Staley. Belmont: Wadsworth Publishing Company, 1969. 87-92.

Kenner, Hugh. *Dublin's Joyce*. Bloomington: Indiana University Press, 1956.

________. *Joyce's Voices*. Berkeley: U of California P, 1978.

Kershner, R. B. *Joyce, Bakhtin, and Popular Literature: Chronicles of Disorder*. Chapel Hill: The U of North Carolina P, 1989.

Kimmel, Michael S. "Masculinity as Homophobia: Fear, Shame, and Silence in the Construction of Gender Identity." *Theorizing Masculinities*, 119-41.

Lacan, Jacques. *The Four Fundamental Concepts of Psychoanalysis*. Ed. Jacques-Allain Miller & Trans. Alan Sheridan. New York: Norton, 1977.

Lamos, Colleen & Christine Van Boheemen-Saaf. "Joycean Masculinities: An Introduction." *Masculinities in Joyce*, 7-12.

Lemaire, Anika. *Jacques Lacan*. Trans. David Macey. London: Routledge & Kegan Paul, 1970.

Leonard, Garry M. *Reading* Dubliners *Again: A Lacanian Perspective*. Syracuse: Syracuse UP, 1993.

Lin, Paul. "Standing the Empire: Drinking, Masculinity, and Modernity in 'Counterparts.'" *Masculinities in Joyce*, 33-58.

Litz, A. Walton. "Two Gallants." *James Joyce's Dubliners: Critical Essays*. Ed. Clive Hart. London: Faber and Faber, 1969. 62-71.

Lloyd, David. "'*Dubliners*,' masculinity, and temperance nationalism." *Semicolonial Joyce*,

128-49.

MacCabe, Colin. *James Joyce and the Revolution of the Word*. London: The Macmillan Press, 1978.

Magalaner, Marvin and Kain, Richard M. *Joyce: The Man, the Work, the Reputation*. New York: New York University Press, 1956.

Malcolm, Elizabeth. "Temperance and Irish nationalism." *Ireland under the Union: Varieties of tension: Essays in Honour of T. W. Moody*. Eds. P. S. L. Lyons & R. A. J. Hawkins. Oxford: Clarendon Press, 1980.

Mullin, Katherine. "Don't cry for me, Argentina: 'Eveline' and the seductions of emigration propaganda" *Semicolonial Joyce*. Ed. Derek Attridge & Marjorie Howes. Cambridge: Cambridge UP, 2000. 172-200.

Norris, Margot. *Joyce's Web: The Social Unraveling of Modernism*. Austin: U of Texas P, 1992.

_______. "Narration under a Blindfold: Reading Joyce's "Clay." *PMLA* 102 (March 1987) 206-215.

_______. "Masculinity Games in 'After the Race.' *Masculinities in Joyce: Postcolonial Construction*, 2001. 13-31.

Parrinder, Patrick. *James Joyce*. Cambridge: Cambridge University Press, 1984.

Potts, Willard. *Joyce and the Two Irelands*. Austin: U of Texas P, 2000.

Renan, Ernest. *The Poetry of the Celtic Races*. Trans. W. G. Hutchison. London: Walter Scott, 1897.

Restuccia, Frances L. *Joyce and the Law of the Father*. New Haven: Yale University Press, 1989.

Reynolds, Lorna. "Irish Women in Legend, Literature and Life."*Woman in Irish Legend, Life and Literature* (*Irish Literary Studies* 14). ed. S. F. Gallagher. Totowa: Barnes and Noble Books, 1983. 11-25.

Riquelme, John Paul. "The Dead": The Dissolution of the Self and the Police. Eds. Bosinelli, Rosa M Bollettieri and Harold F. Mosher Jr. 123-44.

Rosenzweig, Roy. "The Rise of the Saloon." *Rethinking Popular Culture: Contemporary Perspectives in Cultural Studies*. eds. Chandra Mukerji & Michael Schudson. Berkeley: U of California P, 1991. 121-56.

Scholes, Robert. "Counterparts." In Scholes and Litz, eds., Dubliners: *Text, Criticism, and Notes*. 379-87.

Sedgwick, Eve Kosofsky. *Epistemology of the Closet*. Berkeley: U of California P, 1990.

Simmons, Allan H. "Topography and Transformation: A Postcolonial Reading of 'Dubliners.'" Ed. Leonard Orr. *Joyce, Imperialism, & Postcolonialism*. Syracuse: Syracuse UP, 2008.

Spivak, Gayatri Chakravorty. "Can the Subaltern Speak?" *Marxism and the Interpretation of Culture*, eds. Nelson, Cary and Lawrence Grossberg. Champaign: U of Illinois P, 1988. 271-313.

Tallis, Ramond. *Not Saussure: A Critique of Post-Saussurean Literary Theory*. London: Macmillan Press, 1988.

Thompson, Spurgeon. "Recovering *Dubliners* for Postcolonial Theory." *A New Complex Sensation: Essays on Joyce's* Dubliners. Ed. Oona Frawley. Dublin: The Lilliput Press, 2004. 186-96.

Tindall, William York. *A Reader's Guide to James Joyce.* New York: Farrar, Straus, and Giroux, 1959.

van Boheemen-Saaf, Christine & Colleen Lamos, eds. *Masculinities in Joyce*. *(European Joyce Studies* 10). Amsterdam: Rodopi, 2001.

Wales, Katie. *The Language of James Joyce*. London: Macmillan, 1992.

Wilden, Anthony. *System and Structure: Essays in Communication and Exchange*. London: Tavistock Publications, 1972.

Williams, Trevor L. "No Cheer for 'the Gratefully Oppressed': Ideology in Joyce's *Dubliners*." *Rejoycing: New Readings of Dubliners.* Eds. Rosa M. Bollettieri Bosinelli and Harold F. Mosher Jr. The UP of Kentucky, 1998. 87-109.

_________. *Reading Joyce Politically*. Gainesville: UP of Florida, 1997.

Winston, Greg C. "Militarism and 'The Dead.'" Ed. Frawley, Oona. *A New & Complex Sensation: Essays on Joyce's* Dubliners. Dublin: The Lilliput P, 2004. 122-32.

Woolf, Virginia. "Professions for Women." *Collected Essays,* Vol II. New York: Harcourt, Brace & World, 1967. 284-89.

Yeats, W. B. "Cathleen Ni Houlihan." *Modern Irish Drama*. Ed. John P. Harrington. New York: Norton, 1991.

간추린 조이스의 생애

1882: 2월 2일 더블린(Dublin) 교외의 남쪽, 중산층 거주 지역(Brighton Square West in Rathgar)에서 죤 조이스(John Stanislaus Joyce)와 메리 조이스(Mary Jane Joyce)의 첫 아이로 제임스 조이스(James Augustine Joyce)가 태어난다. (참고: 울프[Virginia Woolf]도 이 해에 태어난다).

1884: 형제들 중 조이스와 가장 가까웠던 스태니스로스 조이스(Stanislaus Joyce)가 탄생한다.

1888: 조이스 가족은 식구 수가 많아지면서 브레이(Bray)로 이사간다. 이 때 살던 집이『젊은 예술가의 초상』시작 부분에 묘사되고 있는 집이고, 또한 밴스네(The Vances)도 실제로 같은 거리에 살았다. 9월에 조이스는 "여섯 살 반이라는 어린 나이에" 명문 예수회 기숙학교인 클롱고우즈 우드 칼리지(Clongowes Wood College)로 보내진다.

1891: 10월 6일 아일랜드의 자치(Home Rule)을 위해 노력했던 정치지도자 파넬(Charles Stewart Parnell)이 서거한다. (이날은 11년 뒤에『더블린 사람들』에 포함되어 있는「파넬 추모일의 선거사무실」(Ivy Day in the Committee Room)에서 추모된다. 조이스가 파넬을 배신한 힐리에 대해서 쓴 시 "힐리 너마저"(Et Tu, Healy[조이스 최초의 문학 작품])를 쓴다. 조이스가 경제적인 이유 때문에 클롱고우즈 우드 칼리지를 다닐 수 없게 된다.

1892: 블랙랍(Blackrock)으로 이사 간다 (이 내용은『젊은 예술가의 초상』제2장에 나온다).

1893: 점점 기울어져 가는 가세 때문에 이사를 반복한다. 더블린 교외에서 시내로 이사오면서 같은 예수회 학교인 벨베디어 칼리지(Belvedere

College)에 다니게 된다.

1894: 2월에 아버지와 함께 남아 있는 가족 재산을 처분하기 위해 코크(Cork)에 간다. (이 내용은 젊은 예술가의 초상』 제2장에 나온다).

1898: 벨베디어 칼리지를 졸업하고 대학(University College, Dublin)에 등록한다.

1900: 조이스가 Literary and Historical Society에서 "Drama and Life"에 대한 그의 에세이를 낭독한다(이 내용은 『스티븐 히로』에서 극화되어 있다). 조이스의 첫 출판물"Ibsen's New Drama"가 *Fortnightly Review* (1 April)지에 실린다. 또한 *A Brilliant Career*라는 희곡을 썼으나 그가 나중에 파기해 버려 현존하지 않는다.

1901: 아일랜드 문예 극장(Irish Literary Theatre)과 편협한 민족주의를 공격한 에세이 "The Day of the Rabblement"가 학생 잡지인 *St. Stephens*에 의해서 거부된 후 조이스가 이를 개인적으로 출판한다.

1902: 아일랜드 시인 맹건(James Clarence Mangan)에 대한 그의 에세이가 *St. Stephen*에 출판된다. 대학을 졸업하여 modern languages 분야의 학사학위를 받은 후 의학을 공부하기 위해 파리로 떠난다(이 내용은 『젊은 예술가의 초상』 끝 부분에 나온다). 「망자」(The Dead)의 게이브리엘과 『율리시스』의 스티븐처럼 *Daily Express*지에 서평을 시작한다.

1903: 파리에서 의학 강의를 듣는 대신 대부분의 시간을 도서관(Bibliothèque Ste. Geneviève)에서 독서하면서 보낸다. 어머니가 위독하다는 전보를 받고 4월에 아일랜드에 돌아온다. (8월 13일자 어머니의 죽음은 『율리시스』의 중요한 모티프가 된다).

1904: 집을 나와 샌디코브(Sandycove)에 있는 마텔로 탑(Martello Tower)를 포함한 여러 거처에서 지낸다 (참고로 『율리시스』는 스티븐이 마텔로 탑에서 자고 일어난 아침 장면으로 시작한다). 3월에 도키

(Dalkey)에 있는 클리프톤 학교 (Clifton School)의 교사로 취직된다 (이 내용은 『율리시스』의 제2장에 나온다). 「예술가의 초상」(A Portrait of the Artist)라는 에세이 (이것은 나중에 『젊은 예술가의 초상』이라는 그의 첫 소설의 밑거름이 된다), 몇 개의 시와 세 편의 단편들을 쓴다 (나중에 이 시들과 단편들은 각각 시집 『실내악』(*Chamber Music)* 과 『더블린 사람들』에 포함된다). 자서전적 소설인 『스티븐 히로』에 대한 집필을 시작한다. 6월 10일에 그의 아내가 될, 골웨이(Galway) 출신의 노라 바나클(Nora Barnacle)을 만나고, 6월 16일에 첫 데이트를 한다 (이 날은 "블룸스 데이"(Blooms Day)로 불리는 『율리시스』의 배경이 되어 영원히 기념되고 있다). 10월 8일 노라와 함께 아일랜드를 떠나 유럽으로 망명한다. 유고슬라비아의 폴라(Pola)에서 영어 선생으로 일자리를 얻는다.

1905: 트리에스테(Trieste)로 옮겨서 벌리츠 학교(Berlitz School)에서 영어를 가르치기 시작한다. 7월에 첫 아이 죠지오(Georgio)가 탄생한다. 10월에 동생 스태니스로스 조이스가 가족에 합류한다 (한편 스태니로스는 그가 1955년에 사망할 때까지 이곳에서 살게 된다). 『실내악』과 『더블린 사람들』의 원고를 런던에 있는 출판업자 그랜트 리차즈(Grant Richards)에게 보낸다.

1906: 로마에 가서 은행원으로 일하게 된다. 『더블린 사람들』에 넣을 이야기 두 편을 더 완성한다.

1907: 로마에 만족하지 못하고 트리에스테로 돌아온 후 개인 영어 과외를 시작한다. 7월 26일에 딸 루시아(Lucia)가 태어난다. 런던에서 『실내악』이 출판되고, 『더블린 사람들』의 마지막 이야기인 「망자」(The Dead)가 완성된다. 『스티븐 히로』를 『젊은 예술가의 초상』으로 고치기 시작한다.

1908:『젊은 예술가의 초상』 세 개의 장을 끝낸다.

1909: 『더블린 사람들』의 출판 문제와 더블린에 최초의 영화관을 세우는 문제(트리에스트에 있는 투자자들을 대신해서)로 아일랜드에 두 번 다녀온다. 영화관을 열었으나 다음 해에 실패하고 책도 출판되지 못한다. 누이동생인 에바(Eva)가 조이스와 함께 트리에스테에 와서 조이스 가족에 합류한다.

1912: 가족과 함께 아일랜드(골웨이와 더블린)를 방문하는데, 이것이 조이스의 조국에 대한 마지막 방문이 된다. 검열 문제로 편집자와 다툰다. 인쇄된『더블린 사람들』이 인쇄업자에 의해서 파기되자 화가 난 조이스가 "분화구로부터의 가스"(Gas from a Burner)라는 글을 쓴다.

1913: 예이츠(W. B. Yeats)를 통해서 조이스가 처음으로 에즈라 파운드(Ezra Pound)를 만난다.

1914: 처음 접촉한 이후 실로 많은 세월이 흐른 후에 출판업자 그랜트 리차즈가『더블린 사람들』을 출판한다. 런던에서『이고이스트』(*Egoist*) 지에『젊은 예술가의 초상』이 연재되기 시작한다.『망명자들』(*Exiles*)과『율리시스』를 집필하기 시작한다. (참고로 이해에 제1차 세계대전이 발발한다).

1915:『망명자들』이 완성된다. 영국 시민인 조이스는 전쟁 중 오스트리아 당국에 의해서 축출될 위기에 봉착했으나 중립을 지키겠다는 서약을 한 후 취리히로의 망명을 허락 받는다. 영국 문학 기금 보조금(British Royal Literary Fund Grant)을 받는다.

1916:『젊은 예술가의 초상』이 뉴욕에서 출판된다. 영국 국고 기금(British Treasury Fund)으로부터 지원금을 받는다.

1917:『율리시스』의 첫 세 에피소드를 완성한다. 처음으로 눈 수술을 받는다. 위버 여사(Harriet Shaw Weaver)의 재정적 지원이 시작된다.

1918: 『리틀 리뷰』(*Little Review)*지에 『율리시스』의 연재가 시작되고(이것은 1920년까지 계속된다), 『망명자들』이 런던에서 출판된다. 취리히에서 칼 융(Carl Jung)의 환자였던 맥코믹(Harold McCormick)부인으로부터 재정적 지원을 받는다.

1919: 맥코믹 부인이 조이스에게 알코올 중독과 관련하여 칼 융(Carl Jung)의 정신분석 받을 것을 권했지만 조이스가 거절하자 그녀가 지원을 끊는다. 1차 세계대전이 끝나자 가족이 이제 이탈리아의 땅이 된 트리에스테로 돌아온다.

1920: 조이스는 트리에스테가 변한 것을 발견하자 에즈라 파운드의 제안을 받아들여 파리로 이사한다. (그곳에서 조이스 가족은 20 여년을 지낸다). 법원이 외설적이라는 이유로 『율리시스』의 연재 중단을 『리틀 리뷰』지에 명령함에 따라 연재가 멈추게 된다.

1921: 『율리시스』가 완성되자 조이스는 계속 출판업자를 물색한다.

1922: 『율리시스』가 파리에서 비치 여사(Sylvia Beach)가 운영하는 서점인 Shakespeare and Company에 의해서 출판된다. 조이스는 40번 째 생일날 미리 한 권을 받는다. 한편 미국의 우체국에서는 『율리시스』가 도착하는 즉시 폐기처분하는 조치를 취한다. 남편의 반대에도 불구하고 아일랜드 내전 기간 중에 노라는 아이들을 데리고 그녀의 고향인 골웨이(Galway)를 방문한다.

1923: 나중에 『피네간스 웨이크』(*Finnegans Wake*)로 출판 될 작품이 『진행 중인 작품』 (*Work in Progress*)이라는 이름으로 집필되기 시작한다.

1924: *transatlantic review*에서 『진행 중인 작품』이라는 이름으로 『피네간스 웨이크』 첫 부분이 출판된다. 허버트 고먼(Herbert Gorman)의 조이스 전기가 뉴욕에서 출판된다.

1927: 두 번 째 시집 *Pomes Penyeach*이 Shakespeare and Company에 의해

서 출판된다. 『진행중인 작품』의 또 다른 부분이 출판된다. 『진행중인 작품』이 *transition*에 규칙적으로 연재되기 시작하여 1938년까지 계속된다.

1928: 『진행중인 작품 제1권』(*FW* 3-216)이 책 형태로 출판된다.

1929: 베켇(Samuel Beckett)과 그 외 11명 (이들을 리차드 엘만은 12 "사도"라 부름)이 조이스의 『진행중인 작품』을 옹호하여 *Our Exagmination round His Factification for Incamination of* Work in Progress를 Shakespeare and Company에서 출판한다. 『율리시스』가 불어로 번역된다 (조이스 자신도 이 번역을 도왔다). 조이스가 Nicol Vidacovich와 함께 Synge의 희곡 *Riders to the Sea*를 이탈리아어로 번역한다.

1930: 『율리시스』에 대한 첫 연구서인 스튜어트 길버트(Stuart Gilbert)의 『제임스 조이스의 율리시스』(*James Joyce's* Ulysses)가 출판된다.

1931: 자녀들이 합법적으로 상속을 받을 수 있도록 7월 4일에 조이스와 노라가 런던의 등록사무소에서 정식으로 결혼을 한다. 12월에 조이스의 아버지가 사망한다.

1932: 첫 손자인 스티븐 제임스 조이스(Stephen James Joyce)가 태어난다. 조이스가 손자의 탄생을 축하하고 아버지의 죽음을 애도하기 위해서 "Ecce Puer"을 쓴다. 딸 루시아가 정신 착란증을 앓는다 (그녀는 나중에 병원에서 영원히 입원하여 살게 된다).

1933: 미국 뉴욕의 법원에서 울시(John M. Woolsey) 판사가 『율리시스』는 외설적이지 않다는 판결을 내리고 출판을 허용한다. 루시아가 임시로 스위스의 병원에 입원한다.

1934: 『율리시스』가 뉴욕에 있는 랜덤 하우스 (Random House) 출판사에서 출판된다. 조이스의 친구 프랭크 버전(Frank Budgen)이 쓴 『제임스 조이스와 율리시즈의 집필과정』(*James Joyce and the Making of*

Ulysses)이 출판된다.

1936: 『시집』(*Collected Poems*)이 뉴욕에서 출판된다.

1939: 5월 4일 『피네간스 웨이크』가 런던의 파버 앤 파버 (Faber & Faber) 출판사와 뉴욕의 바이킹 (Viking) 출판사에서 출판된다. 그러나 출판 전 책 한 권이 조이스의 57번째 생일에 맞추어서 미리 조이스에게 전달된다. 전쟁이 발발하자 조이스는 루시아가 입원한 병원 근처에 있는 남부 프랑스로 이사한다.

1940: 프랑스가 나치에 점령된 후 조이스는 다시 중립국 스위스로의 망명을 허용 받아 취리히로 이주한다. 허버트 고먼의 전기 『제임스 조이스』(*James Joyce)* 개정증보판이 조이스의 감수를 받아 출판된다.

1941: 조이스가 위(궤양)천공 때문에 수술을 받은 후 1월 13일 58세의 나이로 세상을 뜨고 취리히의 Fluntern 묘지에 묻힌다.

1951: 취리히에서 아내 노라가 죽는다.

민태운

서강대학교(학사)와 서울대학교(석사)를 거쳐 미국 남일리노이 대학교에서 영문학박사 학위를 받았다. 현재 전남대학교 영문학과 교수로 재직 중이다. 저서로는 『제임스 조이스의 소설』(2001), 『조이스의 더블린』(2005), 『조이스, 제국, 젠더 그리고 미학』(2014) 등이 있고, 주석본으로 *A Portrait of the Artist as a Young Man*(2010), *The Picture of Dorian Gray*(2011), *A Passage to India*(2015) 등이 있다. 한국 제임스 조이스 학회 회장을 역임하였다.

『더블린 사람들』 또다시 읽기

초판 1쇄 발행 _ 2022년 3월 30일

저　　자 • 민 태 운
발 행 인 • 정 현 걸
발　　행 • 신 아 사
인　　쇄 • 대명프린팅
출판등록 • 1956년 1월 5일 (제9–52호)
주　　소 • 서울시 은평구 통일로 59길 4(2F)
전　　화 • 02)382–6411 · 팩스 02)382–6401
홈페이지 • www.shinasa.co.kr
E–MAIL • shinasa@daum.net

ISBN 979-11-91158-88-5 (93840)
저자와의 협의로 인지를 생략합니다.

정가 15,000원